佛法常行經典系列⑥

楞伽經·入楞伽經

佛法常行經典的出版因緣

佛法常行經典是承繼著佛菩薩經典及三昧禪法經典之後，再編輯的一套佛經系列，希望與前述的兩套經典一般，能夠帶給大眾佛法的甚深喜樂。

常行經典的編輯有兩個方向：一是普遍，本系列所選編的經典是全體佛教或各宗派中，必備的常用經典。二是精要，這些選編的經典不只普遍，而且涵蓋大乘佛法的各系精要，是每一位佛教徒都應該仔細研讀的根本經典。因此，我們除了有些常行經典，如《金剛經》、《心經》、《維摩詰經》等等，已在其他系列中編出，以及部份經典如《華嚴經》、《大寶積經》等，本身可以單獨成套之外，大都匯集於此處出版。

另外，這一套經典的產生，也可以說是教界大德與讀者摧生的結果。因為我們開始推出一連串的經典系列，原本是為了推廣佛經閱讀、修持的新運動，希望使佛經成為我們人間生活的指導書，而不只是課誦本而已，並且圓滿「生活即佛經，佛經即生活」的目標。我們認為在這機緣的推動之下，以前可能只有百人完整閱讀過的佛經，會變成千人，乃至萬人閱讀，並使經典成為生活中的內容。而且在我們的編輯策劃下，當一個人他想要依止一位佛、菩薩或一類法門修持時，他只要隨時攜帶一本編纂完成的經典，就可以依教奉行。如果這種方式推廣成功的話，實在是一場閱讀與修行的革命，能使生活與佛法完整的結合。因此，雖然大眾十分訝異於我們竟然有勇氣去推動這麼艱難的工作，但是我們的心中只有歡喜。

也因為這樣的理念，剛開始時，許多常行的流通經典，並沒有列為第一波出版計劃。但是教界大德與讀者們，卻十分期望看到我們編輯這些常行經典的成果，並且能再予普遍推廣。對於他們的肯定，我們心中十分感激，並且從命編出。

正如同《法華經》中所宣說的：偉大的佛陀是以一大事因緣出現於世間，這一大事因緣就是要使眾生開、示、悟、入佛陀的知見。也就是說：佛陀出現於世間的真正目的，就是要我們具足佛陀的智慧，與他一樣成為圓滿的大覺如來。佛陀的大慈大悲深深的感動著我們，也讓我們在半夜之中觀空感泣。佛陀的大願，是那麼廣大，微小的我們要如何去圓滿佛陀的心願呢？現在我們只有用微薄的力量將具足佛陀微妙心語的經典編輯出來，供養給十方諸佛及所有的大德、大眾。

佛法常行經集共編輯成十本，這些經典的名稱如下：

一、妙法蓮華經、無量義經
二、悲華經
三、大乘本生心地觀經、勝鬘師子吼一乘大方便方廣經、大方等如來藏經
四、小品般若波羅蜜經
五、金光明經、金光明最勝王經
六、楞伽阿跋多羅寶經、入楞伽經
七、大佛頂如來密因修證了義諸菩薩萬行首楞嚴經
八、解深密經、大乘密嚴經

九、大毘盧遮那成佛神變加持經

十、金剛頂一切如來真實攝大乘現證大教王經、金剛頂瑜珈中略出念誦經

我們深深期望透過這些經典的導引，讓我們悟入無盡的佛智，得到永遠的幸福光明。

南無　本師釋迦牟尼佛

凡例

一、關於本系列經典的選取，以能彰顯全體佛教或各宗派中，常用必備的經典為主，期使讀者能迅速了解大乘佛法的精要。

二、本系列經典係以日本《大正新修大藏經》（以下簡稱《大藏經》）為底本，而以宋版《磧砂大藏經》（新文豐出版社所出版的影印本，以下簡稱《磧砂藏》）為校勘本，並輔以明版《嘉興正續大藏經》與《大正藏》本身所作之校勘，作為本系列經典之校勘依據。

三、《大藏經》有字誤或文意不順者，本系列經典校勘後，以下列符號表示之：

(一)改正單字者，在改正字的右上方，以「*」符號表示之。如《大乘本生心地觀經》卷一〈序品第一〉之中：

披精進甲報智慧劍，破魔軍眾而擊法鼓《大正藏》

披精進甲執智慧劍，破魔軍衆而擊法鼓《磧砂藏》

校勘改作為：

披精進甲*執智慧劍，破魔軍衆而擊法鼓《大正藏》

㈡改正二字以上者，在改正之最初字的右上方，以「*」符號表示之；並在改正之最末字的右下方，以「☆」符號表示之。

如《小品般若波羅蜜經》卷五〈小如品第十二〉之中：

我等要當令母久壽，身體安隱，無諸苦患、風雨寒熱、蚊虻毒螫？《大正藏》

我等云何令母久壽，身體安隱，無諸苦患、風雨寒熱、蚊虻毒螫？《磧砂藏》

校勘改作為：

我等*云何☆令母久壽，身體安隱，無諸苦患、風雨寒熱、蚊虻毒螫？

四、《大正藏》中有增衍者，本系列經典校勘刪除後，以「①」符號表示之；其中圓圈內之數目，代表刪除之字數。

如《小品般若波羅蜜經》卷三〈泥犁品第八〉之中：

般若波羅蜜力故，五波羅蜜得般若波羅蜜名《大正藏》

般若波羅蜜力故，五波羅蜜得波羅蜜名《磧砂藏》

校勘改作為：

般若波羅蜜力故，五波羅蜜得②波羅蜜名

五、《大正藏》中有脫落者，本系列經典校勘後，以下列符號表示之：

㈠脫落補入單字者，在補入字的右上方，以「◎」符號表示之。如《解深密經》卷二〈無自性相品第五〉之中：

未熟相續能令成熟《大正藏》

未成熟相續能令成熟《磧砂藏》

校勘改作為：

未◎成熟相續能令成熟

㈡脫落補入二字以上者，在補入之最初字的右上方，以「◎」符號表示之；並在補入之最末字的右下方，以「☆」符號表示之。

如《悲華經》卷四〈諸菩薩本授記品第四之二〉之中：

以見我故，寒所有衆生悉得煴樂《大正藏》

以見我故，寒冰地獄所有衆生悉得煴樂《磧砂藏》

校勘改作為：

以見我故，寒◎冰地獄☆所有衆生悉得煴樂

六、本系列經典依校勘之原則，而無法以前面之各種校勘符號表示清楚者，則以「註」表示之，並在經文之後作說明。

七、《大正藏》中，凡不影響經義之正俗字（如：恆、恒）、通用字（如：蓮「華」、蓮「花」）、譯音字（如：目「犍」連、目「乾」連）等彼此不一者，本系列經典均不作改動或校勘。

八、《大正藏》中，凡現代不慣用的古字，本系列經典則以教育部所頒行的常用字取代之（如：讃→讚），而不再詳以對照表說明。

九、凡《大正藏》經文內本有的小字夾註者，本系列經典均以小字雙行表示之。

十、凡《大正藏》經文內之呪語，其斷句以空格來表示。若原文上有斷句序號而未空格時，則本系列經典均於序號之下，加空一格；但若作校勘而有增補空格或刪除原文之空格時，則仍以「◎」、「①」符號校勘之。又原文若無序號亦未斷句者，則維持原樣。

十一、本系列經典之經文，採用中明字體，而其中之偈頌、呪語及願文等，皆採用正楷字體。另若有序文、跋或作註釋說明時，則採用仿宋字體。

十二、本系列經典所作之標點、分段及校勘等，以儘量順於經義為原則，來方便讀者之閱讀。

十三、標點方面，自本系列經典起，表示時間的名詞（或副詞），如：時、爾時等，以不逗開為原則。

楞伽經序

《楞伽經》梵名為Ārya-saddharma-la n kāvatāranāma mahāyāna-sūtra，意為「含佛教神聖正統教義的楞伽阿跋多羅大乘經典」，而漢譯全名為《楞伽阿跋多羅寶經》，而「楞伽阿跋多羅」即「入楞伽（Lanka）」之意，所以魏菩提留支把它譯作《入楞伽經》。

本經中提及釋尊至楞伽，並於其地說教。楞伽，通常被視同於錫蘭島，但譯經者或謂為楞伽山，或謂為摩羅耶山頂之楞伽城，所以楞伽到底是山名或城名，並不太清楚。然而，若依菩提留支譯的《入楞伽經》所述，世尊於大海之龍宮說法七日後，往至南岸，遙望摩羅耶山的楞伽城之後，遂離龍宮，渡海而入彼城。由此可知，世尊是在印度大陸之外的一座孤島中講法。而在經中謂統治楞伽者為十頭羅剎羅婆那。

本經為印度佛教法相唯識系與如來藏系的重要經典，內容闡述「諸法皆幻」之旨趣。中文譯本共有四種，最早為北涼、曇無讖所譯之《楞伽經》。然此本已佚。現存三種，如下所列：

(1)劉宋・元嘉二十年（443）求那跋陀羅譯《楞伽阿跋多羅寶經》四卷，又稱《四卷楞伽經》、《宋譯楞伽經》。

(2)北魏・菩提流支譯《入楞伽經》十卷，又稱《十卷楞伽經》、《魏譯楞伽經》。

(3)唐・實叉難陀譯《大乘入楞伽經》七卷，又稱《七卷楞伽經》、《唐譯楞伽經》。

此外，另有藏譯本二種。其一與梵文原典完全一致，另一為求那跋陀羅漢譯本的重譯本。而日本・南條文雄於1923年曾校刊梵文本行世，係尼泊爾所傳之梵本。在三種漢譯本中，實叉難陀的譯本與梵本比較接近，而求那跋陀羅的譯本則最能表現此經的原始形態，流行亦最廣。

《楞伽經》對中國佛教影響頗大，據說菩提達磨嘗以四卷《楞伽經》授慧可，並云：「我觀漢地，唯有此經，仁者依行，自得度世。」慧可對此經進行自由闡發。慧可門徒亦持此經，遊行村落，不入都邑，行頭陀行，主張「專唯念慧，不在話言」，實行以「忘言、忘念、無得正觀」為宗旨的禪法，遂漸形成獨立的派別，而被稱為楞伽師，並成為以後禪宗的先驅者。

本經註疏甚多，重要者有唐・法藏《入楞伽經玄義》一卷、宋・善月《楞伽經通義》六卷、正受《楞伽經集注》四卷，明・德清《觀楞伽經記》八卷、如玘《楞伽經注解》八卷等。日本方面，則有光謙《楞伽經講翼》、養存《楞伽經論疏折衷》等。

目錄

楞伽阿跋多羅寶經

楞伽阿跋多羅寶經序

朝議大夫直龍圖閣權江淮荊
浙等路制置鹽礬兼發運副使
上護軍賜紫金魚袋蔣之奇撰

之奇嘗苦楞伽經難讀，又難得善本。會南都太子太保致政張公施此經，而眉山蘇子瞻為書而刻之板，以為金山常住，金山長老佛印大師了元持以見寄。之奇為之言曰：佛之所說經總十二部，而其多至於五千卷，方其正法流行之時，人有聞半偈得一句而悟入者，蓋不可為量數。

至於像法末法之後，去聖既遠，人始溺於文字，有入海算沙之困，而於一真之體，乃漫不省解。於是有祖師出焉，直指人心見性成佛，以為教外別傳，於動容發語之頃，而上根利器之人，已目擊而得之矣。故雲門至於罵佛，而藥山至戒人不得讀經，皆此意也。由是去佛而謂之禪，離義而謂之玄。故學佛者必詆禪，而諱義者亦必宗玄，二家之徒更相非，而不知其相為用也。且禪者，六度之一也，顧豈異於佛哉！

之奇以為，禪出於佛，而玄出於義，不以佛廢禪，不以玄廢義，則其近之矣。冉求問：「聞斯行諸?」孔子曰：「聞斯行之。」子路問：「聞斯行諸?」曰：「有父兄在，如之何其聞斯行之?」求也退故進之，由也兼人故退之，說豈有常哉?救其偏而已！

學佛之敝，至於溺經文惑句義，而人不體玄，則言禪以救之。學禪之敝，至於馳空言玩琦辯，而人不了義，則言佛以救之。二者更相救，而佛法完矣。

昔達磨西來，既已傳心印於二祖，且云：「吾有楞伽經四卷，亦用付汝，即是如來心地要門，令諸眾生開示悟入。」此亦佛與禪並傳，而玄與義俱付也。

至五祖始易以金剛經傳授，故六祖聞客讀金剛經，而問其所從來，客云：「

我從蘄州黃梅縣東五祖山來。五祖大師常勸僧俗但持金剛經，即自見性成佛矣。」則是持金剛經者始於五祖，故金剛以是盛行於世，而楞伽遂無傳焉。今之傳者，寔自張公倡之。

之奇過南都謁張公，親聞公說楞伽因緣。始張公自三司使翰林學士出守滁，一日入琅琊僧舍，見一經函發而視之，乃楞伽經也。恍然覺其前生之所書，筆畫宛然，其殆神先受之甚明也。

之奇聞羊叔子五歲時，令乳母取所弄金鐶，乳母謂之：「汝初無是物。」祜即自詣隣人李氏東垣桑木中探得之，主人驚曰：「此吾亡兒所失物也，云何持去？」乳母具言之，知祜之前身為李氏子也。

白樂天始生七月，姆指之無兩字，雖試百數不差，九歲諳識聲律，史氏以為篤於才章蓋天稟然，而樂天固自以為宿習之緣矣。人之以是一真不滅之性，而死生去來於天地之間，其為世數，雖折天下之草木以為籌箸，不能算之矣。然以淪於死生，神識疲耗不能復記，惟圓明不昧之人知焉。

有如張公，以高文大冊再中制，舉登侍從，秉鈞軸出入朝廷逾四十年，風烈事業播人耳目，則其前身嘗為大善知識無足疑者。其能記憶前世之事，豈不謂信然哉！故因讀楞伽新經，而記其因緣於經之端云。

楞伽阿跋多羅寶經序

朝奉郎新差知登州軍州兼管
內勸農事騎都尉借緋蘇軾書

楞伽阿跋多羅寶經，先佛所說，微妙第一真實了義，故謂之佛語心品。祖師達磨以付二祖曰：「吾觀震旦所有經教，惟楞伽四卷可以印心。」祖祖相授以為心法，如醫之難經，句句皆理字字皆法。後世達者神而明之，如盤走珠如珠走盤，無不可者。若出新意而棄舊學以為無用，非愚無知則狂而已。

近歲學者各宗其師，務從簡便，得一句一偈，自謂子證。至使婦人孺子抵掌嬉笑，爭談禪悅，高者為名，下者為利，餘波末流無所不至，而佛法微矣。

譬如俚俗醫師，不由經論，直授方藥以之療病，非不或中，至於遇病輒應懸斷死生，則與知經學古者，不可同日語矣。世人徒見其有一至之功，或捷於古人，因謂難經不學而可，豈不誤哉！

楞伽義輒幽眇，文字簡古，讀者或不能句，而況遺文以得義，忘義以了心者乎！此其所以寂寥於世，幾廢而僅存也。

太子太保樂全先生張公安道，以廣大心得清淨覺，慶曆中嘗為滁州，至一僧舍偶見此經，入手恍然如獲舊物，開卷未終夙障冰解，細視筆畫手迹宛然，悲喜太息從是悟入，常以經首四偈發明心要。

軾遊於公之門，三十年矣。今年二月過南都，見公於私第，公時年七十九，幻滅都盡惠光渾圜，而軾亦老於憂患百念灰冷，公以為可教者，乃授此經。且以錢三十萬，使印施於江淮間。而金山長老佛印大師了元曰：「印施有盡，若書而刻之則無盡。」軾乃為書之，而元使其侍者曉機走錢塘，求善工刻之板，遂以為金山常住。

元豐八年九月九日

楞伽阿跋多羅寶經卷第一

宋天竺三藏求那跋陀羅譯

一切佛語心品第一之一

如是我聞：一時，佛住南海濱楞伽山頂，種種寶華以為莊嚴，與大比丘僧及大菩薩眾俱，從彼種種異佛刹來。是諸菩薩摩訶薩無量三昧自在之力，神通遊戲，大慧菩薩摩訶薩而為上首。一切諸佛手灌其頂，自心現境界善解其義，種種眾生、種種心色，無量度門隨類普現，於五法、自性、識、二種無我究竟通達。

爾時大慧菩薩與摩帝菩薩俱遊一切諸佛刹土承佛神力從坐而起，偏袒右肩右膝著地，合掌恭敬以偈讚曰：

世間離生滅，　猶如虛空華，　智不得有無，　而興大悲心。
一切法如幻，　遠離於心識，　智不得有無，　而興大悲心。
遠離於斷常，　世間恒如夢，　智不得有無，　而興大悲心。
知人法無我，　煩惱及爾炎，　常清淨無相，　而興大悲心。
一切無涅槃，　無有涅槃佛，　無有佛涅槃，　遠離覺所覺，
若有若無有，　是二悉俱離。　牟尼寂靜觀，　是則遠離生，
是名為不取，　今世後世淨。

爾時大慧菩薩偈讚佛已，自說姓名：

我名為大慧，　通達於大乘，　今以百八義，　仰諮尊中上。
世間解之士，　聞彼所說偈，　觀察一切眾，　告諸佛子言：
汝等諸佛子，　今皆恣所問，　我當為汝說，　自覺之境界。

爾時大慧菩薩摩訶薩承佛所聽，頂禮佛足合掌恭敬，以偈問曰：

云何淨其念？　云何念增長？　云何見癡惑？　云何惑增長？

何故剎土化，相及諸外道？云何無受欲？何故名無受？
何故名佛子？解脫至何所？誰縛誰解脫？何等禪境界？
云何有三乘？唯願為解說！緣起何所生？云何作所作？
云何俱異說？云何為增長？云何無色定，及以滅正受？
云何為想滅？何因從定覺？云何所作生，進去及持身？
云何現分別？云何生諸地？破三有者誰？何處身云何？
往生何所至？云何最勝子？何因得神通，及自在三昧？
云何三昧心？最勝為我說！云何名為藏？云何意及識？
云何生與滅？云何見已還？云何為種姓，非種及心量？
云何建立相，及與非我義？云何無衆生？云何世俗說？
云何為斷見，及常見不生？云何佛外道，其相不相違？
云何當來世，種種諸異部？云何空何因？云何剎那壞？
云何胎藏生？云何世不動？何因如幻夢，及揵闥婆城，世間熱時炎，及與水月光？何因說覺支，及與菩提分？
云何國土亂？云何作有見？云何不生滅，世如虛空華？
云何覺世間？云何說離字？離妄想者誰？云何虛空譬？
如實有幾種？幾波羅蜜心？何因度諸地？誰至無所受？
何等二無我？云何爾炎淨？諸智有幾種？幾戒眾生性？
誰生諸寶性？摩尼真珠等？誰生諸語言，眾生種種性？
明處及伎術，誰之所顯示？伽陀有幾種，長頌及短頌？
成為有幾種，云何名為論？云何生飲食，及生諸愛欲？
云何名為王，轉輪及小王？云何守護國，諸天有幾種？
云何名為地，星宿及日月？解脫修行者，是各有幾種？
弟子有幾種？云何阿闍梨？佛復有幾種？復有幾種生？
魔及諸異學，彼各有幾種？自性及與心，彼復各幾種？
云何施設量？唯願最勝說！云何空風雲？云何念聰明？

云何為林樹？云何為蔓草？云何象馬鹿？云何而捕取？
云何為卑陋？何因而卑陋？云何六師攝？云何一闡提？
男女及不男，斯皆云何生？云何修行退？云何修行生？
禪師以何法，建立何等人？衆生生諸趣，何相何像類？
云何為財富？何因致財富？云何為釋種？何因有釋種？
云何甘*蔗種？無上尊願說！云何長苦仙？彼云何教授？
如來云何於，一切時剎現，種種名色類，最勝子圍遶？
云何不食肉？云何制斷肉？食肉諸種類，何因故食肉？
云何日月形，須彌及蓮華，師子勝相剎，側住覆世界，
如因陀羅網，或悉諸珍寶，箜篌細腰鼓，狀種種諸華，
或離日月光，如是等無量？云何為化佛？云何報生佛？
云何如如佛？云何智慧佛？云何於欲界，不成等正覺？
何故色究竟，離欲得菩提？善逝般涅槃，誰當持正法？

天師住久如？正法幾時住？悉檀及與見，各復有幾種？
毘尼比丘分，云何何因緣？彼諸最勝子，緣覺及聲聞，
何因百變易？云何百無受？云何世俗通？云何出世間？
云何為七地？唯願為演說！僧伽有幾種？云何為壞僧？
云何醫方論？是復何因緣？何故大牟尼，唱說如是言，
迦葉拘留孫，拘那含是我？何故說斷常，及與我無我？
何不一切時，演說真實義，而復為衆生，分別說心量？
何因男女林，訶梨阿摩勒，雞羅及鐵圍，金剛等諸山，
無量寶莊嚴，仙闥婆充滿？
無上世間解，聞彼所說偈，大乘諸度門，諸佛心第一（此心如樹木堅實心，非念慮心也）：
善哉善哉問！大慧善諦聽！我今當次第，如汝所問說。
生及與不生，涅槃空剎那，趣至無自性，佛諸波羅蜜。
佛子與聲聞，緣覺諸外道，及與無色行，如是種種事。

須彌巨海山，洲渚剎土地，星宿及日月，外道天修羅。
解脫自在通，力禪三摩提，滅及如意足，覺支及道品。
諸禪定無量，諸陰身往來，正受滅盡定，三昧起心說。
心意及與識，無我法有五，自性想所想，及與現二見。
乘及諸種性，金銀摩尼等，一闡提大種，荒亂及一佛。
智爾焰得向，衆生有無有，象馬諸禽獸，云何而捕取？
譬因成悉檀，及與作所作，欝林迷惑通，心量不現有。
諸地不相至，百變百無受，醫方工巧論，伎術諸明處。
諸山須彌地，巨海日月量，下中上衆生，身各幾微塵？
一一剎幾塵，弓弓數有幾，肘步拘樓舍，半由延由延？
兎毫窗塵蟻，羊毛𪍿麥塵，鉢他幾𪍿麥，阿羅𪍿麥幾？
獨籠那佉梨，勒叉及舉利，乃至頻婆羅，是各有幾數？
為有幾阿㝹，名舍梨沙婆？幾舍梨沙婆，名為一賴提？

幾賴提摩沙，為摩沙陀那？幾摩沙陀那，名為陀那羅？
復幾陀那羅，為迦梨沙那？幾迦梨沙那，為成一波羅？
此等積聚相，幾波羅彌樓？是等所應請，何須問餘事！
聲聞辟支佛，佛及最勝子，身各有幾數？何故不問此！
火焰幾阿㲋？風阿㲋復幾？根根幾阿㲋？毛孔眉毛幾？
護財自在王，轉輪聖帝王，云何王守護？云何為解脫？
廣說及句說，如汝之所問，眾生種種欲，種種諸飲食，
云何男女林，金剛堅固山？云何如幻夢，野鹿渴愛譬？
云何山天仙，犍闥婆莊嚴？解脫至何所，誰縛誰解脫？
云何禪境界，變化及外道？云何無因作？云何有因作，
有因無因作，及非有無因？云何現已滅？云何淨諸覺？
云何諸覺轉，及轉諸所作？云何斷諸想？云何三昧起？
破三有者誰？何處為何身？云何無眾生，而說有吾我？

句，自性句離自性句，空句不空句，斷句不斷句，邊句非邊句，中句非中句，常句非常句（凡有三常，此常梵音與上常音異也。），緣句非緣句，因句非因句，煩惱句非煩惱句，愛句非愛句，方便句非方便句，巧句非巧句，淨句非淨句，成句非成句，譬句非譬句，弟子句非弟子句，師句非師句，種性句非種性句，三乘句非三乘句，所有句無所有句，願句非願句，三輪句非三輪句，相句非相句，有品句非有品句，俱句非俱句，緣自聖智現法樂句非現法樂句，剎土句非剎土句，阿㝹句非㝹句，水句非水句，弓句非弓句，實句非實句，數句非數句（此物之數也），數句非數句（此數霜縷反），明句非明句，虛空句非虛空句，雲句非雲句，工巧伎術明處句非明處句，風句非風句，地句非地句，心句非心句，施設句非施設句，自性句非自性句，陰句非陰句，眾生句非眾生句，慧句非慧句，涅槃句非涅槃句，爾焰句非爾焰句，外道句非外道句，荒亂句非荒亂句，幻句非幻句，夢句非夢句，焰句非焰句，像句非像句，輪句非輪句，揵闥婆句非揵闥婆句，天句非天句，飲食句非飲食句，婬欲句非婬欲句，見句非見句，波羅蜜句非波羅蜜句，戒句非戒句，日月星宿句非日月星宿句，諦句非諦句，果句非果句，滅起句非滅起句，治句非治句，相句非相句，支句非支句，巧明處句非巧明處句，禪句非禪句，迷句非迷句，現句非現句，護句非護句，族句非族句，仙句非仙句，王句非王句，攝受句非攝受句，實句非實句，記句非記句，一闡提句非一闡提句，女男不男句非女男不男句，味句非味句，事句非事句，身句非身句，覺句非覺句，動句非動句，根句非根句，有為句非有為句，無為句非無為句，因果句非因果句，色究竟句非色究竟句，節句非節句，欝樹藤句非欝樹藤句，雜句非雜句，說句非說句，毘尼句非毘尼句，比丘句非比丘句，處句非處句，字句非字句。大慧！是百八句先佛所說，汝及諸菩薩摩訶薩應當修學。」

爾時大慧菩薩摩訶薩復白佛言：「世尊！諸識有幾種生住滅？」

佛告大慧：「諸識有二種生住滅，非思量所知。諸識有二種生，謂流注生及相生。有二種住，謂流注住及相住。有二種滅，謂流注滅及相滅。諸識有三種相，謂轉相、業相、真相。

「大慧！略說有三種識，廣說有八相。何等為三？謂真識、現識及分別事識。大慧！譬如明鏡持諸色像，現識處現亦復如是。大慧！現識及分別事識，此二壞不壞相展轉因。大慧！不思議薰及不思議變，是現識因。大慧！取種種塵及無始妄想薰，是分別事識因。大慧！若覆彼真識種種不實諸虛妄滅，則一切根識滅。大慧！是名相滅。大慧！相續滅者，相續所因滅則相續滅，所從滅及所緣滅則相續滅。大慧所以者何？是其所依故。依者，謂無始妄想薰。緣者，謂自心見等識境妄想。

「大慧譬如泥團、微塵非異非不異，金莊嚴具亦復如是。大慧！若泥團、微塵異者，非彼所成；而實彼成，是故不異。若不異者，則泥團、微塵應無分別。如是，大慧！轉識、藏識真相若異者，藏識非因；若不異者，轉識滅藏識亦應滅。而自真相實不滅，是故，大慧！非自真相識滅，但業相滅。若自真相滅者，藏識則滅。大慧！藏識滅者，不異外道斷見論議。

「大慧！彼諸外道作如是論，謂攝受境界滅，識流注亦滅。若識流注滅者，無始流注應斷。大慧！外道說流注生因，非眼識色明集會而生，更有異因。大慧！彼因者，說言若勝妙、若士夫、若自在、若時、若微塵。

「復次，大慧！有七種性自性，所謂集性自性、性自性、相性自性、大種性自性、因性自性、緣性自性、成性自性。復次，大慧！有七種第一義，所謂心境界、慧境界、智境界、見境界、超二見境界、超子地境界、如來自到境界。

「大慧！此是過去、未來、現在諸如來應供等正覺性自性第一義心（此心梵音肝栗大，肝栗大宋言心。謂如樹木心，非念*慮心，念*慮心梵音云質多也。）。以性自性第一義心，成就如來世間、出世間、出世間上上法，聖慧眼入自共相建立，如所建立，不與外道論惡見共。大慧！云何外道論惡見共？所謂自境界妄想見，不覺識自心所現，分齊不通。大慧！愚癡凡夫性無性自性第一義，作二見論。

「復次，大慧！妄想三有苦滅，無知、愛、業緣滅，自心所現幻境隨見，今當說。大慧！若有沙門、婆羅門，欲令無種、有種因果現，及事時住，緣陰、界、入生住，或言生已滅。大慧！彼若相續、若事、若生、若有、若涅槃、若道、若業、若果、若諦，破壞斷滅論。所以者何？以此現前不可得，及見始非分故。

大慧！譬如破瓶不作瓶事，亦如焦種不作牙事。如是，大慧！若陰界入性已滅、今滅、當滅，自心妄想見，無因故，彼無次第生。大慧！若復說無種、有種，識三緣合生者，龜應生毛，沙應出油，汝宗則壞，違決定義。有種、無種說有如是過，所作事業悉空無義。大慧！彼諸外道說有三緣合生者，所作方便因果自相，過去、未來、現在有種無種相，從本已來成事相承覺想地轉，自見過習氣，作如是說。如是，大慧！愚癡凡夫惡見所害，邪曲迷醉，無智妄稱一切智說。

「大慧！若復諸餘沙門婆羅門，見離自性浮雲、火輪、揵闥婆城，無生幻、焰、水月及夢，內外心現妄想，無始虛偽不離自心，妄想因緣滅盡，離妄想說所說觀所觀，受用建立身之藏識，於識境界攝受及攝受者不相應，無所有境界離生住滅，自心起隨入分別。大慧！彼菩薩不久當得生死涅槃平等，大悲巧方便，無開發方便。大慧！彼一切衆生界皆悉如幻，不勤因緣，遠離內外境界，心外無所見，次第隨入無相處，次第隨入從地至地三昧境界，解三界如幻，分別觀察，當得如幻三昧，度自心現無所有，得住般若波羅蜜，捨離彼生所作方便，金剛喻三摩提隨入如來身，隨入如如化，神通自在慈悲方便具足莊嚴，等入一切佛剎，外道入處，離心、意、意識，是菩薩漸次轉身得如來身。

「大慧！是故欲得如來隨入身者，當遠離陰、界、入心因緣所作方便生住滅妄想虛偽，唯心直進，觀察無始虛偽過妄想習氣因三有，思惟無所有佛地無生到自覺聖趣，自心自在到無開發行。如隨衆色摩尼，隨入衆生微細之心，而以化身隨心量度，諸地漸次相續建立。是故，大慧！自悉檀善應當修學。」

爾時大慧菩薩復白佛言：「世尊！所說心、意、意識、五法、自性、相，一切諸佛菩薩所行，自心見等所緣境界不和合，顯示一切說成真實相一切佛語心，為楞伽國摩羅耶山海中住處諸大菩薩，說如來所歎海浪藏識境界法身。」

爾時世尊告大慧菩薩言：「四因緣故眼識轉。何等為四？謂自心現攝受不覺，無始虛偽過色習氣計著，識性自性，欲見種種色相。大慧！是名四種因緣，水流處藏識轉識浪生。

「大慧！如眼識，一切諸根微塵毛孔俱生，隨次境界生，亦復如是。譬如明鏡，現衆色像。大慧！猶如猛風吹大海水，外境界風飄蕩心海，識浪不斷，因所作相異不異，合業生相深入計著，不能了知色等自性故，五識身轉。大慧！即彼五識身俱，因差別分段相知，當知是意識因彼身轉，彼不作是念我展轉相因，自心現妄想計著轉，而彼各各壞相俱轉，分別境界分段差別謂彼轉。

「如修行者入禪三昧，微細習氣轉而不覺知，而作是念：『識滅然後入禪正受。』實不識滅而入正受，以習氣種子不滅故不滅，以境界轉攝受不具故滅。大慧！如是微細藏識究竟邊際，除諸如來及住地菩薩，諸聲聞、緣覺、外道修行所得三昧智慧之力，一切不能測量決了。

「餘地相智慧巧便分別決斷句義，最勝無邊善根成熟，離自心現妄想虛偽，宴坐山林下中上修，能見自心妄想流注，無量剎土諸佛灌頂，得自在力神通三昧。諸善知識佛子眷屬，彼心、意、意識自心所現自性境界，虛妄之想生死有海業愛無知，如是等因悉以超度。是故，大慧！諸修行者應當親近最勝知識。」

爾時世尊欲重宣此義，而說偈言：

譬如巨海浪，　斯由猛風起，　洪波鼓冥壑，　無有斷絕時。
藏識海常住，　境界風所動，　種種諸識浪，　騰躍而轉生。
青赤種種色，　珂乳及石蜜，　淡味衆華果，　日月與光明，
非異非不異，　海水起波浪，　七識亦如是，　心俱和合生。
譬如海水變，　種種波浪轉，　七識亦如是，　心俱和合生。
謂彼藏識處，　種種諸識轉。　謂以彼意識，　思惟諸相義，
不壞相有八，　無相亦無相。　譬如海波浪，　是則無差別，
諸識心如是，　異亦不可得。　心名採集業，　意名廣採集，
諸識識所識，　現等境說五。

爾時大慧菩薩以偈問曰：

青赤諸色像，　衆生發諸識，　如浪種種法，　云何唯願說！

爾時世尊以偈答曰：

青赤諸雜色，　波浪悉無有，　採集業說心，　開悟諸凡夫。

彼業悉無有，　自心所攝離，　所攝無所攝，　與彼波浪同。
受用建立身，　是衆生現識，　於彼現諸業，　譬如水波浪。

爾時大慧菩薩復說偈言：

大海波浪性，　鼓躍可分別，　藏與業如是，　何故不覺知？

爾時世尊以偈答曰：

凡夫無智慧，　藏識如巨海，　業相猶波浪，　依彼譬類通。

爾時大慧菩薩復說偈言：

日出光等照，　下中上衆生，　如來照世間，　為愚說真實。
已分部諸法，　何故不說實？

爾時世尊以偈答曰：

若說真實者，　彼心無真實，　譬如海波浪，　鏡中像及夢。
一切俱時現，　心境界亦然，　境界不具故，　次第業轉生。
識者識所識，　意者意謂然，　五則以顯現，　無有定次第。

譬如工畫師，　及與畫弟子，　布彩圖衆形，　我說亦如是。
彩色本無文，　非筆亦非素，　為悅衆生故，　綺錯*繪衆像。
言說別施行，　真實離名字，　分別應初業，　修行示真實。
真實自悟處，　覺想所覺離，　此為佛子說，　愚者廣分別。
種種皆如幻，　雖現無真實，　如是種種說，　隨事別施設。
所說非所應，　於彼為非說，　彼彼諸病人，　良醫隨處方。
如來為衆生，　隨心應量說，　妄想非境界，　聲聞亦非分。
哀愍者所說，　自覺之境界。

「復次，大慧！若菩薩摩訶薩欲知自心現量攝受及攝受者妄想境界，當離群聚習俗睡眠，初中後夜常自覺悟修行方便，當離惡見經論言說，及諸聲聞、緣覺乘相，當通達自心現妄想之相。

「復次，大慧！菩薩摩訶薩建立智慧相住已，於上聖智三相當勤修學。何等為聖智三相當勤修學？所謂無所有相，一切諸佛自願處相，自覺聖智究竟之相。

修行得此已，能捨跋驢心慧智相，得最勝子第八之地，則於彼上三相修生。

「大慧！無所有相者，謂聲聞、緣覺及外道相彼修習生。大慧！自願處相者，謂諸先佛自願處修生。大慧！自覺聖智究竟相者，一切法相無所計著，得如幻三昧身，諸佛地處進趣行生。大慧！是名聖智三相。若成就此聖智三相者，能到自覺聖智境界。是故，大慧！聖智三相當勤修學。」

爾時大慧菩薩摩訶薩知大菩薩衆心之所念，名聖智事分別自性經，承一切佛威神之力，而白佛言：「世尊！唯願為說聖智事分別自性經百八句分別所依，如來應供等正覺依此分別說菩薩摩訶薩入自相、共相妄想自性。以分別說妄想自性故，則能善知，周遍觀察人、法無我，淨除妄想照明諸地，超越一切聲聞、緣覺及諸外道諸禪定樂，觀察如來不可思議所行境界，畢定捨離五法自性，諸佛如來法身智慧，善自莊嚴超幻境界，昇一切佛剎兜率天宮，乃至色究竟天宮，逮得如來常住法身。」

佛告大慧：「有一種外道，作無所有妄想計著，覺知因盡，兎無角想。如兎無角，一佛法亦復如是。大慧！復有餘外道，見種、求那、極微、陀羅驃、形處、橫法各各差別，見已計著無兎角，橫法作牛有角想。

「大慧！彼墮二見不解心量，自心境界妄想增長，身受用建立妄想限量。大慧！一切法性亦復如是，離有無，不應作想。大慧！若復離有無而作兎無角想，是名邪想。彼因待觀故，兎無角不應作想，乃至微塵分別事性悉不可得。大慧！聖境界離，不應作牛有角想。」

爾時大慧菩薩摩訶薩白佛言：「世尊！得無妄想者，見不生想已，隨比思量觀察不生，妄想言無耶？」

佛告大慧：「非觀察不生，妄想言無。所以者何？妄想者，因彼生故，依彼角生妄想。以依角生妄想，是故言依因故，離異不異故，非觀察不生，妄想言無角。大慧！若復妄想異角者，則不因角生。若不異者，則因彼故。乃至微塵分析推求悉不可得，不異角故。彼亦非性，二俱無性者，何法何故而言無耶？大慧！若無故無角，觀有故言兎無角者，不應作想。大慧！不正因故，而說有無二俱不成。

「大慧！復有餘外道見，計著色空事形處橫法，不能善知虛空分齊，言色離虛空，起分齊見妄想。大慧！虛空是色，隨入色種。大慧！色是虛空，持所持處所建立性，色空事分別當知。大慧！四大種生時自相各別，亦不住虛空，非彼無虛空。如是，大慧！觀牛有角，故兎無角。大慧！有牛角者析為微塵，又分別微塵剎那不住，彼何所觀故而言無耶？若言觀餘物者，彼法亦然。」

爾時世尊告大慧菩薩摩訶薩言：「當離兎角牛角、虛空形色異見妄想，汝等諸菩薩摩訶薩，當思惟自心現妄想，隨入為一切剎土最勝子，以自心現方便而教授之。」

爾時世尊欲重宣此義，而說偈言：

色等及心無，　色等長養心，　身受用安立，　識藏現衆生。
心意及與識，　自性法有五，　無我二種淨，　廣說者所說。
長短有無等，　展轉互相生，　以無故成有，　以有故成無。

微塵分別事，　不起色妄想，　心量安立處，　惡見所不樂。
覺想非境界，　聲聞亦復然，　救世之所說，　自覺之境界。

爾時大慧菩薩為淨自心現流故，復請如來，白佛言：「世尊！云何淨除一切眾生自心現流，為頓為漸耶？」

佛告大慧：「漸淨非頓。如菴羅果漸熟非頓，如來淨除一切眾生自心現流，亦復如是漸淨非頓。譬如陶家造作諸器漸成非頓，如來淨除一切眾生自心現流，亦復如是漸淨非頓。譬如大地漸生萬物非頓生也，如來淨除一切眾生自心現流，亦復如是漸淨非頓。譬如人學音樂書畫種種技術漸成非頓，如來淨除一切眾生自心現流，亦復如是漸淨非頓。

「譬如明鏡頓現一切無相色像，如來淨除一切眾生自心現流，亦復如是頓現無相無有所有清淨境界。如日月輪頓照顯示一切色像，如來為離自心現習氣過患眾生，亦復如是頓為顯示不思議智最勝境界。譬如藏識頓分別知自心現及身安立受用境界，彼諸依佛亦復如是（依者，胡本云津膩，謂化佛是真佛氣分也），頓熟眾生所處境界，以修行者安處於彼色究竟天。譬如法佛所作依佛光明照曜，自覺聖趣亦復如是，彼於法相有性無性惡見妄想照令除滅。

「大慧！法依佛說一切法入自相、共相，自心現習氣因，相續妄想自性計著因，種種無實幻種種計著不可得。復次，大慧！計著緣起自性，生妄想自性相。大慧！如工幻師依草木瓦石作種種幻，起一切衆生若干形色，起種種妄想，彼諸妄想亦無真實。如是，大慧！依緣起自性，起妄想自性，種種妄想心種種想，行事妄想相，計著習氣妄想。大慧！是為妄想自性相生。大慧！是名依佛說法。大慧！法佛者，離心自性相，自覺聖所緣境界建立施作。

「大慧！化佛者，說施、戒、忍、精進、禪定及心智慧，離陰、界、入，解脫識相分別觀察建立，超外道見、無色見。大慧！又法佛者，離攀緣，所緣離，一切所作根量相滅，非諸凡夫、聲聞、緣覺、外道計著我相所著境界，自覺聖究竟差別相建立。是故，大慧！自覺聖差別相當勤修學，自心現見應當除滅。

「復次，大慧！有二種聲聞乘通分別相，謂得自覺聖差別相，及性妄想自性計著相。云何得自覺聖差別相聲聞？謂無常、苦、空、無我境界，真諦離欲寂滅，息陰、界、入自共相，外不壞相如實知，心得寂止。心寂止已，禪定、解脫、三昧、道果正受解脫，不離習氣不思議變易死，得自覺聖樂住聲聞，是名得自覺聖差別相聲聞。大慧！得自覺聖差別樂住菩薩摩訶薩，非滅門樂正受樂，顧愍眾生及本願不作證。大慧！是名聲聞得自覺聖差別相樂。菩薩摩訶薩於彼得自覺聖差別相樂，不應修學。

「大慧！云何性妄想自性計著相聲聞？所謂大種青黃赤白、堅濕煖動，非作生，自相共相先勝善說，見已於彼起自性妄想。菩薩摩訶薩於彼應知應捨，隨入法無我想，滅人無我相見，漸次諸地相續建立。是名諸聲聞性妄想自性計著相。」

爾時大慧菩薩摩訶薩白佛言：「世尊！世尊所說常及不思議自覺聖趣境界，及第一義境界，世尊！非諸外道所說常不思議因緣耶？」

佛告大慧：「非諸外道因緣得常不思議。所以者何？諸外道常不思議，不因自相成。若常不思議不因自相成者，何因顯現常不思議？

「復次，大慧！不思議若因自相成者，彼則應常，由作者因相故，常不思議不成。

「大慧！我第一義常不思議第一義因相成，離性非性得自覺性故有相，第一義智因故有因，離性非性故。譬如無作虛空涅槃滅盡故常。如是，大慧！不同外道常不思議論。如是，大慧！此常不思議，諸如來自覺聖智所得，是故常不思議自覺聖智所得應得修學。

「復次，大慧！外道常不思議，無常性異相因故，非自作因相力故常。復次，大慧！諸外道常不思議，於所作性非性無常，見已思量計常。大慧！我亦以如是因緣，所作者性非性無常，見已自覺聖境界說彼常無因。

「大慧！若復諸外道因相成常不思議，因自相性非性，同於兎角，此常不思議但言說妄想，諸外道輩有如是過。所以者何？謂但言說妄想同於兎角，自因相非分。大慧！我常不思議，因自覺得相故，離所作性非性故常，非外性非性無常，思量計常。

「大慧！若復外性非性無常，思量計常不思議常，而彼不知常不思議自因之相，去得自覺聖智境界相遠，彼不應說。

「復次，大慧！諸聲聞畏生死妄想苦而求涅槃，不知生死涅槃差別一切性妄想非性，未來諸根境界休息作涅槃想，非自覺聖智趣藏識轉，是故凡愚說有三乘，說心量趣無所有。是故，大慧！彼不知過去、未來、現在諸如來自心現境界，計著外心現境界，生死輪常轉。

「復次，大慧！一切法不生，是過去、未來、現在諸如來所說。所以者何？謂自心現性非性，離有非有生故。大慧！一切性不生，一切法如兎馬等角，愚癡凡夫不實妄想自性妄想故。大慧！一切法不生自覺聖智趣境界者，一切性自性相不生，非彼愚夫妄想二境界，自性身財建立趣自性相。大慧！藏識攝所攝相轉，愚夫墮生住滅二見，悕望一切性生，有非有妄想生，非賢聖也。大慧！於彼應當修學。

「復次，大慧！有五無間種性。云何為五？謂聲聞乘無間種性，緣覺乘無間種性，如來乘無間種性，不定種性，各別種性。

「云何知聲聞乘無間種性？若聞說得陰、界、入自共相斷知時，舉身毛孔熙怡欣悅，及樂修相智，不修緣起發悟之相，是名聲聞乘無間種性。聲聞無間見第八地，起煩惱斷，習氣煩惱不斷，不度不思議變易死，度分段死，正師子吼：我生已盡，梵行已立，不受後有。如實知修習人無我，乃至得般涅槃覺。

「大慧！各別無間者，我、人、衆生、壽命、長養、士夫，彼諸衆生作如是覺，求般涅槃。復有異外道說，悉由作者見一切性已，言此是般涅槃。作如是覺，法無我見非分，彼無解脫。大慧！此諸聲聞乘無間外道種性，不出出覺，為轉彼惡見故應當修學。

「大慧！緣覺乘無間種性者，若聞說各別緣無間，舉身毛豎悲泣流淚，不相近緣所有不著，種種自身種種神通，若離若合種種變化，聞說是時其心隨入。若知彼緣覺乘無間種性已，隨順為說緣覺之乘，是名緣覺乘無間種性相。

「大慧！彼如來乘無間種性有四種，謂自性法無間種性，離自相法無間種性，得自覺聖無間種性，外剎殊勝無間種性。大慧！若聞此四事一一說時，及說自心現身財建立不思議境界時，心不驚怖者，是名如來乘無間種性相。

「大慧！不定種性者，謂說彼三種時，隨說而入隨彼而成。

「大慧！此是初治地者，謂種性建立，為超入無所有地故作是建立。彼自覺藏者，自煩惱習淨，見法無我，得三昧樂住聲聞，當得如來最勝之身。」

爾時世尊欲重宣此義⊙而說偈言：

須陀槃那果，往來及不還，逮得阿羅漢，是等心惑亂。
三乘與一乘，非乘我所說，愚夫少智慧，諸聖遠離寂。
第一義法門，遠離於二教，住於無所有，何建立三乘？
諸禪無量等，無色三摩提，受想悉寂滅，亦無有心量。

「大慧！彼一闡提非一闡提，世間解脫誰轉？大慧！一闡提有二種。一者、捨一切善根，及於無始眾生發願。云何捨一切善根？謂謗菩薩藏，及作惡言：『此非隨順修多羅、毘尼解脫之說。』捨一切善根故，不般涅槃。二者、菩薩本自願方便故，非不般涅槃，一切衆生而般涅槃。大慧！彼般涅槃，是名不般涅槃法相，此亦到一闡提趣。」

大慧白佛言：「世尊！此中云何畢竟不般涅槃？」

佛告大慧：「菩薩一闡提者，知一切法本來般涅槃已，畢竟不般涅槃，而非捨一切善根一闡提也。大慧！捨一切善根一闡提者，復以如來神力故，或時善根生。所以者何？謂如來不捨一切衆生故。以是故，菩薩一闡提不般涅槃。

「復次，大慧！菩薩摩訶薩當善三自性。云何三自性？謂妄想自性、緣起自性、成自性。大慧！妄想自性從相生。」

大慧白佛言：「世尊！云何妄想自性從相生？」

佛告大慧：「緣起自性事相相行，顯現事相相，計著有二種妄想自性，如來、應供、等正覺之所建立，謂名相計著相，及事相計著相。名相計著相者，謂內外法計著。事相計著相者，謂卽彼如是內外自共相計著。是名二種妄想自性相。若依若緣生，是名緣起。云何成自性？謂離名、相、事相妄想，聖智所得及自覺聖智趣所行境界，是名成自性如來藏心。」

爾時世尊欲重宣此義而說偈言：

名相覺想，　自性二相，　正智如如，　是則成相。

「大慧！是名觀察五法自性相經，自覺聖智趣所行境界，汝等諸菩薩摩訶薩應當修學。

「復次，大慧！菩薩摩訶薩善觀二種無我相。云何二種無我相？謂人無我，及法無我。云何人無我？謂離我、我所，陰、界、入聚，無知業愛生，眼色等攝受計著生識，一切諸根自心現器身等藏，自妄想相施設顯示。如河流、如種子、如燈、如風、如雲，剎那展轉壞，躁動如猨猴，樂不淨處如飛蠅，無厭足如風火，無始虛偽習氣因如汲水輪，生死趣有輪，種種身色幻術神呪機發像起，善彼相知，是名人無我智。

「云何法無我智？謂覺陰、界、入妄想相自性，如陰、界、入離我我所，陰界入積聚，因業愛繩縛，展轉相緣生，無動搖。諸法亦爾，離自共相，不實妄想相，妄想力是凡夫生，非聖賢也，心意識五法自性離故。大慧！菩薩摩訶薩當善分別一切法無我。善法無我菩薩摩訶薩，不久當得初地菩薩無所有觀地相，觀察開覺歡喜，次第漸進超九地相，得法雲地，於彼建立無量寶莊嚴大寶蓮華王像大寶宮殿，幻自性境界修習生，於彼而坐，同一像類諸最勝子眷屬圍繞。從一切佛剎來佛手灌頂，如轉輪聖王太子灌頂。超佛子地到自覺聖法趣，當得如來自在法身，見法無我故，是名法無我相。汝等諸菩薩摩訶薩應當修學。」

爾時大慧菩薩摩訶薩復白佛言：「世尊！建立誹謗相，唯願說之。令我及諸菩薩摩訶薩離建立誹謗二邊惡見，疾得阿耨多羅三藐三菩提，覺已離常建立斷誹謗見，不謗正法。」

爾時世尊受大慧菩薩請已，而說偈言：

建立及誹謗，　無有彼心量，　身受用建立，　及心不能知。
愚癡無智慧，　建立及誹謗。

爾時世尊於此偈義，復重顯示告大慧言：「有四種非有有建立。云何為四？

謂非有相建立，非有見建立，非有因建立，非有性建立，是名四種建立。又誹謗者，謂於彼所立無所得。觀察非分而起誹謗，是名建立誹謗相。

「復次，大慧！云何非有相建立相？謂陰、界、入非有自共相而起計著，此如是，此不異，是名非有相建立相。此非有相建立妄想，無始虛偽過種種習氣計著生。大慧！非有見建立相者，若彼如是陰、界、入，我、人、衆生、壽命、長養、士夫見建立，是名非有見建立相。大慧！非有因建立相者，謂初識無因生，後不實如幻，本不生眼色眼界念前生，生已實已還壞，是名非有因建立相。大慧！非有性建立相者，謂虛空滅、般涅槃、非作，計性建立，此離性非性，一切法如兎馬等角，如垂髮現，離有非有，建立及誹謗愚夫妄想，不善觀察自心現量，非賢聖也，是名非有性建立相。是故離建立誹謗惡見，應當修學。

「復次，大慧！菩薩摩訶薩善知心、意、意識、五法、自性、二無我相，趣究竟為安衆生故，作種種類像，如妄想自性處依於緣起。譬如衆色如意寶珠，普現一切諸佛刹土一切如來大衆集會，悉於其中聽受經法，所謂一切法如幻、如夢

佛告大慧：「空空者，即是妄想自性處。大慧！妄想自性計著者，說空無生無二離自性相。大慧！彼略說七種空，謂相空、性自性空、行空、無行空、一切法離言說空、第一義聖智大空、彼彼空。

「云何相空？謂一切性自共相空，觀展轉積聚故。分別無性自共相不生，自他俱性無性故相不住，是故說一切性相空，是名相空。

「云何性自性空？謂自己性自性不生，是名一切法性自性空，是故說性自性空。

「云何行空？謂陰離我我所，因所成所作業方便生，是名行空。

「大*慧！即此如是行空展轉緣起，自性無性，是名無行空。

「云何一切法離言說空？謂妄想自性無言說故，一切法離言說，是名一切法離言說空。

「云何一切法第一義聖智大空？謂得自覺聖智，一切見過習氣空，是名一切法第一義聖智大空。

「云何彼彼空！謂於彼無彼空是名彼彼空。大慧！譬如鹿子母舍，無象、馬、牛、羊等，非無比丘衆，而說彼空。非舍舍性空，亦非比丘比丘性空，非餘處無象馬，是名一切法自相，彼於彼無彼，是名彼彼空。是名七種空，彼彼空者是空最麁，汝等遠離。

「大慧！不自生，非不生，除住三昧，是名無生，離自性卽是無生，離自性剎那相續流注及異性現，一切性離自性，是故一切性離自性。云何無二？謂一切法如冷熱，如長短，如黑白，大慧！一切法無二。非於涅槃彼生死，非於生死彼涅槃，異相因有性故，是名無二。如涅槃、生死，一切法亦如是。是故空無生無二離自性相，應當修學。」

爾時世尊欲重宣此義而說偈言：

我常說空法，　遠離於斷常，　生死如幻夢，　而彼業不壞。
虛空及涅槃，　滅二亦如是，　愚夫作妄想，　諸聖離有無。

爾時世尊復告大慧菩薩摩訶薩言：「大慧！空無生無二離自性相，普入諸佛一切修多羅，凡所有經悉說此義。諸修多羅悉隨衆生悕望心故，為分別說顯示其義，而非真實在於言說。如鹿渴想誑惑群鹿，鹿於彼相計著水性，而彼水無如是。一切修多羅所說諸法，為令愚夫發歡喜故，非實聖智在於言說，是故當依於義莫著言說。」

楞伽阿跋多羅寶經卷第一

楞伽阿跋多羅寶經卷第二

宋天竺三藏求那跋陀羅譯

一切佛語心品之二

爾時大慧菩薩摩訶薩白佛言：「世尊！世尊修多羅說，如來藏自性清淨，轉三十二相，入於一切眾生身中，如大價寶垢衣所纏，如來之藏常住不變亦復如是。而陰、界、入垢衣所纏，貪欲、恚、癡、不實妄想塵勞所汚，一切諸佛之所演說，云何世尊同外道說我，言有如來藏耶？世尊！外道亦說有常作者，離於求那周遍不滅。世尊！彼說有我。」

佛告大慧：「我說如來藏，不同外道所說之我。大慧！有時說空、無相、無願、如實際、法性、法身、涅槃、離自性、不生不滅、本來寂靜、自性涅槃，如是等句說如來藏已，如來、應供、等正覺為斷愚夫畏無我句故，說離妄想無所有境界如來藏門。

「大慧！未來、現在菩薩摩訶薩，不應作我見計著。譬如陶家，於一泥聚，以人工、水木、輪繩方便作種種器。如來亦復如是，於法無我離一切妄想相，以種種智慧善巧方便，或說如來藏，或說無我。以是因緣故說如來藏，不同外道所說之我。是名說如來藏，開引計我諸外道故說如來藏，令離不實我見妄想，入三解脫門境界，悕望疾得阿耨多羅三藐三菩提。是故如來、應供、等正覺作如是說如來之藏，若不如是則同外道所說之我。是故，大慧！為離外道見故，當依無我如來之藏。」

爾時世尊欲重宣此義而說偈言：

人相續陰，　　緣與微塵，　　勝自在作，　　心量妄想。

爾時大慧菩薩摩訶薩觀未來衆生，復請世尊：「唯願為說修行無間，如諸菩薩摩訶薩修行者大方便！」

佛告大慧：「菩薩摩訶薩成就四法，得修行者大方便。云何為四？謂善分別自心現，觀外性非性，離生住滅見，得自覺聖智善樂，是名菩薩摩訶薩成就四法，得修行者大方便。

「云何菩薩摩訶薩善分別自心現？謂如是觀三界唯心分齊，離我、我所，無動搖離去來，無始虛偽習氣所熏，三界種種色行繫縛，身財建立，妄想隨入現，是名菩薩摩訶薩善分別自心現。

「云何菩薩摩訶薩善觀外性非性？謂炎夢等一切性，無始虛偽妄想習因，觀一切性自性，菩薩摩訶薩作如是善觀外性非性，是名菩薩摩訶薩善觀外性非性。

「云何菩薩摩訶薩善離生住滅見？謂如幻夢，一切性自他俱性不生，隨入自心分齊，故見外性非性，見識不生，及緣不積聚，見妄想緣生於三界，內外一切法不可得，見離自性，生見悉滅，知如幻等諸法自性，得無生法忍，得無生法忍已，離生住滅見，是名菩薩摩訶薩善分別離生住滅見。

「云何菩薩摩訶薩得自覺聖智善樂？謂得無生法忍，住第八菩薩地，得離心、意、意識、五法、自性、二無我相，得意生身。世尊！意生身者何因緣？」

佛告大慧：「意生者，譬如意去，迅疾無礙，故名意生。譬如意去，石壁無礙，於彼異方無量由延，因先所見憶念不忘，自心流注不絕，於身無障礙生。大慧！如是意生身得一時俱，菩薩摩訶薩意生身，如幻三昧力，自在神通妙相莊嚴，聖種類身一時俱生。猶如意生無有障礙，隨所憶念本願境界，為成熟衆生，得自覺聖智善樂。如是菩薩摩訶薩得無生法忍，住第八菩薩地，轉捨心、意、意識、五法、自性、二無我相身，及得意生身，得自覺聖智善樂。是名菩薩摩訶薩成就四法，得修行者大方便，當如是學。」

爾時大慧菩薩摩訶薩復請世尊：「唯願為說一切諸法緣因之相，以覺緣因相故，我及諸菩薩離一切性有無妄見，無妄想見漸次俱生。」

佛告大慧：「一切法二種緣相，謂外及內。外緣者，謂泥團柱輪繩水木人工，諸方便緣有瓶生。如泥瓶，縷疊、草席、種芽、酪酥等，方便緣生亦復如是，是名外緣前後轉生。云何內緣？謂無明、愛、業等法得緣名，從彼生陰、界、入法，得緣所起名，彼無差別，而愚夫妄想，是名內緣法。

「大慧！彼因者有六種，謂當有因、相續因、相因、作因、顯示因、待因。當有因者，作因已內外法生。相續因者，作攀緣已內外法生陰種子等。相因者，作無間相相續生。作因者，作增上事如轉輪王。顯示因者，妄想事生已相現作所作，如燈照色等。待因者，滅時作相續斷不妄想性生。

「大慧！彼自妄想相愚夫，不漸次生，不俱生。所以者何？若復俱生者，作所作無分別，不得因相故。若漸次生者，不得我相故，漸次生不生，如不生子無父名。大慧！漸次生相續方便不然，但妄想耳。因攀緣、次第、增上緣等，生所生故。大慧，漸次生不生，妄想自性計著相故。漸次、俱不生，自心現受用故，自相共相外性非性。大慧！漸次、俱不生，除自心現不覺妄想故相生，是故因緣作事方便相，當離漸次、俱見。」

爾時世尊欲重宣此義而說偈言：

一切都無生，　亦無因緣滅，　於彼生滅中，　而起因緣想。
非遮滅復生，　相續因緣起，　唯為斷凡愚，　癡惑妄想緣。
有無緣起法，　是悉無有生，　習氣所迷轉，　從是三有現。
真實無生緣，　亦復無有滅，　觀一切有為，　猶如虛空華。
攝受及所攝，　捨離惑亂見，　非已生當生，　亦復無因緣。
一切無所有，　斯皆是言說。

爾時大慧菩薩摩訶薩復白佛言：「世尊！唯願為說言說妄想相心經（此同上佛語心也）。世尊！我及餘菩薩摩訶薩，若善知言說妄想相心經，則能通達言說所說二種義，疾得阿耨多羅三藐三菩提。以言說所說二種趣，淨一切眾生。」

佛告大慧：「諦聽！諦聽！善思念之，當為汝說。」

大慧白佛言：「善哉！世尊！唯然受教。」

佛告大慧：「有四種言說妄想相，謂相言說，夢言說，過妄想計著言說，無始妄想言說。相言說者，從自妄想色相計著生。夢言說者，先所經境界隨憶念生，從覺已境界無性生。過妄想計著言說者，先怨所作業隨憶念生。無始妄想言說者，無始虛偽計著過自種習氣生。是名四種言說妄想相。」

爾時大慧菩薩摩訶薩復以此義勸請世尊：「唯願更說言說妄想所現境界。世尊！何處，何故，云何，何因，衆生妄想言說生？」

佛告大慧：「頭胸、喉鼻、脣舌、齗齒和合出音聲。」

大慧白佛言：「世尊！言說妄想為異為不異？」

佛告大慧：「言說妄想非異非不異。所以者何？謂彼因生相故。大慧！若言說妄想異者，妄想不應是因。若不異者，語不顯義而有顯示，是故非異非不異。」

大慧復白佛言：「世尊！為言說卽是第一義？為所說者是第一義？」

佛告大慧：「非言說是第一義，亦非所說是第一義。所以者何？謂第一義聖樂，言說所入是第一義，非言說是第一義。第一義者，聖智自覺所得，非言說妄想覺境界。是故言說妄想，不顯示第一義。言說者，生滅動搖展轉因緣起，若展轉因緣起者，彼不顯示第一義。大慧！自他相無性故，言說相不顯示第一義。復次，大慧！隨入自心現量故，種種相外性非性，言說妄想不顯示第一義。是故，大慧！當離言說諸妄想相。」

爾時世尊欲重宣此義而說偈言：

諸性無自性，亦復無言說，甚深空空義，愚夫不能了。
一切性自性，言說法如影，自覺聖智子，實際我所說。

爾時大慧菩薩摩訶薩復白佛言：「世尊！唯願為說離有無、一異、俱不俱、非有非無、常無常，一切外道所不行，自覺聖智所行，離妄想自相共相，入於第一真實之義，諸地相續漸次上上增進清淨之相，隨入如來地相，無開發本願，譬如衆色摩尼境界無邊相行，自心現趣部分之相一切諸法。我及餘菩薩摩訶薩，離如是等妄想自性自共相見，疾得阿耨多羅三藐三菩提，令一切衆生一切安樂具足充滿。」

佛告大慧：「善哉！善哉！汝能問我如是之義，多所安樂多所饒益，哀愍一切諸天世人。」

佛告大慧：「諦聽！諦聽！善思念之，吾當為汝分別解說。」

大慧白佛言：「善哉！世尊！唯然受教。」

佛告大慧：「不知心量愚癡凡夫，取內外性，依於一異、俱不俱、有無、非有非無、常無常，自性習因，計著妄想。

「譬如群鹿為渴所逼，見春時炎而作水想，迷亂馳趣不知非水。如是愚夫無始虛偽妄想所熏⊙習，三毒燒心樂色境界，見生住滅，取內外性，墮於一異、俱不俱、有無、非有非無、常無常想，妄見攝受。

如乾闥婆城，凡愚無智而起城想，無始習氣計著想現，彼非有城非無城。如是外道，無始虛偽習氣計著，依於一異、俱不俱、有無、非有非無、常無常見，不能了知自心現量。

「譬如有人夢見男女*象馬車步城邑園林山河浴池種種莊嚴，自身入中覺已憶念。大慧！於意云何？如是士夫於前所夢憶念不捨，為黠慧不？」

大慧白佛言：「不也！世尊！」

佛告大慧：「如是凡*夫惡見所噬，外道智慧不知如夢自心現量，依於一異、俱不俱、有無、非有非無、常無常見。

「譬如畫像不高不下，而彼凡愚作高下想。如是未來外道，惡見習氣充滿，依於一異、俱不俱、有無、非有非無、常無常見，自壞壞他。餘離有無無生之論，亦說言無謗因果見，拔善根本壞清淨因，勝求者當遠離去作如是說。彼墮自他俱見有無妄想已，墮建立誹謗，以是惡見當墮地獄。

「譬如翳目見有垂髮，謂衆人言汝等觀此，而是垂髮畢竟非性非無性，見不見故。如是外道妄見悕望，依於一異、俱不俱、有無、非有非無、常無常見，誹謗正法自陷陷他。

「譬如火輪非輪，愚夫輪想，非有智者。如是外道惡見悕望，依於一異、俱不俱、有無、非有非無、常無常想，一切性生。

「譬如水泡似摩尼珠，愚小無智作摩尼想，計著追逐，而彼水泡非摩尼非非摩尼，取不取故。如是外道惡見妄想習氣所熏，於無所有說有生，緣有者言滅。

「復次，大慧！有三種量、五分論，各建立已得聖智自覺，離二自性事，而作有性妄想計著。

「大慧！心、意、意識身心轉變，自心現攝所攝諸妄想斷，如來地自覺聖智，修行者不應於彼作性非性想。若復修行者如是境界性非性攝取想生者，彼卽取長養及取我人。

「大慧！若說彼性自性共相，一切皆是化佛所說，非法佛說。又諸言說，悉由愚夫悕望見生，不為別建立趣自性法，得聖智自覺三昧樂住者分別顯示。

「譬如水中有樹影現，彼非影非非影，非樹形非非樹形。如是外道見習所熏妄想計著，依於一異、俱不俱、有無、非有非無、常無常想，而不能知自心現量。

「譬如明鏡，隨緣顯現一切色像而無妄想，彼非像非非像，而見像非像，妄想愚夫而作像想。如是外道惡見，自心像現妄想計著，依於一異、俱不俱、有無、非有非無、常無常見。

「譬如風水和合出聲，彼非性非非性。如是外道惡見妄想，依於一異、俱不俱、有無、非有非無、常無常見。

「譬如大地無草木處，熱炎川流洪浪雲踴，彼非性非非性，貪無貪故。如是愚夫無始虛偽習氣所熏，妄想計著，依生住滅、一異、俱不俱、有無、非有非無、常無常，緣自住事門，亦復如彼熱炎波浪。

「譬如有人呪術機發，以非衆生數毘舍闍鬼方便合成，動搖云為，凡愚妄想計著往來。如是外道惡見悕望，依於一異、俱不俱、有無、非有非無、常無常見，戲論計著不實建立。

「大慧！是故欲得自覺聖智事，當離生住滅、一異、俱不俱、有無、非有非無、常無常等惡見妄想。」

爾時世尊欲重宣此義而說偈言：

幻夢水樹影，　垂髮熱時炎，　如是觀三有，　究竟得解脫。

譬如鹿渴想，　動轉迷亂心，　鹿想謂為水，　而實無水事。

如是識種子，動轉見境界，愚夫妄想生，如為翳所翳。
於無始生死，計著攝受性，如逆掮出掮，捨離貪攝受。
如幻呪機發，浮雲夢電光，觀是得解脫，永斷三相續。
於彼無有作，猶如炎虛空，如是知諸法，則為無所知。
言教唯假名，彼亦無有相，於彼起妄想，陰行如垂髮。
如畫垂髮幻，夢乾闥婆城，火輪熱時炎，無而現衆生。
常無常一異，俱不俱亦然，無始過相續，愚夫癡妄想。
明鏡水淨眼，摩尼妙寶珠，於中現衆色，而實無所有。
一切性顯現，如畫熱時炎，種種衆色現，如夢無所有。

「復次，大慧！如來說法離如是四句，謂一異、俱不俱、有無、非有非無、常無常，離於有無建立誹謗分別，結集真諦緣起道滅解脫，如來說法以是為首，非性非自在，非無因非微塵，非時非自性相續而為說法。

「復次，大慧！為淨煩惱爾炎障故，譬如商主，次第建立百八句無所有，善分別諸乘及諸地相。

「復次，大慧！有四種禪。云何為四？謂愚夫所行禪，觀察義禪，攀緣如禪，如來禪。云何愚夫所行禪？謂聲聞、緣覺、外道修行者，觀人無我性自相、共相，骨鎖無常、苦、不淨相，計著為首，如是相不異，觀前後轉進，想不除滅，是名愚夫所行禪。云何觀察義禪？謂人無我自相、共相，外道自他俱無性已，觀法無我，彼地相義漸次增進，是名觀察義禪。云何攀緣如禪？謂妄想二無我妄想，如實處不生妄想，是名攀緣如禪。云何如來禪？謂入如來地，行自覺聖智相三種樂住，成辦眾生不思議事，是名如來禪。」

爾時世尊欲重宣此義而說偈言：

凡夫所行禪，　觀察相義禪，　攀緣如實禪，　如來清淨禪。
譬如日月形，　鉢頭摩深*險，　如虛空火燼，　修行者觀察。
如是種種相，　外道道通禪，　亦復墮聲聞，　及緣覺境界。
捨離彼一切，　則是無所有。　一切剎諸佛，　以不思議手，一時摩其頂，　隨順入如相。

爾時大慧菩薩摩訶薩復白佛言：「世尊！般涅槃者，說何等法謂為涅槃？」

佛告大慧：「一切自性習氣藏意識見習轉變，名為涅槃。諸佛及我涅槃，自性空事境界。

「復次，大慧！涅槃者，聖智自覺境界，離斷常妄想性非性。云何非常？謂自相、共相妄想斷故非常。云何非斷？謂一切聖去來現在得自覺故非斷。

「大慧！涅槃不壞不死。若涅槃死者，復應受生相續。若壞者，應墮有為相。是故涅槃離壞離死，是故修行者之所歸依。

「復次，大慧！涅槃非捨非得，非斷非常，非一義非種種義，是名涅槃。

「復次，大慧！聲聞、緣覺涅槃者，覺自相、共相，不習近境界，不顛倒見，妄想不生，彼等於彼作涅槃覺。

「復次，大慧！二種自性相。云何為二？謂言說自性相計著，事自性相計著。言說自性相計著者，從無始言說虛偽習氣計著生。事自性相計著者，從不覺自心現分齊生。

「復次，大慧！如來以二種神力建立，菩薩摩訶薩頂禮諸佛，聽受問義。云何二種神力建立？謂三昧正受，為現一切身面言說神力，及手灌頂神力。

「大慧！菩薩摩訶薩初菩薩地住佛神力，所謂入菩薩大乘照明三昧。入是三昧已，十方世界一切諸佛，以神通力為現一切身面言說，如金剛藏菩薩摩訶薩及餘如是相功德成就菩薩摩訶薩。大慧！是名初菩薩地。

「菩薩摩訶薩得菩薩三昧正受神力，於百千劫積集善根之所成就，次第諸地對治所治相通達究竟，至法雲地，住大蓮華微妙宮殿，坐大蓮華寶師子座，同類菩薩摩訶薩眷屬圍繞，衆寶瓔珞莊嚴其身，如黃金、瞻蔔、日月光明，諸最勝手從十方來，就大蓮華宮殿坐上而灌其頂，譬如自在轉輪聖王及天帝釋太子灌頂，是名菩薩手灌頂神力。

「大慧！是名菩薩摩訶薩二種神力。若菩薩摩訶薩住二種神力，面見諸佛如來，若不如是則不能見。

「復次，大慧！菩薩摩訶薩凡所分別三昧神足說法之行，是等一切悉住如來二種神力。大慧！若菩薩摩訶薩離佛神力能辯說者，一切凡夫亦應能說。所以者何？謂不住神力故。

「大慧！山石樹木及諸樂器城埤宮殿，以如來入城威神力故，皆自然出音樂之聲，何況有心者！聾盲、瘖瘂無量衆苦，皆得解脫，如來有如是等無量神力，利安衆生。」

大慧菩薩復白佛言：「世尊！以何因緣如來、應供、等正覺，菩薩摩訶薩住三昧正受時，及勝進地灌頂時，加其神力？」

佛告大慧：「為離魔業煩惱故，及不墮聲聞地禪故，為得如來自覺地故，及增進所得法故，是故如來、應供、等正覺咸以神力建立諸菩薩摩訶薩。若不以神力建立者，則墮外道惡見妄想及諸聲聞衆魔悕望，不得阿耨多羅三藐三菩提。以是故諸佛如來咸以神力，攝受諸菩薩摩訶薩。」

爾時世尊欲重宣此義而說偈言：

神力人中尊，　大願悉清淨，　三摩提灌頂，　初地及十地。

爾時大慧菩薩摩訶薩復白佛言：「世尊！佛說緣起，如是說因緣，不自說道。世尊！外道亦說因緣，謂勝、自在、時、微塵生，如是諸性生。然世尊所謂因緣生諸性言說，有間悉檀，無間悉檀（悉檀者譯義或言宗或言成或言默）。世尊！外道亦說有無有生，世尊亦說無有生，生已滅。如世尊所說，無明緣行乃至老死，此是世尊無因說，非有因說。世尊建立作如是說，此有故彼有，非建立漸生。觀外道說勝，非如來也。所以者何？世尊！外道說因，不從緣生而有所生。世尊說觀因有事，觀事有因，如是因緣雜亂，如是展轉無窮。」

佛告大慧：「我非無因說及因緣雜亂說。此有故彼有者，攝所攝非性，覺自心現量。大慧！若攝所攝計著，不覺自心現量，外境界性非性，彼有如是過，非我說緣起。我常說言，因緣和合而生諸法，非無因生。」

大慧復白佛言：「世尊！非言說有性有一切性耶？世尊！若無性者，言說不生。世尊！是故言說有性有一切性。」

佛告大慧：「無性而作言說，謂兎角、龜毛等，世間現言說。大慧！非性非性，但言說耳。如汝所說，言說自性有一切性者，汝論則壞。大慧！非一切剎土有言說。言說者，是作相耳。或有佛剎瞻視顯法，或有作相，或有揚眉，或有動睛，或笑，或欠，或謦咳，或念剎土，或動搖。大慧！如瞻視及香積世界，普賢如來國土，但以瞻視，令諸菩薩得無生法忍及殊勝三昧，是故非言說有性有一切性。大慧！見此世界蚊蚋蟲蟻，是等衆生無有言說而各辦事。」

爾時世尊欲重宣此義而說偈言：

如虛空兎角，　及與槃大子，　無而有言說，　如是性妄想。
因緣和合法，　凡愚起妄想，　不能如實知，　輪迴三有宅。

爾時大慧菩薩摩訶薩復白佛言：「世尊！常聲者何事說？」

佛告大慧：「為惑亂以彼惑亂，諸聖亦現，而非顛倒。大慧！如春時炎、火輪、垂髮、乾闥婆城、幻、夢、鏡像，世間顛倒非明智也，然非不現。大慧！彼惑亂者，有種種現，非惑亂作無常。所以者何？謂離性非性故。大慧！云何離性非性惑亂？謂一切愚夫種種境界故。如彼恒河，餓鬼見不見故無惑亂性，於餘現故非無性。如是惑亂，諸聖離顛倒不顛倒，是故惑亂常，謂相相不壞故。大慧！非惑亂種種相妄想相壞，是故惑亂常。大慧！云何惑亂真實？若復因緣，諸聖於此惑亂不起顛倒覺，非不顛倒覺。大慧！除諸聖於此惑亂有少分想，非聖智事想。

「大慧！凡有者，愚夫妄說，非聖言說，彼惑亂者，倒不倒妄想，起二種種性，謂聖種性及愚夫種性。聖種性者，三種分別，謂聲聞、緣覺乘、佛乘。云何愚夫妄想起聲聞乘種性？謂自共相計著，起聲聞乘種性，是名妄想起聲聞乘種性。大慧！即彼惑亂妄想，起緣覺乘種性。謂即彼惑亂自共相不觀計著，起緣覺乘種性。云何智者即彼惑亂想，起佛乘種性？謂覺自心現量，外性非性不妄想相，起佛乘種性，是名即彼惑亂起佛乘種性。又種種事性，凡夫惑想，起愚夫種性，彼非有事非無事，是名種性義。

「大慧！即彼惑亂不妄想，諸聖心、意、意識過習氣自性法轉變性，是名為如，是故說如離心。我說此句顯示離想，即說離一切想。」

。世尊！無有因色種種相現如幻。世尊！是故無種種幻相計著相似性如幻。」

佛告大慧：「非種種幻相計著相似，一切法如幻。大慧！然不實一切法速滅如電，是則如幻。大慧！譬如電光，剎那頃現，現已卽滅，非愚夫現。如是一切性自妄想自共相，觀察無性，非現色相計著。」

爾時世尊欲重宣此義而說偈言：

非幻無有譬，　說法性如幻，
不實速如電，　是故說如幻。

大慧復白佛言：「如世尊所說，一切性無生及如幻，將無世尊前後所說自相違耶？說無生性如幻？」

佛告大慧：「非我說無生性如幻前後相違過。所以者何？謂生無生，覺自心現量，有非有外性非性無生現。大慧！非我前後說相違過，然壞外道因生故，我說一切性無生。大慧！外道癡聚欲令有無有生，非自妄想種種計著緣。大慧！我非有無有生，是故我以無生說而說。大慧！說性者，為攝受生死故，壞無見斷見故，為我弟子攝受種種業受生處故，以性聲說攝受生死。大慧！說幻性自性相，為離性自性相故。墮愚夫惡見相悕望，不知自心現量，壞因所作生緣自性相計著，說幻夢自性相一切法，不令愚夫惡見悕望，計著自及他一切法如實處見，作不正論。大慧！如實處見一切法者，謂起自心現量。」

爾時世尊欲重宣此義而說偈言：

無生作非性，　有性攝生死，　觀察如幻等，　於相不妄想。

「復次，大慧！當說名句形身相，善觀名句形身菩薩摩訶薩，隨入義句形身，疾得阿耨多羅三藐三菩提。如是覺已，覺一切衆生。大慧！名身者，謂若依事立名，是名名身。句身者，謂句有義身自性決定究竟，是名句身。形身者，謂顯示名句，是名形身（形身即字也）。又形身者，謂長短高下。又句身者，謂徑跡，如象馬人獸等所行徑跡，得句身名。大慧！名及形者，謂以名說無色四陰故說名，自相現故說形，是名名句形身。說名句形身相分齊，應當修學。爾時世尊欲重宣此義而說偈言：

名身與句身，　及形身差別，　凡夫愚計著，　如象溺深泥。

「復次，大慧！未來世智者，當以離一異、俱不俱見相我所通義，問無智者，彼卽答言，此非正問。謂色等常無常？為異不異？如是涅槃諸行，相所相、求那所求那、造所造、見所見、塵及微塵、修與修者，如是此展轉相，如是等問。而言佛說無記止論，非彼癡人之所能知，謂聞慧不具故。如來、應供、等正覺令彼離恐怖句故，說言無記，不為記說。又止外道見論故，而不為說。大慧！外道作如是說，謂命卽是身，如是等無記論。大慧！彼諸外道愚癡於因，作無記論，非我所說。大慧！我所說者，離攝所攝妄想不生，云何止彼？大慧！若攝所攝計著者，不知自心現量故止彼。大慧！如來、應供、等正覺以四種記論，為衆生說法。大慧！止記論者，我時時說，為根未熟，不為熟者。

「復次，大慧！一切法離所作因緣不生無作者，故一切法不生。大慧！何故一切性離自性？以自覺觀時自共性相不可得，故說一切法不生。何故一切法不可持來，不可持去？以自共相欲持來無所來，欲持去無所去，是故一切法離持來去。大慧！何故一切諸法不滅？謂性自性相無，故一切法不可得，故一切法不滅。

大慧！何故一切法無常？謂相起無常性，是故說一切法無常。大慧！何故一切法常？謂相起無生性、無常常，故說一切法常。

爾時世尊欲重宣此義而說偈言：

記論有四種，　一向及詰問，　分別及止論，　以制諸外道。
有及非有生，　僧佉毘舍師，　一切悉無記，　彼如是顯示。
正覺所分別，　自性不可得，　以離於言說，　故說離自性。

爾時大慧菩薩摩訶薩復白佛言：「世尊！唯願為說諸須陀◎洹須陀洹趣差別通相。若菩薩摩訶薩善解須陀洹趣差別通相，及斯陀含、阿那含、阿羅漢方便相，分別知已，如是如是為衆生說法，謂二無我相及二障淨，度諸地相究竟通達，得諸如來不思議究竟境界，如衆色摩尼善能饒益一切衆生，以一切法境界無盡身財攝養一切。」

佛告大慧：「諦聽！諦聽！善思念之，今為汝說。」

大慧白佛言：「善哉！世尊！唯然聽受。」

佛告大慧：「有三種須陀洹、須陀洹果差別。云何為三？謂下、中、上。下者，極七有生。中者，三、五有生而般涅槃。上者，即彼生而般涅槃。此三種有三結，下、中、上。云何三結？謂身見、疑、戒取，是三結差別，上上昇進，得阿羅漢。

「大慧！身見有二種，謂俱生及妄想，如緣起妄想，自性妄想。譬如依緣起自性，種種妄想自性計著生，以彼非有非無非有無，無實妄想相故，愚夫妄想種種妄想自性相計著，如熱時炎鹿渴水想，是須陀洹妄想身見，彼以人無我攝受無性，斷除久遠無知計著。

「大慧！俱生者，須陀洹身見，自他身等四陰無色相故，色生造及所造故，展轉相因相故，大種及色不集故，須陀洹觀有無品見，身見則斷。如是身見斷，貪則不生，是名身見相。

「大慧！疑相者，謂得法善見相故，及先二種身見妄想斷故，疑法不生，不於餘處起大師見為淨不淨，是名疑相須陀洹斷。

「大慧！戒取者，云何須陀洹不取戒？謂善見受生處苦相故，是故不取。大慧！取者，謂愚夫決定受習苦行，為衆樂具故求受生，彼則不取，除回向自覺勝離妄想無漏法相行方便，受持戒支，是名須陀洹取戒相斷。須陀洹斷三結，貪癡不生。若須陀洹作是念，此諸結我不成就者，應有二過，墮身見及諸結不斷。」

大慧白佛言：「世尊！世尊說衆多貪欲，彼何者貪斷？」

佛告大慧：「愛樂女人纏綿貪著，種種方便身、口惡業，受現在樂種未來苦，彼則不生。所以者何？得三昧正受樂故，是故彼斷，非趣涅槃貪斷。

「大慧！云何斯陀含相？謂頓照色相，妄想生相見相不生，善見禪趣相故，頓來此世，盡苦際得涅槃，是故名斯陀含。

「大慧！云何阿那含？謂過去、未來、現在色相性非性生，見過患使妄想不生故，及結斷故，名阿那含。

「大慧！阿羅漢者，謂諸禪、三昧、解脫、力明，煩惱苦妄想非性故，名阿羅漢。」

大慧白佛言：「世尊！世尊說三種阿羅漢，此說何等阿羅漢？世尊！為得寂靜一乘道？為菩薩摩訶薩方便示現阿羅漢？為佛化化？」

佛告大慧：「得寂靜一乘道聲聞，非餘。餘者行菩薩行，及佛化化，巧方便本願故，於大眾中示現受生，為莊嚴佛眷屬故。大慧！於妄想處種種說法，謂得果得禪者入禪悉遠離故，示現得自心現量得果相，說名得果。復次，大慧！欲超禪、無量、無色界者，當離自心現量相。大慧！受想正受超自心現量者不然。何以故？有心量故。」

爾時世尊欲重宣此義而說偈言：

諸禪四無量，　無色三摩提，　一切受想滅，　心量彼無有。
須陀槃那果，　往來及不還，　及與阿羅漢，　斯等心惑亂。
禪者禪及緣，　斷知是真諦，　此則妄想量，　若覺得解脫。

「復次，大慧！有二種覺，謂觀察覺，及妄想相攝受計著建立覺。大慧！觀察覺者，謂若覺性自性相，選擇離四句不可得，是名觀察覺。大慧！彼四句者，謂離一異、俱不俱、有無、非有非無、常無常，是名四句。大慧！此四句離，是名一切法。大慧！此四句觀察一切法，應當修學。大慧！云何妄想相攝受計著建立覺？謂妄想相攝受，計著堅濕煖動不實妄想相四大種，宗因想譬喻計著，不實建立而建立，是名妄想相攝受計著建立覺。是名二種覺相。若菩薩摩訶薩成就此二覺相，人、法無我相究竟善知，方便無所有覺觀察行地，得初地。入百三昧，得差別三昧，見百佛及百菩薩，知前後際各百劫事，光照百剎土。知上上地相，大願殊勝神力自在，法雲灌頂，當得如來自覺地，善繫心十無盡句，成熟衆生種種變化光明莊嚴，得自覺聖樂三昧正受故。

「復次，大慧！菩薩摩訶薩當善四大造色。云何菩薩善四大造色？大慧！菩薩摩訶薩作是學，彼真諦者四大不生，於彼四大不生作如是觀察。觀察已，覺名相妄想分齊，自心現分齊，外性非性，是名自心現妄想分齊，謂三界。觀彼四大造色性，離四句通淨，離我我所，如實相自相分齊住，無生自相成。

「大慧！彼四大種云何生造色？謂津潤妄想大種生內外水界，堪能妄想大種生內外火界，飄動妄想大種生內外風界，斷截色妄想大種生內外地界。色及虛空俱，計著邪諦，五陰集聚，四大造色生。大慧！識者，因樂種種跡境界故，餘趣相續。大慧！地等四大及造色等，有四大緣，非彼四大緣。所以者何？謂性形相處所作方便無性，大種不生。大慧！性形相處所作方便和合生，非無形，是故四大造色相，外道妄想非我。

「復次，大慧！當說諸陰自性相。云何諸陰自性相？謂五陰。云何五？謂色、受、想、行、識。彼四陰非色，謂受、想、行、識。大慧！色者，四大及造色各各異相。大慧！非無色有四數，如虛空。譬如虛空，過數相，離於數，而妄想言一虛空。大慧！如是陰過數相，離於數，離性非性，離四句。數相者，愚夫言說所說，非聖賢也。

「大慧！聖者如幻種種色像，離異不異施設。又如夢影、士夫身，離異不異故。大慧！聖智趣同陰妄想現，是名諸陰自性相。汝當除滅，滅已說寂靜法，斷一切佛剎諸外道見。大慧！說寂靜時，法無我見淨，及入不動地。入不動地已，無量三昧自在及得意生身，得如幻三昧，通達究竟力明自在，救攝饒益一切衆生。猶如大地載育衆生，菩薩摩訶薩普濟衆生亦復如是。

「復次，大慧！諸外道有四種涅槃。云何為四？謂性自性非性涅槃，種種相性非性涅槃，自相自性非性覺涅槃，諸陰自共相相續流注斷涅槃，是名諸外道四種涅槃，非我所說法。大慧！我所說者，妄想識滅名為涅槃。」

大慧白佛言：「世尊不建立八識耶？」

佛言：「建立。」

大慧白佛言：「若建立者，云何離意識非七識？」

佛告大慧：「彼因及彼攀緣故，七識不生。意識者，境界分段計著生，習氣長養藏識。意俱我我所計著思惟因緣生，不壞身相。藏識因攀緣，自心現境界計著心聚生，展轉相因。譬如海浪，自心現境界風吹，若生若滅亦如是，是故意識滅七識亦滅。」

爾時世尊欲重宣此義而說偈言：

我不涅槃性，　所作及與相，　妄想爾炎識，　此滅我涅槃。
彼因彼攀緣，　意趣等成身，　與因者是心，　為識之所依。
如水大流盡，　波浪則不起，　如是意識滅，　種種識不生。

「復次，大慧！今當說妄想自性分別通相。若妄想自性分別通相善分別，汝及餘菩薩摩訶薩離妄想，到自覺聖，外道通趣善見，覺攝所攝妄想，斷緣起種種相妄想自性行，不復妄想。大慧！云何妄想自性分別通相？謂言說妄想，所說事妄想，相妄想，利妄想，自性妄想，因妄想，見妄想，成妄想，生妄想，不生妄想，相續妄想，縛不縛妄想，是名妄想自性分別通相。

「大慧！云何言說妄想？謂種種妙音歌詠之聲美樂計著，是名言說妄想。大慧！云何所說事妄想？謂有所說事自性，聖智所知，依彼而生言說妄想，是名所說事妄想。大慧！云何相妄想？謂卽彼所說事，如鹿渴想種種計著而計著，謂堅濕煖動相，一切性妄想，是名相妄想。大慧！云何利妄想？謂樂種種金銀珍寶，是名利妄想。大慧！云何自性妄想？謂自性持此，如是不異惡見妄想，是名自性妄想。大慧！云何因妄想？謂若因若緣有無分別因相生，是名因妄想。大慧！云何見妄想？謂有無、一異、俱不俱惡見，外道妄想計著妄想，是名見妄想。大慧！云何成妄想？謂我我所想成決定論，是名成妄想。

「大慧！云何生妄想？謂緣有無性生計著，是名生妄想。大慧！云何不生妄想？謂一切性本無生，無種因緣生無因身，是名不生妄想。大慧！云何相續妄想？謂彼俱相續如金縷，是名相續妄想。大慧！云何縛不縛妄想？謂縛因緣計著，如士夫方便若縛若解，是名縛不縛妄想。於此妄想自性分別通相，一切愚夫計著有無。

「大慧計著緣起而計著者，種種妄想計著自性，如幻示現種種之身，凡夫妄想見種種異幻。大慧！幻與種種，非異非不異。若異者，幻非種種因。若不異者，幻與種種無差別，而見差別，是故非異非不異。是故，大慧！汝及餘菩薩摩訶薩，如幻緣起妄想自性異不異有無莫計著。」

爾時世尊欲重宣此義而說偈言：

心縛於境界，　覺想智隨轉，　無所有及勝，　平等智慧生。
妄想自性有，　於緣起則無，　妄想或攝受，　緣起非妄想。
種種支分生，　如幻則不成，　彼相有種種，　妄想則不成。
彼相則是過，　皆從心縛生，　妄想無所知，　於緣起妄想。
此諸妄想性，　卽是彼緣起，　妄想有種種，　於緣起妄想。
世諦第一義，　第三無因生，　妄想說世諦，　斷則聖境界。
譬如修行事，　於一種種現，　於彼無種種，　妄想相如是。
譬如種種翳，　妄想衆色現，　翳無色非色，　緣起不覺然。
譬如鍊真金，　遠離諸垢穢，　虛空無雲翳，　妄想淨亦然。
無有妄想性，　及有彼緣起，　建立及誹謗，　悉由妄想壞。
妄想若無性，　而有緣起性，　無性而有性，　有性無性生。
依因於妄想，　而得彼緣起，　相名常相隨，　而生諸妄想。
究竟不成就，　則度諸妄想，　然後知清淨，　是名第一義。

妄想有十二，緣起有六種，自覺知爾炎，彼無有差別。
五法為真實，自性有三種，修行分別此，不越於如如。
衆相及緣起，彼名起妄想，彼諸妄想相，從彼緣起生。
覺慧善觀察，無緣無妄想，成已無有性，云何妄想覺？
彼妄想自性，建立二自性，妄想種種現，清淨聖境界。
妄想如畫色，緣起計妄想，若異妄想者，卽依外道論。
妄想說所想，因見和合生，離二妄想者，如是則為成。

大慧菩薩摩訶薩復白佛言：「世尊！唯願為說自覺聖智相及一乘。若說自覺聖智相及一乘，我及餘菩薩善自覺聖智相及一乘，不由於他，通達佛法。」

佛告大慧：「諦聽！諦聽！善思念之，當為汝說。」

大慧白佛言：「唯然受教。」

佛告大慧：「前聖所知轉相傳授，妄想無性。菩薩摩訶薩獨一靜處，自覺觀察，不由於他，離見妄想，上上昇進入如來地，是名自覺聖智相。」

「大慧！云何一乘相？謂得一乘道覺，我說一乘。云何得一乘道覺？謂攝所攝妄想如實處不生妄想，是名一乘覺。大慧！一乘覺者，非餘外道、聲聞、緣覺、梵天王等之所能得，唯除如來，以是故說名一乘。」

大慧白佛言：「世尊！何故說三乘，而不說一乘？」

佛告大慧：「不自般涅槃法故，不說一切聲聞、緣覺一乘。以一切聲聞、緣覺，如來調伏授寂靜方便而得解脫，非自己力，是故不說一乘。

「復次，大慧！煩惱障、業習氣不斷故，不說一切聲聞、緣覺一乘。不覺法無我，不離分段死，故說三乘。大慧！彼諸一切起煩惱過習氣斷，及覺法無我。彼一切起煩惱過習氣斷，三昧樂味著非性，無漏界覺。覺已復入出世間上上無漏界，滿足眾具，當得如來不思議自在法身。」

爾時世尊欲重宣此義而說偈言：

諸天及梵乘，　聲聞緣覺乘，　諸佛如來乘，　我說此諸乘。
乃至有心轉，　諸乘非究竟，　若彼心滅盡，　無乘及乘者。

無有乘建立，我說為一乘，引導衆生故，分別說諸乘。
解脫有三種，及與法無我，煩惱智慧等，解脫則遠離。
譬如海浮木，常隨波浪轉，聲聞愚亦然，相風所飄蕩。
彼起煩惱滅，除習煩惱愚，味著三昧樂，安住無漏界。
無有究竟趣，亦復不退還，得諸三昧身，乃至劫不覺。
譬如昏醉人，酒消然後覺，彼覺法亦然，得佛無上身。

楞伽阿跋多羅寶經卷第二

楞伽阿跋多羅寶經卷第三

宋天竺三藏求那跋陀羅譯

一切佛語心品之三

爾時世尊告大慧菩薩摩訶薩言：「意生身分別通相，我今當說。諦聽！諦聽！善思念之。」

大慧白佛言：「善哉！世尊！唯然受教。」

佛告大慧：「有三種意生身。云何為三？所謂三昧樂正受意生身，覺法自性性意生身，種類俱生無行作意生身。修行者了知初地上增進相，得三種身。

「大慧！云何三昧樂正受意生身？謂第三、第四、第五地，三昧樂正受故，種種自心寂靜安住，心海起浪識相不生，知自心現境界性非性，是名三昧樂正受意生身。

「大慧！云何覺法自性性意生身？謂第八地觀察覺了如幻等法悉無所有，身心轉變，得如幻三昧及餘三昧門，無量相力自在明，如妙華莊嚴，迅疾如意，猶如幻夢水月鏡像，非造非所造，如造所造，一切色種種支分具足莊嚴，隨入一切佛剎大眾，通達自性法故。是名覺法自性性意生身。

「大慧！云何種類俱生無行作意生身？所謂覺一切佛法緣自得樂相，是名種類俱生無行作意生身。大慧！於彼三種身相，觀察覺了應當修學。」

爾時世尊欲重宣此義而說偈言：

非我乘大乘，　非說亦非字，　非諦非解脫，　非無有境界。
然乘摩訶衍，　三摩提自在，　種種意生身，　自在華莊嚴。

爾時大慧菩薩摩訶薩白佛言：「世尊！如世尊說，若男子、女人行五無間業，不入無擇地獄。世尊！云何男子、女人行五無間業，不入無擇地獄？」

佛告大慧：「諦聽！諦聽！善思念之，當為汝說。」

大慧白佛言：「善哉！世尊！唯然受教。」

佛告大慧：「云何五無間業？所謂殺父、母，及害羅漢，破壞衆僧，惡心出佛身血。大慧！云何衆生母？謂愛更受生貪喜俱，如緣母立。無明為父，生入處聚落。斷二根本，名害父母。彼諸使不現，如鼠毒發，諸法究竟斷彼，名害羅漢。云何破僧？謂異相諸陰和合積聚，究竟斷彼，名為破僧。大慧！不覺外自共相自心現量七識身，以三解脫無漏惡想，究竟斷彼七種識佛，名為惡心出佛身血。若男子、女人行此無間者，名五無間事，亦名無間業。

「復次，大慧！有外無間，今當演說。汝及餘菩薩摩訶薩聞是義已，於未來世不墮愚癡。云何五無間？謂先所說無間，若行此者，於三解脫，一一不得無間等法。除此法已，餘化神力現無間等，謂聲聞化神力、菩薩化神力、如來化神力，為餘作無間罪者除疑悔過，為勸發故，神力變化現無間等。無有一向作無間事，不得無間等法。除覺自心現量，離身財妄想，離我我所攝受，或時遇善知識，解脫餘趣相續妄想。」

爾時世尊欲重宣此義而說偈言：

貪愛名為母，　無明則為父，　覺境識為佛，　諸使為羅漢。
陰集名為僧，　無間次第斷，　謂是五無間，　不入無擇獄。

爾時大慧菩薩復白佛言：「世尊！唯願為說佛之知覺。世尊！何等是佛之知覺？」

佛告大慧：「覺人、法無我，了知二障，離二種死，斷二煩惱，是名佛之知覺。聲聞、緣覺得此法者，亦名為佛。以是因緣故，我說一乘。」

爾時世尊欲重宣此義而說偈言：

善知二無我，　二障煩惱斷，　永離二種死，　是名佛知覺。

爾時大慧菩薩白佛言：「世尊！何故世尊於大眾中唱如是言：我是過去一切佛，及種種受生，我爾時作漫陀轉輪聖王，六牙大象及鸚鵡鳥，釋提桓因、善眼仙人，如是等百千生經說？」

佛告大慧：「以四等故，如來、應供、等正覺於大眾中唱如是言：我爾時作拘留孫、拘那含牟尼、迦葉佛。云何四等？謂字等、語等、法等、身等，是名四等。以四種等故，如來、應供、等正覺於大眾中唱如是言。云何字等？若字稱我為佛，彼字亦稱一切諸佛，彼字自性無有差別，是名字等。云何語等？謂我六十四種梵音言語相生，彼諸如來、應供、等正覺亦如是，六十四種梵音言語相生，無增無減無有差別，迦陵頻伽梵音聲性。云何身等？謂我與諸佛法身及色身相好無有差別，除為調伏彼彼諸趣差別眾生，故示現種種差別色身，是名身等。云何法等？謂我及彼佛得三十七菩提分法，略說佛法無障礙智。是名四等，是故如來、應供、等正覺於大眾中唱如是言。」

爾時世尊欲重宣此義而說偈言：

迦葉拘留孫，　拘那含是我，　以此四種等，　我為佛子說。

大慧復白佛言：「如世尊所說：我從某夜得最正覺，乃至某夜入般涅槃，於其中間乃至不說一字，亦不已說、當說，不說是佛說。」

大慧白佛言：「世尊！如來、應供、等正覺何因說言不說是佛說？」

佛告大慧：「我因二法故，作如是說。云何二法？謂緣自得法及本住法，是名二法。因此二法故，我如是說。云何緣自得法？若彼如來所得，我亦得之，無增無減，緣自得法究竟境界，離言說妄想，離字二趣。云何本住法？謂古先聖道，如金銀等性，法界常住，若如來出世，若不出世，法界常住。如趣彼成道，譬如士夫行曠野中，見向古城平坦正道，即隨入城受如意樂。大慧！於意云何？彼士夫作是道及城中種種樂耶？」

答言：「不也。」

佛告大慧：「我及過去一切諸佛法界常住，亦復如是。是故說言：我從某夜得最正覺，乃至某夜入般涅槃，於其中間不說一字，亦不已說當說。」

爾時世尊欲重宣此義而說偈說：

我某夜成道，　至某夜涅槃，　於此二中間，　我都無所說。
緣自得法住，　故我作是說，　彼佛及與我，　悉無有差別。

爾時大慧菩薩復請世尊：「唯願為說一切法有無有相，令我及餘菩薩摩訶薩離有無有相，疾得阿耨多羅三藐三菩提。」

佛告大慧：「諦聽！諦聽！善思念之，當為汝說。」

大慧白佛言：「善哉！世尊！唯然受教。」

佛告大慧：「此世間依有二種，謂依有、無。及墮性非性欲見，不離離相。大慧！云何世間依有？謂有世間因緣生，非不有，從有生，非無有生。大慧！彼如是說者，是說世間無因。大慧！云何世間依無？謂受貪、恚、癡性已，然後妄想計著貪、恚、癡性非性。大慧！若不取有性者，性相寂靜故。謂諸如來、聲聞、緣覺，不取貪、恚、癡性為有為無。大慧！此中何等為壞者？」

大慧白佛言：「世尊！若彼取貪、恚、癡性，後不復取。」

佛告大慧：「善哉！善哉！汝如是解。大慧！非但貪、恚、癡性非性為壞者，於聲聞、緣覺及佛亦是壞者。所以者何？謂內外不可得故，煩惱性異不異故。大慧！貪、恚、癡若內若外不可得，貪、恚、癡性無身故，無取故，非佛、聲聞、緣覺是壞者，佛、聲聞、緣覺自性解脫故，縛與縛因非性故。大慧！若有縛者，應有縛，是縛因故。大慧！如是說壞者，是名無所有相。大慧！因是故我說寧取人見如須彌山，不起無所有增上慢空見。大慧！無所有增上慢者，是名為壞。墮自共相見悕望，不知自心現量，見外性無常剎那展轉壞，陰、界、入相續流注變滅，離文字相妄想，是名壞者。」

爾時世尊欲重宣此義而說偈言：

有無是二邊，　乃至心境界，　淨除彼境界，　平等心寂滅。
無取境界性，　滅非無所有，　有事悉如如，　如賢聖境界。
無種而有生，　生已而復滅，　因緣有非有，　不住我教法。
非外道非佛，　非我亦非餘，　因緣所集起，　云何而得無？
誰集因緣有，　而復說言無，　邪見論生法，　妄想計有無。
若知無所生，　亦復無所滅，　觀此悉空寂，　有無二俱離。

爾時大慧菩薩復白佛言：「世尊！唯願為我及諸菩薩說宗通相。若善分別宗通相者，我及諸菩薩通達是相，通是相已，速成阿耨多羅三藐三菩提，不隨覺想及衆魔外道。」

佛告大慧：「諦聽！諦聽！善思念之，當為汝說。」

大慧白佛言：「唯然受教。」

佛告大慧：「一切聲聞、緣覺、菩薩有二種通相，謂宗通及說通。大慧！宗通者，謂緣自得勝進相，遠離言說文字妄想，趣無漏界自覺地自相，遠離一切虛妄覺想，降伏一切外道衆魔，緣自覺趣光明暉發，是名宗通相。云何說通相？謂說九部種種教法，離異不異有無等相，以巧方便隨順衆生，如應說法令得度脫，是名說通相。大慧！汝及餘菩薩應當修學。」

爾時世尊欲重宣此義而說偈言：

宗及說通相，　緣自與教法，　若見善分別，　不隨諸覺想。
非有真實性，　如愚夫妄想，　云何起欲想，　非性為解脫？
觀察諸有為，　生滅等相續，　增長於二見，　顛倒無所知。

一是為真諦，　無罪為涅槃，　觀察世妄想，　如幻夢芭蕉。
雖有貪恚癡，　而實無有人，　從愛生諸陰，　有皆如幻夢。

爾時大慧菩薩白佛言：「世尊！唯願為說不實妄想相。不實妄想云何而生？說何等法名不實妄想？於何等法中不實妄想？」

佛告大慧：「善哉！善哉！能問如來如是之義，多所饒益多所安樂，哀愍世間一切天人。諦聽！諦聽！善思念之，當為汝說。」

大慧白佛言：「善哉！世尊！唯然受教。」

佛告大慧：「種種義、種種不實妄想計著，妄想生。大慧！攝所攝計著，不知自心現量，及墮有無見，增長外道見妄想習氣，計著外種種義，心心數妄想，計著我我所生。」

大慧白佛言：「世尊！若種種義、種種不實妄想計著，妄想生。攝所攝計著，不知自心現量，及墮有無見，增長外道見妄想習氣，計著外種種義，心心數妄想，我我所計著生。世尊！若如是外種種義相，墮有無相，離性非性，離見相。

世尊！第一義亦如是，離量限分譬喻因相。世尊！何故一處妄想不實義種種性計著妄想生，非計著第一義處相妄想生？將無世尊說邪因論邪，說一生一不生？」

佛告大慧：「非妄想一生一不生。所以者何？謂有無妄想不生故，外現性非性，覺自心現量，妄想不生。大慧！我說餘愚夫自心種種妄想相故，事業在前，種種妄想性想計著生。云何愚夫得離我我所計著見？離作所作因緣過，覺自妄想心量，身心轉變，究竟明解一切地如來自覺境界，離五法自性事見妄想。以是因緣故，我說妄想從種種不實義計著生，知如實義得解脫，息種種妄想。」

爾時世尊欲重宣此義而說偈言：

諸因及與緣，　從此生世間，　妄想著四句，　不知我所通。
世間非有生，　亦復非無生，　不從有無生，　亦非非有無，
諸因及與緣，　云何愚妄想？　非有亦非無，　亦復非有無，
如是觀世間，　心轉得無我。　一切性不生，　以從緣生故，
一切緣所作，　所作非自有。　事不自生事，　有二事過故，

無二事過故，　非有性可得。　觀諸有為法，　離攀緣所緣，
無心之心量，　我說為心量。　量者自性處，　緣性二俱離，
性究竟妙淨，　我說名為量。　施設世諦我，　彼則無實事，
諸陰陰施設，　無事亦復然。　有四種平等，　相及因性生，
第三無我等，　第四修修者。　妄想習氣轉，　有種種心生，
境界於外現，　是世俗心量。　外現而非有，　心見彼種種，
建立於身財，　我說為心量。　離一切諸見，　及離想所想，
無得亦無生，　我說為心量。　非性非非性，　性非性悉離，
謂彼心解脫，　我說為心量。　如如與空際，　涅槃及法界，
種種意生身，　我說為心量。

爾時大慧菩薩白佛言：「世尊！如世尊所說，菩薩摩訶薩當善語、義，云何為菩薩善語義？云何為語？云何為義？」

佛告大慧：「諦聽！諦聽！善思念之，當為汝說。」

大慧白佛言：「善哉！世尊！唯然受教。」

佛告大慧：「云何為語？謂言字妄想和合，依咽喉、脣舌、齒齗、頰輔，因彼我言說妄想習氣計著生，是名為語。大慧！云何為義？謂離一切妄想相言說相，是名為義。大慧！菩薩摩訶薩於如是義，獨一靜處聞思修慧，緣自覺了，向涅槃城，習氣身轉變已，自覺境界，觀地地中間勝進義相，是名菩薩摩訶薩善義。

「復次，大慧！善語、義菩薩摩訶薩，觀語與義非異非不異，觀義與語亦復如是。若語異義者，則不因語辯義，而以語入義，如燈照色。復次，大慧！不生不滅自性涅槃三乘一乘心自性等，如緣言說義計著，墮建立及誹謗見，異建立異妄想，如幻種種妄想現。譬如種種幻，凡愚眾生作異妄想，非聖賢也。」

爾時世尊欲重宣此義而說偈言：

彼言既妄想，　建立於諸法，　以彼建立故，　死墮泥犁中。
陰中無有我，　陰非即是我，　不如彼妄想，　亦復非無我。
一切悉有性，　如凡愚妄想，　若如彼所見，　一切應見諦。

一切法無性，　淨穢悉無有，　不實如彼見，　亦非無所有。

「復次，大慧！智識相今當說。若善分別智識相者，汝及諸菩薩則能通達智識之相，疾成阿耨多羅三藐三菩提。大慧！彼智有三種，謂世間、出世間、出世間上上智。云何世間智？謂一切外道凡夫計著有無。云何出世間智？謂一切聲聞、緣覺墮自共相悕望計著。云何出世間上上智？謂諸佛菩薩無所有法，見不生不滅，離有無品，入如來地，人、法無我緣自得生。

「大慧！彼生滅者是識，不生不滅者是智。復次，墮相無相，及墮有無種種相因是識，超有無相是智。復次，長養相是識，非長養相是智。復次，有三種智，謂知生滅、知自共相、知不生不滅。復次，無礙相是智，境界種種礙相是識。復次，三事和合生方便相是識，無事方便自性相是智。復次，得相是識，不得相是智。自得聖智境界，不出不入故，如水中月。」

爾時世尊欲重宣此義而說偈言：

採集業為識，　不採集為智，　觀察一切法，　通達無所有。

逮得自在力，　是則名為慧，　縛境界為心，　覺想生為智。
無所有及勝，　慧則從是生，　心意及與識，　遠離思惟想。
得無思想法，　佛子非聲聞，　寂靜勝進忍，　如來清淨智。
生於善勝義，　所行悉遠離，　我有三種智，　聖開發真實。
於彼想思惟，　悉攝受諸性，　二乘不相應，　智離諸所有。
計著於自性，　從諸聲聞生，　超度諸心量，　如來智清淨。

「復次，大慧！外道有九種轉變論，外道轉變見生，所謂形處轉變、相轉變、因轉變、成轉變、見轉變、性轉變、緣分明轉變、所作分明轉變、事轉變。大慧！是名九種轉變見，一切外道因是起有無生轉變論。云何形處轉變？謂形處異見。譬如金變作諸器物，則有種種形處顯現，非金性變，一切性變亦復如是。或有外道作如是妄想，乃至事轉變妄想，彼非如非異妄想故，如是一切性轉變當知。如乳酪、酒果等熟，外道轉變妄想，彼亦無有轉變若有若無，自心現外性非性。大慧！如是凡愚眾生自妄想修習生。大慧！無有法若生若滅，如見幻夢色生。」

爾時世尊欲重宣此義而說偈言：

形處時轉變，　四大種諸根，　中陰漸次生，　妄想非明智。
最勝於緣起，　非如彼妄想，　然世間緣起，　如乾闥婆城。

爾時大慧菩薩復白佛言：「世尊！唯願為說一切法相續義解脫義。若善分別一切法相續不相續相，我及諸菩薩善解一切相續巧方便，不墮如所說義計著相續，善於一切諸法相續不相續相，及離言說文字妄想覺。遊行一切諸佛剎土無量大衆，力自在神通總持之印，種種變化光明照曜，覺慧善入十無盡句，無方便行，猶如日月摩尼四大，於一切地離自妄想相見，見一切法如幻夢等，入佛地身。於一切衆生界，隨其所應而為說法而引導之，悉令安住一切諸法如幻夢等，離有無品及生滅妄想異言說義，其身轉勝。」

佛告大慧：「善哉！善哉！諦聽！諦聽！善思念之，當為汝說。」

大慧白佛言：「唯然受教。」

佛告大慧：「無量一切諸法，如所說義計著相續，所謂相計著相續，緣計著相續，性非性計著相續，生不生妄想計著相續，滅不滅妄想計著相續，乘非乘妄想計著相續，有為無為妄想計著相續，地地自相妄想計著相續，自妄想無間妄想計著相續，有無品外道依妄想計著相續，三乘一乘無間妄想計著相續。復次，大慧！此及餘凡愚眾生自妄想相續，以此相續故，凡愚妄想如蠶作繭，以妄想絲自纏纏他，有無相續相計著。」

「復次，大慧！彼中亦無相續及不相續相，見一切法寂靜，妄想不生故，菩薩摩訶薩見一切法寂靜。復次，大慧！覺外性非性自心現相無所有，隨順觀察自心現量，有無一切性無相，見相續寂靜故，於一切法無相續不相續相。復次，大慧！彼中無有若縛若解，餘墮不如實覺知，有縛有解。所以者何？謂於一切法有無有，無眾生可得故。

「復次，大慧！愚夫有三相續，謂貪、恚、癡，及愛未來有喜愛俱，以此相續故有趣相續，彼相續者續五趣。大慧！相續斷者，無有相續不相續相。復次，大慧！三和合緣作方便計著，識相續無間生方便計著，則有相續。三和合緣識斷，見三解脫，一切相續不生。」

爾時世尊欲重宣此義而說偈言：

不真實妄想，　是說相續相，　若知彼真實，　相續網則斷。
於諸性無知，　隨言說攝受，　譬如彼蠶蟲，　結網而自纏，
愚夫妄想縛，　相續不觀察。

大慧復白佛言：「如世尊所說，以彼彼妄想，妄想彼彼性，非有彼自性，但妄想自性耳。」

大慧白佛言：「世尊！若但妄想自性，非性自性相待者，非為世尊如是說煩惱清淨無性過耶？一切法妄想自性非性故。」

佛告大慧：「如是！如是！如汝所說。大慧！非如愚夫性自性妄想真實，此妄想自性，非有性自性相。然，大慧！如聖智有性自性，聖知聖見聖慧眼，如是性自性知。」

大慧白佛言：「若使如聖以聖知聖見聖慧眼，非天眼非肉眼，性自性如是知

，非如愚夫妄想。世尊！云何愚夫離是妄想？不覺聖性事故。世尊！彼亦非顛倒非不顛倒。所以者何？謂不覺聖事性自性故，不見離有無相故。

「世尊！聖亦不如是見如是妄想，不以自相境界為境界故。世尊！彼亦性自性相妄想自性如是現，不說因無因故，謂墮性相見故，異境界非如彼等，如是無窮過。世尊！不覺性自性相故。」

「世尊！亦非妄想自性因性自性相，彼云何妄想非妄想，如實知妄想？世尊！妄想異，自性相異。世尊！不相似因，妄想自性想，彼云何各各不妄想，愚夫不如實知？然為衆生離妄想故說，如妄想相不如實有。」

「世尊！何故遮衆生有無見事自性計著，聖智所行境界計著，墮有見，說空法非性，而說聖智自性事？」

佛告大慧：「非我說空法非性，亦不墮有見說聖智自性事，然為令衆生離恐怖句故。衆生無始已來，計著性自性相，聖智事自性計著相見，說空法。大慧！我不說性自性相。大慧！但我住自得如實空法，離惑亂相見，離自心現性非性見，得三解脫，如實印所印。於性自性得緣自覺觀察住，離有無事見相。

「復次，大慧！一切法不生者，菩薩摩訶薩不應立是宗。所以者何？謂宗一切性非性故，及彼因生相故，說一切法不生宗，彼宗則壞。彼宗一切法不生，彼宗壞者，以宗有待而生故。又彼宗不生入一切法故，不壞相不生故，立一切法不生宗者，彼說則壞。

「大慧！有無不生宗，彼宗入一切性，有無相不可得。大慧！若使彼宗不生，一切性不生而立宗，如是彼宗壞，以有無性相不生故，不應立宗。五分論多過故，展轉因異相故，及為作故，不應立宗分，謂一切法不生。如是一切法空，如是一切法無自性，不應立宗。

「大慧！然菩薩摩訶薩說一切法如幻夢性，現不現相故，及見覺過故，當說一切法如幻夢性，除為愚夫離恐怖句故。大慧！愚夫墮有無見，莫令彼恐怖遠離摩訶衍。」

爾時世尊欲重宣此義而說偈曰：

無自性無說，無事無相續，彼愚夫妄想，如死尸惡覺。
一切法不生，非彼外道宗，至竟無所生，性緣所成就。
一切法不生，慧者不作想，彼宗因生故，覺得悉除滅。
譬如翳目視，妄見垂髮相，計著性亦然，愚夫邪妄想。
施設於三有，無有事自性，施設事自性，思惟起妄想。
相事設言教，意亂極震掉，佛子能超出，遠離諸妄想。
非水水相受，斯從渴愛生，愚夫如是惑，聖見則不然。
聖人見清淨，三脫三昧生，遠離於生死，遊行無所畏。
修行無所有，亦無性非性，性非性平等，從是生聖果。
云何性非性？云何為平等？謂彼心不知，內外極漂動，
若能壞彼者，心則平等見。

爾時大慧菩薩白佛言：「世尊！如世尊說，如攀緣事智慧不得，是施設量建立施設，所攝受非性，攝受亦非性，以無攝故智則不生，唯施設名耳。云何，世

尊！為不覺性自相共相異不異故，智不得耶？為自相共相種種性自性相隱蔽故，智不得耶？為山巖石壁地水火風障故，智不得耶？為極遠極近故，智不得耶？為老小盲冥諸根不具故，智不得耶？

「世尊！若不覺自共相異不異，智不得者，不應說智，應說無智，以有事不可得故。若復種種自共相性自性相隱蔽故，智不得者，彼亦無智非是智。世尊！有爾炎故智生，非無性會爾炎故名為智。若山巖石壁地水火風、極遠極近、老小盲冥諸根不具，智不得者，此亦非智應是無智，以有事不可得故。」

佛告大慧：「不如是無智，應是智，非非智，我不如是隱覆說。攀緣事智慧不得，是施設量建立，覺自心現量有無有外性非性，智而事不得。不得故，智於爾炎不生，順三解脫智亦不得。非妄想者無始性非性虛偽習智作如是知，是知彼不知故，於外事處所相性作無性妄想不斷，自心現量建立說我我所相攝受計著，不覺自心現量，於智爾炎而起妄想。妄想故，外性非性觀察不得，依於斷見。」

爾時世尊欲重宣此義而說偈言：

有諸攀緣事，　智慧不觀察，　此無智非智，　是妄想者說。
於不異相性，　智慧不觀察，　障礙及遠近，　是名為邪智。
老小諸根冥，　而智慧不生，　而實有爾炎，　是亦說邪智。

「復次，大慧！愚癡凡夫無始虛偽惡邪妄想之所迴轉，迴轉時自宗通及說通不善了知，著自心現外性相故著方便說，於自宗四句清淨通相不善分別。」

大慧白佛言：「誠如尊教，唯願世尊為我分別說通及宗通，我及餘菩薩摩訶薩善於二通，來世凡夫、聲聞、緣覺不得其短。」

佛告大慧：「善哉！善哉！諦聽！諦聽！善思念之，當為汝說。」

大慧白佛言：「唯然受教。」

佛告大慧：「三世如來有二種法通，謂說通及自宗通。說通者，謂隨眾生心之所應，為說種種眾具契經，是名說通。自宗通者，謂修行者離自心現種種妄想，謂不墮一異、俱不俱品，超度一切心、意、意識，自覺聖境離因成見相，一切外道、聲聞、緣覺墮二邊者所不能知，我說是名自宗通法。大慧！是名自宗通及說通相，汝及餘菩薩摩訶薩應當修學。」

爾時世尊欲重宣此義而說偈言：

謂我二種通，　宗通及言*說，　說者授童蒙，　宗為修行者。

爾時大慧菩薩白佛言：「世尊！如世尊一時說言，世間諸論種種辯說慎勿習近，若習近者攝受貪欲，不攝受法。世尊！何故作如是說？」

佛告大慧：「世間言論種種句味，因緣譬喻採習莊嚴，誘引誑惑愚癡凡夫，不入真實自通，不覺一切法，妄想顛倒墮於二邊，凡愚癡惑而自破壞，諸趣相續不得解脫，不能覺知自心現量，不離外性自性，妄想計著，是故世間言論種種辯說，不脫生老病死憂悲苦惱，誑惑迷亂。」

「大慧！釋提桓因廣解衆論，自造聲論。彼世論者有一弟子，持龍形像詣釋天宮，建立論宗。要壞帝釋千輻之輪，隨我不如，斷一一頭以謝所屈。作是要已，即以釋法摧伏帝釋。釋墮負處，即壞其輪還來人間。如是，大慧！世間言論因譬莊嚴，乃至畜生亦能以種種句味，惑彼諸天及阿修羅著生滅見，而況於人！是故，大慧！世間言論應當遠離，以能招致苦生因故，慎勿習近。」

「大慧！世論者，惟說身覺境界而已。大慧！彼世論者乃有百千，但於後時後五十年，當破壞結集，惡覺因見盛故，惡弟子受。如是，大慧！世論破壞結集，種種句味因譬莊嚴說外道事，著自因緣，無有自通。大慧！彼諸外道無自通論，於餘世論廣說無量百千事門，無有自通，亦不自知愚癡世論。」

爾時大慧白佛言：「世尊！若外道世論種種句味因譬莊嚴，無有自通，自事計著者，世尊亦說世論，為種種異方諸來會衆天、人、阿修羅，廣說無量種種句味，亦非自通耶？亦入一切外道智慧言說數耶？」

佛告大慧：「我不說世論，亦無來去，惟說不來不去。大慧！來者趣聚會生，去者散壞，不來不去者是不生不滅，我所說不墮世論妄想數中。所以者何？謂不計著外性非性，自心現處二邊妄想所不能轉，相境非性，覺自心現，則自心現妄想不生。妄想不生者，空、無相、無作，入三脫門，名為解脫。」

「大慧！我念一時於一處住，有世論婆羅門來詣我所，不請空閑，便問我言

：『瞿曇！一切所作耶？』我時答言：『婆羅門！一切所作，是初世論。』彼復問言：『一切非所作耶？』我復報言：『一切非所作，是第二世論。』彼復問言：『一切常耶？一切無常耶？一切生耶？一切不生耶？』我時報言：『是六世論。』大慧！彼復問我言：『一切一耶？一切異耶？一切俱耶？一切不俱耶？一切因種種受生現耶？』我時報言：『是十一世論。』大慧！彼復問言：『一切無記耶？一切有記耶？有我耶？無我耶？有此世耶？無此世耶？有他世耶？無他世耶？有解脫耶？無解脫耶？一切刹那耶？一切不刹那耶？虛空耶？非數滅耶？涅槃耶？瞿曇！作耶？非作耶？有中陰耶？無中陰耶？』

「大慧！我時報言：『婆羅門！如是說者，悉是世論，非我所說，是汝世論。我唯說無始虛偽妄想習氣種種諸惡三有之因，不能覺知自心現量，而生妄想，攀緣外性。如外道法，我諸根義三合智生，我不如是。婆羅門！我不說因，不說無因，惟說妄想攝所攝性施設緣起，非汝所及餘墮受我相續者所能覺知。』！大慧！涅槃、虛空、滅非有三種，但數有三耳。」

「復次，大慧！爾時世論婆羅門復問我言：『癡愛業因故有三有耶？為無因耶？』我時報言：『此二者亦是世論耳。』彼復問言：『一切性皆入自共相耶？』我復報言：『此亦世論。婆羅門！乃至意流妄計外塵，皆是世論。』

「復次，大慧！爾時世論婆羅門復問我言：『頗有非世論者不？我是一切外道之宗，說種種句味因緣譬喻莊嚴。』我復報言：『婆羅門！有，非汝有者，非為非宗，非說非不說，種種句味，非不因譬莊嚴。』婆羅門言：『何等為非世論，非非宗非非說？』我時報言：『婆羅門！有非世論，汝諸外道所不能知，以於外性不實妄想虛偽計著故。謂妄想不生，覺了有無自心現量，妄想不生，不受外塵，妄想永息，是名非世論。此是我法，非汝有也。婆羅門！略說彼識，若來若去、若死若生、若樂若苦、若溺若見、若觸、若著種種相、若和合相續、若受若因計著。婆羅門！如是等比，皆是汝等世論，非是我有。』大慧！世論婆羅門作如是問，我如是答，彼即默然不辭而退，思自通處，作是念言：『沙門釋子出於通外，說無生無相無因，覺自妄想現，妄想不生。』大慧！此即是汝向所問，我何故說習近世論種種辯說，攝受貪欲，不攝受法。」

大慧白佛言：「世尊！攝受貪欲及法，有何句義？」

佛告大慧：「善哉！善哉！汝乃能為未來眾生，思惟諮問如是句義。諦聽！諦聽！善思念之，當為汝說。」

大慧白佛言：「唯然受教。」

佛告大慧：「所謂貪者，若取若捨、若觸若味，繫著外塵墮二邊見，復生苦陰生老病死憂悲苦惱，如是諸患皆從愛起，斯由習近世論及世論者，我及諸佛說名為貪。是名攝受貪欲，不攝受法。大慧！云何攝受法？謂善覺知自心現量，見人無我及法無我相，妄想不生，善知上下上丹地，離心意意識，一切諸佛智慧灌頂，具足攝受十無盡句，於一切法無開發自在，是名為法，所謂不墮一切見、一切虛偽、一切妄想、一切性、一切二邊。大慧！多有外道癡人墮於二邊，若常若斷。非黠慧者，受無因論，則起常見。外因壞，因緣非性，則起斷見。大慧！我不見生住滅故，說名為法。大慧！是名貪欲及法，汝及餘菩薩摩訶薩應當修學。」

爾時世尊欲重宣此義而說偈言：

一切世間論，外道虛妄說，妄見作所作，彼則無自宗。
惟我一自宗，離於作所作，為諸弟子說，遠離諸世論。
心量不可見，不觀察二心，攝所攝非性，斷常二俱離。
乃至心流轉，是則為世論，妄想不轉者，是人見自心。
來者謂事生，去者事不現，明了知去來，妄想不復生。
有常及無常，所作無所作，此世他世等，斯皆世論通。

爾時大慧菩薩復白佛言：「世尊！所言涅槃者，為何等法名為涅槃，而諸外道各起妄想？」

佛告大慧：「諦聽！諦聽！善思念之，當為汝說。如諸外道妄想涅槃，非彼妄想隨順涅槃。」

大慧白佛言：「唯然受教。」

佛告大慧：「或有外道，陰、界、入滅，境界離欲，見法無常，心心法品不生，不念去、來、現在境界，諸受陰盡，如燈火滅，如種子壞，妄想不生，斯等於此作涅槃想。大慧！非以見壞名為涅槃。

「大慧！或以從方至方名為解脫，境界想滅猶如風止。或復以覺所覺見壞，名為解脫。或見常無常，作解脫想。或見種種相想招致苦生因，思惟是已，不善覺知自心現量，怖畏於相而見無相，深生愛樂，作涅槃想。

「或有覺知內外諸法自相共相，去、來、現在有性不壞，作涅槃想。或謂我、人、衆生、壽命一切法壞，作涅槃想。或以外道惡燒智慧，見自性及士夫，彼二有間士夫所出，名為自性，如冥初比求那轉變，求那是作者，作涅槃想。

「或謂福非福盡，或謂諸煩惱盡，或謂智慧，或見自在是真實作生死者，作涅槃想。或謂展轉相生，生死更無餘因，如是即是計著因，而彼愚癡不能覺知，不知故作涅槃想。或有外道言得真諦道，作涅槃想。或見功德，功德所起和合、一異、俱不俱，作涅槃想。或見自性所起孔雀文彩種種雜寶及利刺等性，見已作涅槃想。

「大慧！或有覺二十五真實，或王守護國受六德論，作涅槃想。或見時是作者，時節世間，如是覺者，作涅槃想。或謂性或謂非性，或謂知性非性，或見有覺與涅槃差別，作涅槃想，有如是比種種妄想，外道所說，不成所成，智者所棄。大慧！如是一切悉墮二邊，作涅槃想。如是等外道涅槃妄想，彼中都無若生若滅。大慧！彼一一外道涅槃，彼等自論，智慧觀察都無所立。如彼妄想，心意來去漂馳流動，一切無有得涅槃者。

「大慧！如我所說涅槃者，謂善覺知自心現量量有四種：一、現見，二、比知，三、譬喻，四、先勝。相傳彼外道於四度量悉皆不成也。，不著外性，離於四句，見如實處，不隨自心現妄想二邊，攝所攝不可得，一切度量不見所成，愚於真實不應攝受，棄捨彼已，得自覺聖法，知二無我，離二煩惱，淨除二障，永離二死，上上地如來地，如影幻等諸深三昧，離心、意、意識，說名涅槃。大慧！汝等及餘菩薩摩訶薩應當修學，當疾遠離一切外道諸涅槃見。」

爾時世尊欲重宣此義而說偈言：

外道涅槃見，　各各起妄想，　斯從心想生，　無解脫方便。

愚於縛縛者，遠離善方便，外道解脫想，解脫終不生。
衆智各異趣，外道所見通，彼悉無解脫，愚癡妄想故。
一切癡外道，妄見作所作，有無有品論，彼悉無解脫。
凡愚樂妄想，不聞真實慧，言語三苦本，真實滅苦因。
譬如鏡中像，雖現而非有，於妄想心鏡，愚夫見有二。
不識心及緣，則起二妄想，了心及境界，妄想則不生。
心者即種種，遠離相所相，事現而無現，如彼愚妄想。
三有惟妄想，外義悉無有，妄想種種現，凡愚不能了。
經經說妄想，終不出於名，若離於言語，亦無有所說。

楞伽阿跋多羅寶經卷第三

楞伽阿跋多羅寶經卷第四

宋天竺三藏求那跋陀羅譯

一切佛語心品之四

爾時大慧菩薩白佛言：「世尊！唯願為說三藐三佛陀，我及餘菩薩摩訶薩，善於如來自性，自覺覺他。」

佛告大慧：「恣所欲問，我當為汝隨所問說。」

大慧白佛言：「世尊！如來、應供、等正覺，為作耶？為不作耶？為事耶？為因耶？為相耶？為所相耶？為說耶？為所說耶？為覺耶？為所覺耶？如是等辭句，為異為不異？」

佛告大慧：「如來、應供、等正覺於如是等辭句，非事非因。所以者何？俱有過故。大慧！若如來是事者，或作或無常。無常故，一切事應是如來，我及諸佛皆所不欲。若非所作者，無所得故，方便則空，同於兔角般大之子，以無所有故。大慧！若無事無因者，則非有非無。若非有非無，則出於四句。四句者，是世間言說，若出四句者，則不墮四句，不墮故，智者所取。一切如來句義亦如是，慧者當知。

「如我所說一切法無我，當知此義，無我性是無我。一切法有自性，無他性，如牛、馬。大慧！譬如非牛馬性，馬牛性，其實非有非無，彼非無自相。如是，大慧！一切諸法非無自相，有自相，但非無我愚夫之所能知，以妄想故。如是一切法空，無生、無自性，當如是知。

「如是如來與陰非異非不異，若不異陰者應是無常，若異者方便則空，若二者應有異。如牛角相似故不異，長短差別故有異，一切法亦如是。大慧！如牛右角異左角，左角異右角，如是長短種種色各各異。大慧！如來於陰、界、入非異非不異。

「如是如來解脫非異非不異，如是如來以解脫名說。若如來異解脫者，應色相成，色相成故應無常。若不異者，修行者得相，應無分別，而修行者見分別，是故非異非不異。

「如是智及爾炎非異非不異。大慧！智及爾炎非異非不異者，非常非無常，非作非所作，非有為非無為，非覺非所覺，非相非所相，非陰非異陰，非說非所說，非一非異，非俱非不俱。非一非異、非俱非不俱故，悉離一切量（見聞覺識識名為量）。離一切量則無言說，無言說則無生，無生則無滅，無滅則寂滅，寂滅則自性涅槃，自性涅槃則無事無因，無事無因則無攀緣，無攀緣則出過一切虛偽，出過一切虛偽則是如來，如來則是三藐三佛陀。大慧！是名三藐三佛陀，佛陀者離一切根量。」

爾時世尊欲重宣此義而說偈言：

悉離諸根量，　無事亦無因，　已離覺所覺，　亦離相所相。
陰緣等正覺，　一異莫能見，　若無有見者，　云何而分別？

非作非不作，　非事亦非因，　非陰不在陰，　亦非有餘雜。
亦非有諸性，　如彼妄想見，　當知亦非無，　此法法自爾。
以有故有無，　以無故有有，　若無不應受，　若有不應想。
或於我非我，　言說量留連，　沈溺於二邊，　自壞壞世間。
解脫一切過，　正觀察我通，　是名為正觀，　不毀大導師。

爾時大慧菩薩復白佛言：「世尊！如世尊說修多羅攝受不生不滅，又世尊說不生不滅是如來異名，云何世尊為無性故說不生不滅？為是如來異名？」

佛告大慧：「我說一切法不生不滅，有無品不現。」

大慧白佛言：「世尊！若一切法不生者，則攝受法不可得，一切法不生故。若名字中有法者，惟願為說。」

佛告大慧：「善哉！善哉！諦聽！善思念之，吾當為汝分別解說。」

大慧白佛言：「唯然受教。」

佛告大慧：「我說如來非無性，亦非不生不滅攝一切法，亦不待緣故不生不滅，亦非無義。大慧！我說意生法身如來名號，彼不生者，一切外道、聲聞、緣覺、七住菩薩，非其境界。大慧！彼不生即如來異名。

「大慧！譬如因陀羅、釋迦、不蘭陀羅，如是等諸物，一一各有多名，亦非多名而有多性，亦非無自性。如是，大慧！我於此娑呵世界娑呵譯言能忍，有三阿僧祇百千名號，愚夫悉聞各說我名，而不解我如來異名。

「大慧！或有衆生知我如來者，有知一切智者，有知佛者，有知救世者，有知自覺者，有知導師者，有知廣導者，有知一切導者，有知仙人者，有知梵者，有知毘紐者，有知自在者，有知勝者，有知迦毘羅者，有知真實邊者，有知月者，有知日者，有知生者，有知無生者，有知無滅者，有知空者，有知如如者，有知諦者，有知實際者，有知法性者，有知涅槃者，有知常者，有知平等者，有知不二者，有知無相者，有知解脫者，有知道者，有知意生者。

「大慧！如是等三阿僧祇百千名號，不增不減，此及餘世界皆悉知我，如水中月，不出不入。彼諸愚夫不能知我，墮二邊故。然悉恭敬供養於我，而不善解知辭句義趣，不分別名，不解自通，計著種種言說章句，於不生不滅作無性想，不知如來名號差別。如因陀羅、釋迦、不蘭陀羅，不解自通會歸終極，於一切法隨說計著。

「大慧！彼諸癡人作如是言，義如言說，義說無異。所以者何？謂義無身故，言說之外更無餘義，惟止言說。大慧！彼惡燒智，不知言說自性，不知言說生滅，義不生滅。大慧！一切言說墮於文字，義則不墮，離性非性故，無受生亦無身故。

「大慧！如來不說墮文字法，文字有無不可得故，除不墮文字。大慧！若有說言如來說墮文字法者，此則妄說，法離文字故。是故，大慧！我等諸佛及諸菩薩不說一字，不答一字。所以者何？法離文字故。非不饒益義說，言說者衆生妄想故。

「大慧！若不說一切法者，教法則壞。教法壞者，則無諸佛、菩薩、緣覺、聲聞。若無者，誰說？為誰？是故，大慧！菩薩摩訶薩莫著言說，隨宜方便廣說經法。以衆生悕望煩惱不一故，我及諸佛為彼種種異解衆生，而說諸法，令離心意意識故，不為得自覺聖智處。

「大慧！於一切法無所有，覺自心現量，離二妄想，諸菩薩摩訶薩依於義，不依文字。若善男子、善女人依文字者，自壞第一義，亦不能覺他，墮惡見相續而為衆說。不善了知一切法、一切地、一切相，亦不知章句。若善一切法、一切地、一切相，通達章句，具足性義，彼則能以正無相樂而自娛樂，平等大乘建立衆生。

「大慧！攝受大乘者，則攝受諸佛、菩薩、緣覺、聲聞，攝受諸佛、菩薩、緣覺、聲聞者，則攝受一切衆生。攝受一切衆生者，則攝受正法。攝受正法者，則佛種不斷。佛種不斷者，則能了知得殊勝入處。知得殊勝入處菩薩摩訶薩，常得化生，建立大乘，十自在力現衆色像，通達衆生形類悕望煩惱諸相，如實說法。如實者不異，如實者不來不去相，一切虛偽息，是名如實。

「大慧！善男子、善女人不應攝受隨說計著，真實者離文字故。大慧！如為愚夫以指指物，愚夫觀指不得實義，如是愚夫隨言說指，攝受計著至竟不捨，終不能得離言說指第一實義。大慧！譬如嬰兒應食熟食，不應食生，若食生者則令發狂，不知次第方便熟故。大慧！如是不生不滅，不方便修則為不善。是故應當善修方便，莫隨言說，如視指端。

「是故，大慧！於真實義當方便修。真實義者，微妙寂靜，是涅槃因。言說者妄想合，妄想者集生死。大慧！實義者，從多聞者得。大慧！多聞者，謂善於義，非善言說。善義者，不隨一切外道經論，身自不隨，亦不令他隨，是則名曰大德多聞。是故欲求義者，當親近多聞所謂善義者，當親近多聞所謂善義。與此相違，計著言說，應當遠離。」

爾時大慧菩薩復承佛威神而白佛言：「世尊！世尊顯示不生不滅，無有奇特。所以者何？一切外道因亦不生不滅，世尊亦說虛空、非數緣滅及涅槃界不生不滅。世尊！外道說因生諸世間，世尊亦說無明愛業妄想為緣生諸世間。彼因此緣名差別耳，外物因緣亦如是，如是世尊與外道論無有差別。微塵、勝妙、自在、眾生主等，如是九物不生不滅，世尊亦說一切性不生不滅有無不可得。外道亦說四大不壞，自性不生不滅，四大常，是四大乃至周流諸趣不捨自性，世尊所說亦復如是。是故我言無有奇特，惟願世尊為說差別，所以奇特勝諸外道。若無差別者，一切外道皆亦是佛，以不生不滅故。而世尊說一世界中多佛出世者，無有是處。如向所說，一世界中應有多佛，無差別故。」

佛告大慧：「我說不生不滅，不同外道不生不滅。所以者何？彼諸外道有性自性，得不生不變相，我不如是墮有無品。大慧！我者離有無品，離生滅，非性非無性，如種種幻夢現，故非無性。云何無性？謂色無自性相攝受，現不現故，攝不攝故。以是故，一切性無性非無性，但覺自心現量，妄想不生，安隱快樂，世事永息。愚癡凡夫妄想作事，非諸賢聖，不實妄想，如揵闥婆城及幻化人。大慧！如揵闥婆城及幻化人，種種眾生商賈出入，愚夫妄想謂真出入，而實無有出者入者，但彼妄想故。如是，大慧！愚癡凡夫起不生不滅，彼亦無有有為無為，如幻人生，其實無有若生若滅，性無性無所有故。一切法亦如是，離於生滅。愚癡凡夫墮不如實，起生滅妄想，非諸賢聖，不如實者不爾，如性自性妄想亦不異。若異妄想者，計著一切性自性，不見寂靜。不見寂靜者，終不離妄想。是故，大慧！無相見勝非相見相者，受生因故不勝。大慧！無相者，妄想不生，不起不滅，我說涅槃。大慧！涅槃者，如真實義見，離先妄想心心數法，逮得如來自覺聖智，我說是涅槃。」

爾時世尊欲重宣此義而說偈言：

滅除彼生論，　建立不生義，　我說如是法，　愚夫不能知。
一切法不生，　無性無所有，　乾闥婆幻夢，　有性者無因。
無生無自性，　何因空當說？　以離於和合，　覺知性不現。
是故空不生，　我說無自性，　謂一一和合，　性現而非有。
分析無和合，　非如外道見。　夢幻及垂髮，　野馬乾闥婆。
世間種種事，　無因而相現，　折伏有因論，　申暢無生義。
申暢無生者，　法流永不斷，　熾然無因論，　恐怖諸外道。

生無性不起，離諸外道過，但說緣鉤鎖，凡愚不能了。
若離緣鉤鎖，別有生性者，是則無因論，破壞鉤鎖義。
如燈顯眾像，鉤鎖現若然，是則離鉤鎖，別更有諸性。
無性無有生，如虛空自性，若離於鉤鎖，慧無所分別。
復有餘無生，賢聖所得法，彼生無生者（彼生是四相生），是則無生忍。
若使諸世間，觀察鉤鎖者，一切離鉤鎖，從是得三昧。
癡愛諸業等，是則內鉤鎖，攢燧泥團輪，種子等名外。
若使有他性，而從因緣生，彼非鉤鎖義，是則不成就。
若生無自性，彼為誰鉤鎖，展轉相生故，當知因緣義。
使生有他性，而從因緣生，彼非鉤鎖義，是則不成就。
堅濕煖動法，凡愚生妄想，離數無異法，是則說無性。
如醫療眾病，無有若干論，以病差別故，為設種種治。
我為彼眾生，破壞諸煩惱，知其根優劣，為彼說度門。

非煩惱根異，　而有種種法，　唯說一乘法，　是則為大乘。

爾時大慧菩薩摩訶薩復白佛言：「世尊！一切外道皆起無常妄想，世尊亦說一切行無常是生滅法，此義云何？為邪為正？為有幾種無常？」

佛告大慧：「一切外道有七種無常，非我法也。何等為七？彼有說言，作已而捨，是名無常。有說，形處壞，是名無常。有說，卽色是無常。有說，色轉變中間是名無常，無間自之散壞，如乳酪等轉變，中間不可見，無常毀壞一切性轉。有說，性無常。有說，性無性無常。有說，一切法不生無常，入一切法。

「大慧！性無性無常者，謂四大及所造自相壞，四大自性不可得，不生。

「彼不生無常者，非常無常，一切法有無不生，分析乃至微塵不可見，是不生義非生，是名不生無常相。若不覺此者，墮一切外道生無常義。

「大慧！性無常者，是自心妄想，非常無常性。所以者何？謂無常自性不壞。大慧！此是一切性無性無常事。除無常，無有能令一切法性無性者。如杖瓦石破壞諸物，現見各各不異，是性無常事。非作所作有差別，此是無常，此是事。

作所作無異者，一切性常，無因性。大慧！一切性無性有因，非凡愚所知，非因不相似事生。若生者，一切性悉皆無常，是不相似事，作所作無有別異，而悉見有異。若性無常者，墮作因性相。若墮者，一切性不究竟。一切性作因相墮者，自無常應無常。無常無常故，一切性不無常，應是常。若無常入一切性者，應墮三世，彼過去色與壞俱，未來不生。色不生故，現在色與壞相俱。色者四大積集差別，四大及造色自性不壞，離異不異故。一切外道一切四大不壞，一切三有四大及造色，在所知有生滅，離四大造色，一切外道於何所思惟無常？四大不生，自性相不壞故。

「離始造無常者，非四大，復有異四大，各各異相自相故，非差別可得。彼無差別，斯等不更造，二方便不作，當知是無常。

「彼形處壞無常者，謂四大及造色不壞，至竟不壞。大慧！竟者，分析乃至微塵，觀察壞四大及造色，形處異見長短不可得，非四大。四大不壞，形處壞現，墮在數論。

「色卽無常者，謂色卽是無常，彼則形處無常，非四大。若四大無常者，非俗數言說。世俗言說非性者，則墮世論。見一切性但有言說，不見自相生。

「轉變無常者，謂色異性現，非四大。如金作莊嚴具，轉變現，非金性壞，但莊嚴具處所壞，如是餘性轉變等亦如是。如是等種種外道無常見妄想，火燒四大時自相不燒，各各自相相壞者，四大造色應斷。

「大慧！我法起非常非無常。所以者何？謂外性不決定故，惟說三有微心，不說種種相有生有滅。四大合會差別，四大及造色故，妄想二種事攝所攝，知二種妄想，離外性無性二種見，覺自心現量。妄想者，思想作行生，非不作行。離心性無性妄想，世間、出世間、上上一切法，非常非無常，不覺自心現量，墮二邊惡見相續。一切外道不覺自妄想，此凡夫無有根本，謂世間、出世間、上上法，從說妄想生，非凡愚所覺。」

爾時世尊欲重宣此義而說偈言：

遠離於始造，　及與形處異，　性與色無常，　外道愚妄想。

諸性無有壞，　大大自性住，　外道無常想，　沒在種種見。
彼諸外道等，　無若生若滅，　大大性自常，　何謂無常想？
一切唯心量，　二種心流轉，　攝受及所攝，　無有我我所。
梵天為樹根，　枝條普周遍，　如是我所說，　惟是彼心量。

爾時大慧菩薩復白佛言：「世尊！惟願為說一切菩薩、聲聞、緣覺滅正受次第相續。若善於滅正受次第相續相者，我及餘菩薩終不妄捨滅正受樂門，不墮一切聲聞、緣覺、外道愚癡。」

佛告大慧：「諦聽！諦聽！善思念之，當為汝說。」

大慧白佛言：「世尊！惟願為說。」

佛告大慧：「六地起菩薩摩訶薩及聲聞、緣覺入滅正受，第七地菩薩摩訶薩念念正受，離一切性自性相正受，非聲聞、緣覺，諸聲聞、緣覺墮有行攝所攝相滅正受。是故七地非念正受，得一切法無差別相，非分得種種相性，覺一切法善不善性相正受，是故七地無善念正受。

「大慧！八地菩薩及聲聞、緣覺，心、意、意識妄想相滅。初地乃至七地菩薩摩訶薩，觀三界心、意、意識量，離我我所，自妄想修，墮外性種種相，愚夫二種自心攝所攝，向無知不覺無始過惡虛偽習氣所薰。大慧！八地菩薩摩訶薩，聲聞、緣覺涅槃，菩薩者三昧覺所持，是故三昧門樂不般涅槃。若不持者，如來地不滿足，棄捨一切為眾生事，佛種則斷，諸佛世尊為示如來不可思議無量功德。聲聞、緣覺三昧門，得樂所牽故，作涅槃想。

「大慧！我分部七地善修心、意、意識相，善修我我所攝受人法無我生滅自共相，善四無礙，決定力三昧門，地次第相續，入道品法。不令菩薩摩訶薩不覺自共相，不善七地，墮外道邪徑故，立地次第。

「大慧！彼實無有若生若滅，除自心現量，所謂地次第相續，及三界種種行，愚夫所不覺。愚夫所不覺者，謂我及諸佛說地次第相續，及說三界種種行。

「復次，大慧！聲聞、緣覺、第八菩薩地滅三昧樂門醉所醉，不善自心現量，自共相習氣所障，墮人法無我法攝受見，妄想涅槃想，非寂滅智慧覺。大慧！

菩薩者，見滅三昧門樂，本願哀愍大悲成就，知分別十無盡句，不妄想涅槃想。彼已涅槃妄想不生故，離攝所攝妄想，覺了自心現量，一切諸法妄想不生，不墮心、意、意識外性自性相計著妄想。非佛法因不生，隨智慧生，得如來自覺地。如人夢中方便度水，未度而覺，覺已思惟為正為邪，非正非邪。餘無始見聞覺識因想，種種習氣種種形處，墮有無想，心、意、意識夢現。大慧！如是菩薩摩訶薩於第八菩薩地，見妄想生，從初地轉進至第七地，見一切法如幻等方便，度攝所攝心妄想行已，作佛法方便，未得者令得。大慧！此是菩薩涅槃方便不*壞，離心、意、意識得無生法忍。大慧！於第一義無次第相續，說無所有妄想寂滅法。」

爾時世尊欲重宣此義而說偈言：

心量無所有，　此住及佛地，　去來及現在，　三世諸佛說。
心量地第七，　無所有第八，　二地名為住，　佛地名最勝。
自覺智及淨，　此則是我地，　自在最勝處，　清淨妙莊嚴。
照曜如盛火，　光明悉遍至，　熾炎不壞目，　周輪化三有。

化現在三有，　或有先時化，　於彼演說乘，　皆是如來地。
十地則為初，　初則為八地，　第九則為七，　七亦復為八。
第二為第三，　第四為第五，　第三為第六，　無所有何次？

爾時大慧菩薩復白佛言：「世尊！如來、應供、等正覺為常無常？」

佛告大慧：「如來、應供、等正覺非常非無常，謂二俱有過。常者有作主過，常者一切外道說作者無所作，是故如來常非常，非作常有過故。若如來無常者，有作無常過，陰所相相無性，陰壞則應斷，而如來不斷。大慧！一切所作皆無常，如瓶衣等，一切皆無常過。一切智眾具方便應無義，以所作故。一切所作皆應是如來，無差別因性故。是故，大慧！如來非常非無常。

「復次，大慧！如來非如虛空常，如虛空常者，自覺聖智眾具無義過。大慧！譬如虛空非常非無常，離常無常、一異、俱不俱、常無常過，故不可說，是故如來非常。復次，大慧！若如來無生常者，如兎馬等角，以無生常故，方便無義。以無生常過故，如來非常。

「復次，大慧！更有餘事知如來常。所以者何？謂無間所得智常，故如來常。大慧！若如來出世，若不出世，法畢定住，聲聞、緣覺諸佛如來無間住，不住虛空，亦非愚夫之所覺知。大慧！如來所得智，是般若所熏。大慧！如來非心意意識彼諸陰、界、入處所熏。大慧！一切三有皆是不實妄想所生，如來不從不實虛妄想生。

「大慧！以二法故，有常無常，非不二。不二者寂靜，一切法無二生相故，是故如來、應供、等正覺非常非無常。大慧！乃至言說分別生，則有常無常過。分別覺滅者，則離愚夫常無常見。寂靜慧者，永離常無常，非常無常熏。」

爾時世尊欲重宣此義而說偈言：

眾具無義者，　生常無常過，　若無分別覺，　永離常無常。

從其所立宗，　則有眾雜義，　等觀自心量，　言說不可得。

爾時大慧菩薩復白佛言：「世尊！惟願世尊更為我說陰、界、入生滅，彼無有我，誰生誰滅？愚夫者依於生滅不覺苦盡，不識涅槃。」

佛言：「善哉！諦聽！當為汝說。」

大慧白佛言：「唯然受教。」

佛告大慧：「如來之藏是善不善因，能遍興造一切趣生，譬如伎兒變現諸趣，離我我所。不覺彼故，三緣和合方便而生，外道不覺，計著作者，為無始虛偽惡習所薰，名為識藏。生無明住地，與七識俱，如海浪身常生不斷，離無常過，離於我論，自性無垢畢竟清淨。其諸餘識有生有滅，意、意識等念念有七，因不實妄想，取諸境界，種種形處計著名相，不覺自心所現色相，不覺苦樂，不至解脫，名相諸纏貪生生貪。

「若因若攀緣，彼諸受根滅，次第不生。除自心妄想，不知苦樂，入滅受想正受、第四禪，善真諦解脫修行者，作解脫想，不離不轉名如來藏識藏，七識流轉不滅。所以者何？彼因攀緣諸識生故，非聲聞、緣覺修行境界，不覺無我，自共相攝受生陰、界、入。

「見如來藏，五法、自性、人法無我則滅，地次第相續轉進，餘外道見不能傾動，是名住菩薩不動地。得十三昧道門樂，三昧覺所持，觀察不思議佛法，自願不受三昧門樂及實際，向自覺聖趣，不共一切聲聞、緣覺及諸外道所修行道，得十賢聖種性道及身智意生，離三昧行。

「是故，大慧！菩薩摩訶薩欲求勝進者，當淨如來藏及藏識名。大慧！若無識藏名如來藏者，則無生滅。大慧！然諸凡聖悉有生滅，修行者自覺聖趣，現法樂住不捨方便。大慧！此如來藏識藏，一切聲聞、緣覺心想所見，雖自性淨，客塵所覆故猶見不淨，非諸如來。

「大慧！如來者，現前境界，猶如掌中視阿摩勒果。大慧！我於此義以神力建立，令勝鬘夫人及利智滿足諸菩薩等，宣揚演說如來藏及識藏名，與七識俱生，聲聞計著，見人法無我。故勝鬘夫人承佛威神，說如來境界，非聲聞、緣覺及外道境界，如來藏識藏，唯佛及餘利智依義菩薩智慧境界。是故汝及餘菩薩摩訶薩，於如來藏識藏當勤修學，莫但聞覺作知足想。」

爾時世尊欲重宣此義而說偈言：

甚深如來藏，　而與七識俱，　二種攝受生，　智者則遠離。
如鏡像現心，　無始習所薰，　如實觀察者，　諸事悉無事。
如愚見指月，　觀指不觀月，　計著名字者，　不見我真實。
心為工伎兒，　意如和伎者，　五識為伴侶，　妄想觀伎衆。

爾時大慧菩薩白佛言：「世尊！惟願為說五法、自性、識、二種無我究竟分別相，我及餘菩薩摩訶薩，於一切地次第相續，分別此法，入一切佛法。入一切佛法者，乃至如來自覺地。」

佛告大慧：「諦聽！諦聽！善思念之。」

大慧白佛：「唯然受教。」

佛告大慧：「五法、自性、識、二無我分別趣相者，謂名、相、妄想、正智、如如。若修行者修行入如來自覺聖趣，離於斷常有無等見，現法樂正受住現在前。大慧！不覺彼五法、自性、識、二無我自心現外性，凡夫妄想，非諸賢聖。」

大慧白佛言：「世尊！云何愚夫妄想生，非諸賢聖？」

佛告大慧：「愚夫計著俗數名相隨心流散，流散已種種相像貌，墮我我所見悕望，計著妙色。計著已，無知覆障生染著，染著已，貪恚⊙癡所生業積集。積集已，妄想自纏如蠶作繭，墮生死海諸趣曠野，如汲井輪。以愚癡故，不能知如幻、野馬、水月自性離我我所，起於一切不實妄想，離相所相及生住滅，從自心妄想生，非自在、時節、微塵、勝妙生，愚癡凡夫隨名相流。

「大慧！彼相者，眼識所照名為色，耳、鼻、舌、身、意識所照，名為聲、香、味、觸、法，是名為相。

「大慧！彼妄想者，施設眾名顯示諸相，如此不異，象馬、車步、男女等名，是名妄想。

「大慧！正智者，彼名相不可得，猶如過客，諸識不生不斷不常，不墮一切外道、聲聞、緣覺之地。

「復次，大慧！菩薩摩訶薩以此正智不立名相，非不立名相，捨離二見建立及誹謗，知名相不生，是名如如。

「大慧！菩薩摩訶薩住如如者，得無所有境界故，得菩薩歡喜地。得菩薩歡喜地已，永離一切外道惡趣，正住出世間趣，法相成熟，分別幻等一切法，自覺法趣相，離諸妄見怪異相，次第乃至法雲地。於其中間，三昧力自在神通開敷，得如來地已，種種變化圓照示現，成熟眾生如水中月，善究竟滿足十無盡句，為種種意解眾生分別說法，法身離意所作，是名菩薩入如如所得。」

爾時大慧菩薩白佛言：「世尊！云何，世尊！為三種自性入於五法？為各有自相宗？」

佛告大慧：「三種自性及八識、二種無我，悉入五法。大慧！彼名及相，是妄想自性。大慧！若依彼妄想，生心心法，名俱時生，如日光俱，種種相各別分別持，是名緣起自性。大慧！正智、如如者，不可壞故，名成自性。復次，大慧！自心現妄想，八種分別，謂識藏、意、意識及五識身相者，不實相妄想故。我我所二攝受滅，二無我生。是故，大慧！此五法者，聲聞、緣覺、菩薩、如來自覺聖智，諸地相續次第，一切佛法悉入其中。

「復次，大慧！五法者，相、名、妄想、如如、正智。大慧！相者，若處所、形相、色像等現，是名為相。若彼有如是相，名為瓶等，即此非餘，是說為名。施設眾名，顯示諸相，瓶等心心法，是名妄想。彼名彼相畢竟不可得，始終無覺，於諸法無展轉，離不實妄想，是名如如。真實決定究竟自性不可得，彼是如相，我及諸佛隨順入處，普為眾生如實演說，施設顯示於彼，隨入正覺，不斷不常妄想不起，隨順自覺聖趣，一切外道、聲聞、緣覺所不得相，是名正智。大慧！是名五法、三種自性、八識、二種無我，一切佛法悉入其中。是故，大慧！當自方便學，亦教他人，勿隨於他。」

爾時世尊欲重宣此義而說偈言：

五法三自性，　及與八種識，　二種無有我，　悉攝摩訶衍。
名相虛妄想，　自性二種相，　正智及如如，　是則為成相。

爾時大慧菩薩復白佛言：「世尊！如世尊所說句，過去諸佛如恒河沙，未來、現在亦復如是，云何世尊為如說而受？為更有餘義？惟願如來哀愍解說。」

佛告大慧：「莫如說而受，三世諸佛量非如恒河沙。所以者何？過世間望，非譬所譬。以凡愚計常外道妄想，長養惡見生死無窮，欲令厭離生死趣轉，精勤勝進故，為彼說言：諸佛易見，非如優曇鉢華難得見故，息方便求。有時復觀諸受化者，作是說言：佛難值遇，如優曇鉢華。優曇鉢華無已見、今見、當見，如來者世間悉見，不以建立自通故，說言如來出世如優曇鉢華。大慧！自建立自通者，過世間望，彼諸凡愚所不能信。自覺聖智境界無以為譬，真實如來過心、意、意識所見之相，不可為譬。

「大慧！然我說譬佛如恒沙，無有過咎。大慧！譬如恒沙，一切魚鼈、輸牧魔羅、師子、象馬、人獸踐踏，沙不念言彼惱亂我而生妄想，自性清淨無諸垢汙。如來、應供、等正覺自覺聖智恒河，大力神通自在等沙，一切外道諸人獸等一切惱亂，如來不念而生妄想，如來寂然無有念想，如來本願以三昧樂安眾生故，無有惱亂，猶如恒沙等無有異，又斷貪恚故。譬如恒沙，是地自性，劫盡燒時燒一切地，而彼地大不捨自性，與火大俱生故，其餘愚夫作地燒想，而地不燒，以火因故。如是，大慧！如來法身如恒沙不壞。

「大慧！譬如恒沙無有限量，如來光明亦復如是無有限量，為成熟衆生故，普照一切諸佛大衆。大慧！譬如恒沙，別求異沙永不可得。如是，大慧！如來、應供、等正覺無生死生滅，有因緣斷故。大慧！譬如恒河沙，增減不可得知。如是，大慧！如來智慧成熟衆生，不增不減，非身法故。身法者有壞，如來法身非是身法。如壓恒沙，油不可得，如是一切極苦衆生逼迫如來，乃至衆生未得涅槃，不捨法界自三昧願樂，以大悲故。

「大慧！譬如恒沙隨水而流，非無水也。如是，大慧！如來所說一切諸法隨涅槃流，是故說言如恒河沙。如來不隨諸去流轉，去是壞義故。大慧！生死本際不可知，不知故云何說去？大慧！去者斷義，而愚夫不知。」

大慧白佛言：「世尊！若衆生生死本際不可知者，云何解脫可知？」

佛告大慧：「無始虛偽過惡妄想習氣因滅，自心現知外義妄想身轉，解脫不滅。是故無邊，非都無所有。為彼妄想，作無邊等異名。觀察內外離於妄想，無異衆生，智及爾炎一切諸法悉皆寂靜。不識自心現妄想故妄想生，若識則滅。」

爾時世尊欲重宣此義而說偈言：

觀察諸導師，　猶如恒河沙，　不壞亦不去，　亦復不究竟，
是則為平等，　觀察諸如來。　猶如恒沙等，　悉離一切過，
隨流而性常，　是則佛正覺。

爾時大慧菩薩復白佛言：「惟願為說一切諸法剎那壞相。世尊！云何一切法剎那？」

佛告大慧：「諦聽！諦聽！善思念之，當為汝說。」

佛告大慧：「一切法者，謂善不善無記、有為無為、世間出世間、有罪無罪、有漏無漏、受不受。大慧！略說心、意、意識及習氣，是五受陰因是心、意、意識習氣長養，凡愚善不善妄想。大慧！修三昧樂，三昧正受現法樂住，名為賢聖善無漏。大慧！善不善者，謂八識。何等為八？謂如來藏名識藏心、意、意識及五識身，非外道所說。

「大慧！五識身者，心、意、意識俱，善不善相展轉變壞，相續流注，不壞身生，亦生亦滅，不覺自心現，次第滅餘識生，形相差別攝受，意識、五識俱相應生，剎那時不住，名為剎那。大慧！剎那者，名識藏如來藏，意俱生識習氣剎那，無漏習氣非剎那。非凡愚所覺，計著剎那論故，不覺一切法剎那非剎那，以斷見壞無為法。

「大慧！七識不流轉，不受苦樂，非涅槃因。大慧！如來藏者，受苦樂，與因俱，若生若滅，四住地、無明住地所醉，凡愚不覺，剎那見妄想*熏心。復次，大慧！如金、金剛、佛舍利，得奇特性，終不損壞。大慧！若得無間有剎那者，聖應非聖，而聖未曾不聖。如金、金剛，雖經劫數，稱量不減。云何凡愚不善於我隱覆之說，於內外一切法作剎那想！」

大慧菩薩復白佛言：「世尊！如世尊說六波羅蜜滿足得成正覺，何等為六？」

佛告大慧：「波羅蜜有三種分別，謂世間、出世間、出世間上上。大慧！世間波羅蜜者，我我所攝受計著，攝受二邊，為種種受生處，樂色、聲、香、味、觸故，滿足檀波羅蜜，戒、忍、精進、禪定、智慧亦如是，凡夫神通及生梵天。大慧！出世間波羅蜜者，聲聞、緣覺墮攝受涅槃故，行六波羅蜜，樂自己涅槃樂。出世間上上波羅蜜者，覺自心現妄想量攝受及自心二故，不生妄想，於諸趣攝受非分，自心色相不計著，為安樂一切眾生故，生檀波羅蜜。起上方便，即於彼緣妄想不生戒，是尸波羅蜜。即彼妄想不生，忍知攝所攝，是羼提波羅蜜。初、中、後夜精勤方便，隨順修行方便，妄想不生，是毘梨耶波羅蜜。妄想悉滅，不墮聲聞涅槃攝受，是禪波羅蜜。自心妄想非性，智慧觀察不墮二邊，先身轉勝而不可壞，得自覺聖趣，是般若波羅蜜。」

爾時世尊欲重宣此義而說偈言：

空無常剎那，　愚夫妄想作，　如河燈種子，　而作剎那想。
剎那息煩亂，　寂靜離所作，　一切法不生，　我說剎那義。
物生則有滅，　不為愚者說，　無間相續性，　妄想之所*熏。
無明為其因，　心則從彼生，　乃至色未生，　中間有何分？

相續次第滅，　餘心隨彼生，　不住於色時，　何所緣而生？
以從彼生故，　不如實因生，　云何無所成，　而知剎那壞？
修行者正受，　金剛佛舍利，　光音天宮殿，　世間不壞事。
住於正法得，　如來智具足，　比丘得平等，　云何見剎那？
乾闥婆幻等，　色無有剎那，　於不實色等，　視之若真實。

爾時大慧菩薩復白佛言：「世尊！世尊記阿羅漢得成阿耨多羅三藐三菩提，與諸菩薩等無差別？一切眾生法不涅槃，誰至佛道？從初得佛至般涅槃，於其中間，不說一字，亦無所答？如來常定故，亦無慮亦無察？化佛化作佛事？何故說識剎那展轉壞相？金剛力士常隨侍衛？不施設本際？現魔魔業？惡業果報，旃遮摩納，孫陀利女，空鉢而出，惡業障現？云何如來得一切種智，而不離諸過？」

佛告大慧：「諦聽！諦聽！善思念之，當為汝說。」

大慧白佛：「善哉！世尊！唯然受教。」

佛告大慧：「為無餘涅槃故說，誘進行菩薩行者故。此及餘世界修菩薩行者，樂聲聞乘涅槃，為令離聲聞乘進向大乘，化佛授聲聞記，非是法佛。大慧！因是故記諸聲聞與菩薩不異。大慧！不異者，聲聞、緣覺、諸佛如來，煩惱障斷解脫一味，非智障斷。大慧！智障者，見法無我，殊勝清淨。煩惱障者，先習見人無我，斷七識滅，法障解脫，識藏習滅，究竟清淨。

「因本住法故，前後非性，無盡本願故。如來無慮無察而演說法，正智所化故，念不忘故，無慮無察。四住地、無明住地習氣斷故，二煩惱斷，離二種死，覺人法無我，及二障斷。

「大慧！心意、意識、眼識等七，剎那習氣因離，善無漏品離，不復輪轉。大慧！如來藏者，輪轉涅槃苦樂因空亂意。大慧！愚癡凡夫所不能覺。大慧！金剛力士所隨護者是化佛耳，非真如來。大慧！真如來者，離一切根量，一切凡夫、聲聞、緣覺及外道根量悉滅，得現法樂住無間法智忍故，非金剛力士所護。一切化佛不從業生，化化佛者，非佛不離佛，因陶家輪等眾生所作相而說法，非自通處說自覺境界。復次，大慧！愚夫依七識身滅起斷見，不覺識藏故起常見，自忘想故不知本際，自忘想慧滅故解脫，四住地、無明住地習氣斷故，一切過斷。」

爾時世尊欲重宣此義而說偈言：

三乘亦非乘，　如來不磨滅，　一切佛所說，　說離諸過惡。
為諸無間智，　及無餘涅槃，　誘進諸下劣，　是故隱覆說。
諸佛所起智，　即分別說道，　諸乘非為乘，　彼則非涅槃。
欲色有及見，　說是四住地，　意識之所起，　識宅意所住。
意及眼識等，　斷滅說無常，　或作涅槃見，　而為說常住。

爾時大慧菩薩以偈問言：

彼諸菩薩等，　志求佛道者，　酒肉及與葱，　飲食為云何？
惟願無上尊，　哀愍為演說！　愚夫所貪著，　臭穢無名稱，
虎狼所甘嗜，　云何而可食？　食者生諸過，　不食為福善，
惟願為我說，　食不食罪福！

大慧菩薩說偈問已，復白佛言：「惟願世尊為我等說食不食肉功德過惡，我

及諸菩薩於現在、未來，當為種種悕望食肉眾生分別說法，令彼眾生慈心相向，得慈心已，各於住地清淨明了，疾得究竟無上菩提。聲聞、緣覺自地止息已，亦復逮成無上菩提。惡邪論法諸外道輩，邪見斷常顛倒計著，尚有遮法不聽食肉，況復如來世間救護，正法成就而食肉耶！」

佛告大慧：「善哉！善哉！諦聽！諦聽！善思念之，當為汝說。」

大慧白佛：「唯然受教。」

佛告大慧：「有無量因緣不應食肉，然我今當為汝略說。謂一切眾生從本已來，展轉因緣常為六親，以親想故，不應食肉。驢騾、駱駝、狐狗、牛馬、人獸等肉，屠者雜賣故，不應食肉。不淨氣分所生長故，不應食肉。眾生聞氣悉生恐怖，如旃陀羅及譚婆等，狗見憎惡驚怖群吠故，不應食肉。又令修行者慈心不生故，不應食肉。凡愚所嗜，臭穢不淨無善名稱故，不應食肉。令諸呪術不成就故，不應食肉。以殺生者見形起識深味著故，不應食肉。彼食肉者諸天所棄故，不應食肉。令口氣臭故，不應食肉。多惡夢故，不應食肉。空閑林中虎狼聞香故，不應食肉。令飲食無節量故，不應食肉。令修行者不生厭離故，不應食肉。我常說言，凡所飲食作食子肉想，作服藥想故，不應食肉。聽食肉者，無有是處。

「復次，大慧！過去有王，名師子蘇陀娑，食種種肉，遂至食人。臣民不堪，即便謀反斷其奉祿。以食肉者有如是過故，不應食肉。

「復次，大慧！凡諸殺者為財利故，殺生屠販，彼諸愚癡食肉眾生，以錢為網而捕諸肉。彼殺生者若以財物、若以鈎網，取彼空行水陸眾生，種種殺害屠販求利。大慧！亦無不教不求不想而有魚肉，以是義故不應食肉。大慧！我有時說遮五種肉，或制十種。今於此經，一切種一切時，開除方便，一切悉斷。大慧！如來、應供、等正覺尚無所食，況食魚肉！亦不教人。以大悲前行故，視一切眾生猶如一子，是故不聽令食子肉。」

爾時世尊欲重宣此義而說偈言：

曾悉為親屬，　鄙穢不淨雜，　不淨所生長，　聞氣悉恐怖。
一切肉與葱，　及諸韮蒜等，　種種放逸酒，　修行常遠離。

亦常離麻油，及諸穿孔床，以彼諸細蟲，於中極恐怖。
飲食生放逸，放逸生諸覺，從覺生貪欲，是故不應食。
由食生貪欲，貪令心迷醉，迷醉長愛欲，生死不解脫。
為利殺衆生，以財網諸肉，二俱是惡業，死墮叫呼獄。
若無教想求，則無三淨肉，彼非無因有，是故不應食。
彼諸修行者，由是悉離遠，十方佛世尊，一切咸呵責。
展轉更相食，死墮虎狼類，臭穢可厭惡，所生常愚癡。
多生栴陀羅，獵師譚婆種，或生陀夷尼，及諸肉食性，
羅刹猫狸等，遍於是中生。縛象與大雲，央掘利魔羅，
及此楞伽經，我悉制斷肉。諸佛及菩薩，聲聞所呵責，
食已無慚愧，生生常癡冥。先說見聞疑，已斷一切肉，
忘想不覺知，故生食肉處。如彼貪欲過，障礙聖解脫，
酒肉葱韮蒜，悉為聖道障。未來世衆生，於肉愚癡說，

言此淨無罪，佛聽我等食。食如服藥想，亦如食子肉，
知足生厭離，修行行乞食。安住慈心者，我說常厭離，
虎狼諸惡獸，恒可同遊止。若食諸血肉，衆生悉恐怖，
是故修行者，慈心不食肉。食肉無慈悲，永背正解脫，
及違聖表相，是故不應食。得生梵志種，及諸修行處，
智慧富貴家，斯由不食肉。

楞伽阿跋多羅寶經卷第四

入楞伽經

入楞伽經卷第一

元魏天竺三藏菩提留支譯

請佛品第一

歸命大智海毘盧遮那佛。

如是我聞：一時，婆伽婆住大海畔摩羅耶山頂上楞伽城中。彼山種種寶性所成，諸寶間錯光明赫炎，如百千日照曜金山。復有無量花園香樹，皆寶香林，微風吹擊搖枝動葉，百千妙香一時流布，百千妙音一時俱發。重巖屈曲，處處皆有仙堂、靈室、龕窟，無數衆寶所成，內外明徹，日月光暉不能復現，皆是古昔諸仙賢聖思如實法得道之處。與大比丘僧及大菩薩衆，皆從種種他方佛土俱來集會。是諸菩薩具足無量自在三昧神通之力，奮迅遊化，五法、自性、二種無我究竟通達，大慧菩薩摩訶薩而為上首。一切諸佛手灌其頂而授佛位，自心為境善解其義，種種衆生種種心色，隨種種心種種異念，無量度門隨所應度、隨所應見而為普現。

爾時婆伽婆於大海龍王宮說法，滿七日已度至南岸，時有無量那由他釋、梵、天王、諸龍王等，無邊大衆悉皆隨從向海南岸。爾時婆伽婆遙望觀察摩羅耶山楞伽城，光顏舒悅如動金山，熙怡微笑而作是言：「過去諸佛、應、正遍知，於彼摩羅耶山頂上楞伽城中，說自內身聖智證法，離於一切邪見覺觀，非諸外道、聲聞、辟支佛等修行境界。我亦應彼摩羅耶山楞伽城中，為羅婆那夜叉王上首說於此法。」

爾時羅婆那夜叉王以佛神力，聞如來聲。時婆伽婆離海龍王宮度大海已，與諸那由他無量釋、梵、天王、諸龍王等圍遶恭敬。爾時如來觀察衆生阿梨耶識大海水波，為諸境界猛風吹動，轉識波浪隨緣而起。爾時羅婆那夜叉王而自歎言：

「我應請如來入楞伽城，令我長夜於天人中，與諸人天得大利益，快得安樂。」

爾時楞伽城主羅婆那夜叉王，與諸眷屬乘花宮殿至如來所，與諸眷屬從宮殿下，遶佛三匝，以種種伎樂樂於如來。所持樂器皆是大青因陀羅寶而用造作，大毘琉璃、馬瑙諸寶以為間錯，無價色衣以用纏裹。以梵聲等無量種音，歌歎如來一切功德，而說偈言：

心具於法藏，　離無我見垢，　世尊說諸行，　內心所知法。
白法得佛身，　內身所證法，　化身示化身，　時到入楞伽。
今此楞伽城，　過去無量佛，　及諸佛子等，　無量身受用。
世尊若說法，　無量諸夜叉，　能現無量身，　欲聞說法聲。

爾時羅婆那楞伽王，以都吒迦種種妙聲，歌歎如來諸功德已，復更以伽他妙聲歌歎如來，而說偈言：

如來於七日，　大海惡獸中，　渡海至彼岸，　出已即便住。
羅婆那王共，　妻子夜叉等，　及無量眷屬，　大智諸大臣，叔迦婆羅那，如是等天衆，各各悉皆現，無量諸神通。
乘妙花宮殿，俱來到佛所，到已下花殿，禮拜供養佛。
依佛住持力，即於如來前，自說己名字：我十頭羅剎，
願垂哀愍我，及此城衆生，受此楞伽城，摩羅耶寶山。
過去無量佛，於此楞伽城，種種寶山上，說身所證法。
如來亦應爾，於此寶山中，同諸過去佛，亦說如是法。
願共諸佛子，說此清淨法，我及楞伽衆，咸皆欲聽聞。
入楞伽經典，過去佛讚歎，內身智境界，離所說名字。
我念過去世，無量諸如來，諸佛子圍遶，說此修多羅。
如來於今日，亦應為我等，及諸一切衆，說此甚深法。
未來諸世尊，及諸佛子等，於此寶山上，亦說此深法。
今此楞伽城，微妙過天宮，牆壁非土石，諸寶羅網覆。
此諸夜叉等，已於過去佛，修行離諸過，畢竟住大乘。

內心善思惟，如實念相應，願佛憐愍故，為諸夜叉說。
願佛天人師，入摩羅耶山，夜叉及妻子，欲得摩訶衍。
甕耳等羅剎，亦住此城中，曾供養過去，無量億諸佛。
今復願供養，現在大法王，欲聞內心行，欲得摩訶衍。
願佛憐愍我，及諸夜叉眾，共諸佛子等，入此楞伽城。
我所有宮殿，妻子及眷屬，寶冠諸瓔珞，種種莊嚴具，
阿舒迦園林，種種皆可樂，及所乘花殿，施佛及大眾。
我於如來所，無有不捨物，願大牟尼尊，哀愍我受用。
我及諸佛子，受佛所說法，願佛垂哀愍，為我受用說。
爾時三界尊，聞夜叉請已，即為夜叉說：過去未來佛，
夜叉過去佛，此勝寶山中，憐愍夜叉故，說內身證法。
未來佛亦爾，於此寶山中，為諸夜叉等，亦說此深法。
夜叉此寶山，如實修行人，現見法行人，乃能住此處。

一一寶山中，皆示現佛身，亦有羅婆那，夜叉眾等住。
十方佛國土，及於諸佛身，佛子夜叉王，皆來集彼山。
而此楞伽城，所有諸眾等，皆悉見自身，入化楞伽中。
如來神力作，亦同彼楞伽，諸山及園林，寶莊嚴亦爾。
一一山中佛，皆有大*慧問，如來悉為說，內身所證法。
出百千妙聲，說此經法已，佛及諸佛子，一切隱不現。
羅婆那夜叉，忽然見自身，在己本宮殿，更不見餘物，
而作是思惟：向見者誰作？說法者為誰？是誰而聽聞？
我所見何法，而有此等事？彼諸佛國土，及諸如來身，
如此諸妙事，今皆何處去？為是夢所憶？為是幻所作？
為是實城邑？為乾闥婆城？為是翳妄見？為是陽炎起？
為夢石女生？為我見火輪？為見火輪烟？我所見云何？
復自深思惟：諸法體如是，唯自心境界，內心能證知。

而諸凡夫等，　無明所覆障，　虛妄心分別，　而不能覺知。
能見及所見，　一切不可得，　說者及所說，　如是等亦無。
佛法真實體，　非有亦非無，　法相恒如是，　唯自心分別。
如見物為實，　彼人不見佛，　不住分別心，　亦不能見佛，
不見有諸行，　如是名為佛，　若能如是見，　彼人見如來。
智者如是觀，　一切諸境界，　轉身得妙身，　是即佛菩提。

爾時羅婆那十頭羅剎楞伽王見分別心過，而不住於分別心中，以過去世善根力故，如實覺知一切諸論，如實能見諸法實相，不隨他教善自思惟覺知諸法，能離一切邪見覺知。善能修行如實行法，於自身中能現一切種種色像，而得究竟大方便解，善知一切諸地上上自體相貌，樂觀心、意、意識自體，見於三界相續身，斷離諸外道常見，因智如實善知如來之藏，善住佛地內心實智。聞虛空中及自身中，出於妙聲而作是言：「善哉！善哉！楞伽王！諸修行者悉應如汝之所修學。」復作是言：「善哉！楞伽王！諸佛如來法及非法如汝所見。若不如汝之所見

者，名為斷見。楞伽王！汝應遠離心、意、⊙意識，如實修行諸法實相。汝今應當修行內法，莫著外義邪見之相。楞伽王！汝莫修行聲聞、緣覺、諸外道等修行境界，汝不應住一切外道諸餘三昧，汝不應樂一切外道種種戲論，汝不應住一切外道、圍陀邪見，汝不應著王位放逸自在力中，汝不應著禪定神通自在力中。楞伽王！如此等事皆是如實修行者行，能降一切外道邪論，能破一切虛妄邪見，能轉一切見、我見過，能轉一切微細識行，修大乘行。楞伽王！汝應內身入如來地，修如實行。如是修行者，得轉上上清淨之法。楞伽王！汝莫捨汝所證之道，善修三昧、三摩跋提，莫著聲聞、緣覺、外道三昧境界以為勝樂，如毛道凡夫、外道修行者汝莫分別。楞伽王！外道著我見、有我相故虛妄分別，外道見有四大之相，而著色、聲、香、味、觸、法以為實有。聲聞、緣覺見無明緣行以為實有，起執著心離如實空，虛妄分別專著有法，而墮能見、所見心中。

「楞伽王！此勝道法，能令眾生內身覺觀，能令眾生得勝大乘，能*出三有。楞伽王！此入大乘行，能破眾生種種翳瞙、種種識波，不墮外道諸見行中。楞伽王！此是入大乘行，非入外道行。外道行者依於內身有我而行，見識、色二法以為實有故，見有生滅。善哉！楞伽王！思惟此義，如汝思惟即是見佛。」

爾時羅婆那楞伽王復作是念：「我應問佛如實行法，轉於一切諸外道行，內心修行所觀境界，離於應佛所作應事，更有勝法，所謂如實修行者證於法時所得三昧究竟之樂，若得彼樂，是則名為如實修行者，是故我應問大慈悲如來世尊。如來能燒煩惱薪盡，及諸佛子亦能燒盡，如來能知一切眾生心使煩惱，如來遍至一切智處，如來如實善能知解是相非相，我今應以妙神通力見於如來。見如來已，未得者得，已得者不退，得無分別三昧三摩跋提，得增長滿足如來行處。」

爾時世尊如實照知楞伽王應證無生法忍時至，憐愍十頭羅剎王故，所隱宮殿還復如本，身於種種寶網莊嚴山城中現。

爾時十頭羅剎楞伽王見諸宮殿還復如本，一一山中，處處皆見有佛世尊、應、正遍知三十二相妙莊嚴身而在山中，自見己身遍諸佛前。又見一切諸佛國土及諸國王念身無常，由貪王位、妻子、眷屬，五欲相縛無解脫期，便捨國土、宮殿、妻妾、象馬、珍寶，施佛及僧，入於山林出家學道。又見佛子在山林中勇猛精進，投身餓虎、師子、羅剎，以求佛道。又見佛子在林樹下讀誦經典，為人演說，以求佛道。又見菩薩念苦眾生，坐於道場菩提樹下，思惟佛道。又見一一佛前，皆有聖者大慧菩薩說於內身修行境界，亦見一切夜叉眷屬圍遶，而說名字章句。

爾時世尊智慧觀察現在大眾，非肉眼觀，如師子王奮迅視眄，呵呵大笑，頂上肉髻放無量光，肩脇、腰髀、胸卐德處及諸毛孔，皆放一切無量光明，如空中虹，如日千光，如劫盡時大火熾然猛炎之相。帝釋、梵王、四天王等於虛空中觀察如來，見佛坐於須彌相對楞伽山頂上，呵呵大笑。

爾時菩薩眾、帝釋、梵天、四天王等，作是思惟：「何因何緣如來、應、正遍知於一切法中而得自在，未曾如是呵呵大笑，復於自身出無量光，默然而住，專念內身智慧境界，不以為勝，如師子視觀楞伽王，念如實行？」

爾時聖者大慧菩薩摩訶薩，先受楞伽羅婆那王所啟請已，念楞伽王，知諸一切大菩薩眾心行之法，觀察未來一切眾生，心皆樂於名字說法，心迷生疑如說而取，著於一切聲聞、緣覺、外道之行，諸佛世尊離諸一切心識之行，能笑大笑，為彼大衆斷於疑心，而問佛言：「如來何因、何緣、何事呵呵大笑？」

佛告聖者大慧菩薩：「善哉！善哉！善哉！大慧！復善哉！大慧！汝能觀察世間妄想分別之心邪見顛倒，汝實能知三世之事而問此事。如汝所問，智者之問亦復如是，為自利利他故。大慧！此楞伽王，曾問過去一切諸佛、應、正遍知如是二法，今復現在亦欲問我如是二法。此二法者，一切聲聞、緣覺、外道未*曾知此二法之相。大慧！此十頭羅剎亦問未來一切諸佛如此二法。」

爾時如來知而故問羅婆那王，而作是言：「楞伽王！汝欲問我，隨汝疑心今悉可問，我悉能答，斷汝疑心令得歡喜。楞伽王！汝斷虛妄分別之心，得地對治方便觀察如實智慧，能入內身如實之相三昧樂行三昧，佛即攝取汝身，善住奢摩他樂境界中，過諸聲聞、緣覺三昧不淨之垢。能住不動、善慧、法雲等地，善知如實無我之法，大寶蓮花王座上而坐，得無量三昧而受佛職。楞伽王！汝當不久自見己身，亦在如是蓮花王座上而坐，法爾住持無量蓮花王眷屬、無量菩薩眷屬，各各皆坐蓮花王座而自圍遶，迭相瞻視，各各不久皆得住彼不可思議境界。所謂起一行方便行住諸地中，能見不可思議境界，見如來地無量無邊種種法相，一切聲聞、緣覺、四天王、帝釋、梵王等所未曾見。」

爾時楞伽王聞佛世尊，聽已、問已，彼於無垢無量光明大寶蓮花衆寶莊嚴山上，無量天女而自圍遶，現於無量種種異花、種種異香、散香、塗香、寶幢、幡蓋、寶冠、瓔珞、莊嚴身具，復現世間未曾聞見種種勝妙莊嚴之具。復現無量種種樂器，過諸天、龍、夜叉、乾闥婆、阿修羅、迦樓羅、緊陀羅、摩睺羅伽、人非人等所有樂具。復隨三界欲界、色界、無色界，所有樂具皆悉化作。復隨十方諸佛國土，所有種種勝妙樂具皆悉化作，化作無量大寶羅網，遍覆一切諸佛、菩薩、大衆之上，復竪無量種種寶幢。

羅婆那王作如是等變化事已，身昇虛空，高七多羅樹，住虛空中，雨種種伎樂，雨種種花，雨種種香，雨種種衣，滿虛空中如澍大雨，以用供養佛及佛子。雨供養已從上而下，於虛空中即坐第二電光明大寶蓮花王種種寶山上。

爾時如來見其坐已，發於微笑，聽楞伽王問二種法。

時楞伽王白佛言：「世尊！此二種法我已曾問過去諸佛、應、正遍知，彼佛世尊已為我說。世尊！我今現在依名字章句亦問如來，如來畢竟應為我說。世尊！應化化佛說此二法非根本如來。世尊！根本如來修集三昧樂境界者，不說心識外諸境界。善哉！世尊！如來自身於一切法而得自在，惟願世尊、應、正遍知說此二法，一切佛子及我己身亦願欲聞。」

爾時世尊知而即告楞伽王言：「楞伽王！汝問此二法。」

爾時夜叉王更著種種金冠、瓔珞、金莊嚴具，而作是言：「如來常說：法尚應捨，何況非法！世尊！云何言二法捨？世尊！何者是法？何者非法？世尊！捨法云何有二，以墮分別相中，虛妄分別是有無法、無大、有大？世尊！阿梨耶識知名識相，所有體相如虛空中有毛輪住，不淨盡智所知境界。世尊！法若如是，云何而捨？」

佛告楞伽王：「楞伽王！汝不見瓶等無常敗壞之法，毛道凡夫分別境界差別之相？楞伽王！何故不如是取？有法、非法差別之相依毛道凡夫分別心有，非聖證智以為可見。楞伽王！且置瓶等種種相事，毛道凡夫心謂為有，非謂聖人以為有法。楞伽王！譬如一火炎燒宮殿、園林、草木，見種種火光明、色炎各各差別，依種種薪草木長短，分別見有勝負之相，此中何故不如是知有法、非法差別之相？楞伽王！非但火炎依一相續身中見有種種諸相差別。楞伽王！如一種子一相續生*芽、莖、枝、葉、華、果、樹林種種異相，如是內外所生諸法，無明及行、陰、界、入等一切諸法，三界所生皆有差別，現樂形相、言語、去來、勝智異相，一相境界而取於相，見下中上勝相，染淨、善不善相。楞伽王！非但種種法中見差別相，覺如實道者內證行中，亦有見於種種異相，何況法、非法無分別種種差別相！楞伽王！有法、非法種種差別相。

「楞伽王！何者為法？所謂一切外道、聲聞、緣覺、毛道凡夫分別之見，從因實物以為根本生種種法。如是等法應捨應離，莫取於相而生分別，見自心法計以為實。楞伽王！無瓶實法，而毛道凡夫虛妄分別。法本無相，如實知觀，名捨諸法。

「楞伽王！何等為非法？所謂無有身相，唯自心滅妄想分別，而諸凡夫見實法、非實法。菩薩如實見，如*實捨非法。復次，楞伽王！何者復為非法？所謂兔馬驢駝角、石女兒等無身無相，而毛道凡夫取以為無，為世間義說於名字，非取相如彼瓶等法可捨。智者不取如是虛妄分別，兔角等名字法亦是可捨，是故捨法及非法。楞伽王！汝今問我法及非法云何捨，我已說竟。

「楞伽王！汝言：我於過去應、正遍知已問此法，彼諸如來已為我說。楞伽王！汝言過去者即分別相，未來、現在分別亦爾。楞伽王！我說真如法體是如實者，亦是分別，如分別色為實際。為證實智樂，修行無相智慧，是故莫分別。如來為智身、智體，心中莫分別，意中莫取我、人、命等。云何不分別？意識中取種種境界如色形相，如是莫取、莫分別可分別。

「復次，楞伽王！譬如壁上畫種種相，一切眾生亦復如是。楞伽王！一切眾生猶如草木，無業、無行。楞伽王！一切法、非法無聞無說。楞伽王！一切世間法皆如幻，而諸外道凡夫不知。楞伽王！若能如是見、如實見者，名為正見。若異見者，名為邪見。若分別者，名為取二。楞伽王！譬如鏡中像自見像，譬如水中影自見影，如月燈光在屋室中影自見影，如空中響聲自出聲取以為聲；若如是取法與非法，皆是虛妄妄想分別。是故不知法及非法，增長虛妄不得寂滅。寂滅者名為一心，一心者名為如來藏。⊙如來藏者☆入自內身智慧境界，得無生法忍三昧。」

入楞伽經問答品第二

爾時聖者大慧菩薩與諸一切大慧菩薩，俱遊一切諸佛國土，承佛神力，從坐而起更整衣服，⊙右膝著地☆合掌恭敬以偈讚佛：

佛慧大悲觀，　世間離生滅，　猶如虛空花，　有無不可得。
佛慧大悲觀，　一切法如幻，　遠離心意識，　有無不可得。
佛慧大悲觀，　世間猶如夢，　遠離於斷常，　有無不可得。

佛慧大悲觀，　煩惱障智障，　二無我清淨，　有無不可得。
佛不入不滅，　涅槃亦不住，　離覺所覺法，　有無二俱離。
若如是觀佛，　寂靜離生滅，　彼人今後世，　離垢無染取。

爾時大慧菩薩摩訶薩如法偈讚佛已，自說姓名：

我名為大慧，　願通達大乘，　今以百八問，　仰諮無上尊。
最勝世間解，　聞彼大慧問，　觀察諸衆生，　告諸佛子言：
汝等諸佛子，　及大慧諮問，　我當為汝說，　自覺之境界。

爾時聖者大慧菩薩摩訶薩聞佛聽問，頂禮佛足合掌恭敬，以偈問曰：

云何淨諸覺？　何因而有覺？　何因見迷惑？　何因有迷惑？
何因有國土，　化相諸外道？　云何名佛子，　寂靜及次第？
解脫何所至？　誰縛何因脫？　禪者觀何法？　何因有三乘？
何因緣生法？　何因作所作？　何因俱異說？　何因無而現？
何因無色定，　及與滅盡定？　何因想滅定？　何因從定覺？

云何因果生？　何因身去住？　何因觀所見？　何因生諸地？
破三有者誰？　何身至何所？　云何處而住？　云何諸佛子？
何因得神通，　及自在三昧？　何因得定心？　最勝為我說。
何因為藏識？　何因意及識？　何因見諸法？　何因斷所見？
云何性非性？　云何心無法？　何因說法相？　云何名無我？
何因無衆生？　何因有世諦？　何因不見常？　何因不見斷？
云何佛外道，　二相不相違？　何因當來世，　種種諸異部？
云何名為空？　何因念不住？　何因有胎藏？　何因世不動？
云何如幻夢，　說如揵闥婆，　陽炎水中月？　世尊為我說。
云何說覺支？　何因菩提分？　何因國亂動？　何因作有見？
何因不生滅？　何因如空花？　何因覺世間？　何因無字說？
云何無分別？　何因如虛空？　真如有幾種？　何名心幾岸？
何因地次第，　真如無次第？　何因二無我？　何因境界淨？

幾種智幾戒？　何因眾生生？　誰作諸寶性，　金摩尼珠等？
誰生於語言，　眾生種種異？　五明處伎術，　誰能如是說？
伽陀有幾種？　云何長短句？　法復有幾種？　解義復有幾？
何因飲食種？　何因生愛欲？　云何名為王，　轉輪及小王？
何因護國土？　諸天有幾種？　何因而有地？　何因星日月？
解脫有幾種？　行者有幾種？　弟子有幾種？　阿闍梨幾種？
如來有幾種？　本生有幾種？　摩羅有幾種？　異學有幾種？
自性有幾種？　心復有幾種？　云何施假名？　世尊為我說。
何因有風雲？　何因有黠慧？　何因有樹林？　世尊為我說。
何因象馬鹿？　何因人捕取？　何因為矬陋？　世尊為我說。
何因為六時？　何因成闡提，　男女及不男？　為我說其生。
何因修行退？　何因修行進？　教何等人修？　令住何等法？
諸眾生去來，　何因何像類？　何因致財富？　世尊為我說。

云何為釋種？　何因有釋種？　何因甘蔗種？　何因長壽仙？
長壽仙何親？　云何彼教授？　世尊如虛空，　為我分別說。
何因佛世尊，　一切時剎現，　種種名色類，　佛子衆圍遶？
何因不食肉？　云何制斷肉？　食肉諸種類，　何因故食肉？
何因日月形，　須彌及蓮花，　師子形勝相？　國土為我說。
亂側覆世界，　如因陀羅網，　一切寶國土，　何因為我說。
如箜篌琵琶，　鼓種種花形，　離日月光土，　何因為我說。
何等為化佛？　何等為報佛？　何等如智佛？　何因為我說。
云何於欲界，　不成等正覺？　云何色究竟，　離欲中得道？
如來般涅槃，　何人持正法？　世尊住久如，　正法幾時住？
如來立幾法？　各見有幾種？　比尼及比丘？　世尊為我說。
何因百變易？　何因百寂靜，　聲聞辟支佛？　世尊為我說。
何因世間通？　何因出世通？　何因七地心？　世尊為我說。

一闡提四大，　荒亂及一佛？　智境界教得，　衆生有無有，
象馬諸禽獸，　云何如捕取？　譬如因相應，　力說法云何？
何因有因果？　*相迷惑如實，　但心無境界。　諸地無次第，
百變及無相，　醫方工巧論，　呪術諸明處，　何故而問我？
諸山須彌地，　其形量大小，　大海日月星，　云何而問我？
上中下衆生，　身各幾微塵？　肘步至十里，　四十及二十。
兔毫窓塵幾，　羊毛䵃麥塵，　一升幾䵃麥？　半升幾頭數？
一斛及十斛，　百萬及一億，　頻婆羅幾塵？　芥子幾微塵？
幾芥成草子？　幾草子成豆？　幾銖成一兩？　幾兩成一分？
如是次第數，　幾分成須彌？　佛子今何故，　不如是問我？
緣覺聲聞等，　諸佛及佛子，　身幾微塵成？　何故不問此？
火炎有幾塵？　風微塵有幾？　根根幾塵數？　毛孔眉幾塵？
何因則自在，　轉輪聖帝主？　何因王守護，　解脫廣略說？

色究竟成道？　云何而問我？　何因世間通？　何因為比丘？
云何化報佛？　何因而問我？　云何如智佛？　云何為衆僧？
箜篌鼓花刹，　云何離光明？　云何為心地？　佛子而問我？
此及餘衆生，　佛子所應問。　一一相相應，　遠離諸見過，
離諸外道法，　我說汝諦聽。　此上百八見，　如諸佛所說，
我今說少分，　佛子善諦聽！

「生見不生見，常見無常見，相見無相見，住異見非住異見，刹那見非刹那見，離自性見非離自性見，空見不空見，斷見非斷見，心見非心見，邊見非邊見，中見非中見，變見非變見，緣見非緣見，因見非因見，煩惱見非煩惱見，愛見非愛見，方便見非方便見，巧見非巧見，淨見非淨見，相應見非相應見，譬喻見非譬喻見，弟子見非弟子見，師見非師見，性見非性見，乘見非乘見，寂靜見非寂靜見，願見非願見，三輪見非三輪見，相見非相見，有無立見非有無立見，有二見無二見，緣內身聖見非緣內身聖見，現法樂見非現法樂見，國土見非國土見

，微塵見非微塵見，水見非水見，弓見非弓見，四大見非四大見，數見非數見，通見非通見，虛妄見非虛妄見，雲見非雲見，工巧見非工巧見，明處見非明處見，風見非風見，地見非地見，心見非心見，假名見非假名見，自性見非自性見，陰見非陰見，衆生見非衆生見，智見非智見，涅槃見非涅槃見，境界見非境界見，外道見非外道見，亂見非亂見，幻見非幻見，夢見非夢見，陽炎見非陽炎見，像見非像見，輪見非輪見，揵闥婆見非揵闥婆見，天見非天見，飲食見非飲食見，婬欲見非婬欲見，見非見見，波羅蜜見非波羅蜜見，戒見非戒見，日月星宿見非日月星宿見，諦見非諦見，果見非果見，滅見非滅見，起滅盡定見非起滅盡定見，治見非治見，相見非相見，支見非支見，巧明見非巧明見，禪見非禪見，迷見非迷見，現見非現見，護見非護見，族姓見非族姓見，仙人見非仙人見，王見非王見，捕取見非捕取見，實見非實見，記見非記見，一闡提見非一闡提見，男女見非男女見，味見非味見，作見非作見，身見非身見，覺見非覺見，動見非動見，根見非根見，有為見非有為見，因果見非因果見，色究竟見非色究竟見，時見非時見，樹林見非樹林見，種種見非種種見，說見非說見，比丘見非比丘見，比丘尼見非比丘尼見，住持見非住持見，字見非字見。

「大慧！此百八見，過去諸佛所說，汝及諸菩薩當如是學。」

入楞伽經卷第一

入楞伽經卷第二

元魏天竺三藏菩提留支譯

集一切佛法品第三之一

爾時聖者大慧菩薩復白佛言：「世尊！諸識有幾種生、住、滅？」

佛告聖者大慧菩薩言：「大慧！諸識生、住、滅，非思量者之所能知。大慧！諸識各有二種生、住、滅。大慧！諸識二種滅者：一者、相滅，二者、相續滅。大慧！諸識又二種住：一者、相住，二者、相續住。大慧！諸識有二種生：一者、相生，二者、相續生。

「大慧！識有三種。何等三種？一者、轉相識，二者、業相識，三者、智相識。大慧！有八種識，略說有二種。何等為二？一者、了別識，二者、分別事識。大慧！如明鏡中見諸色像。大慧！了別識亦如是見種種鏡像。大慧！了別識、分別事識，彼二種識無差別，相迭共為因。大慧！了別識不可思議熏變因。大慧！分別事識分別取境界，因無始來戲論熏習。大慧！阿梨耶識虛妄分別，種種熏滅諸根亦滅。大慧！是名相滅。

「大慧！相續滅者，相續因滅則相續滅，因滅、緣滅則相續滅。大慧！所謂依法，依緣。言依法者，謂無始戲論妄想熏習。言依緣者，謂自心識見境界分別。大慧！譬如泥團、微塵，非異、非不異；金莊嚴具亦復如是，非異、非不異。大慧！若泥團異者，非彼所成，而實彼成，是故不異。若不異者，泥團、微塵應無差別。大慧！如是轉識、阿梨耶識若異相者，不從阿梨耶識生。若不異者，轉識滅，阿梨耶識亦應滅，而自相阿梨耶識不滅。是故，大慧！諸識自相滅，自相滅者業相滅；若自相滅者，阿梨耶識應滅。大慧！若阿梨耶識滅者，此不異外道斷見戲論。大慧！彼諸外道作如是說，所謂離諸境界相續識滅，相續識滅已即滅第一義，說二見論。

「復次，大慧！汝今諦聽，我為汝說虛妄分別以為有物，為斷三種苦。何等為三？謂無知、愛業因緣滅、自心所見如幻境界。大慧！諸沙門、婆羅門作如是說：『本無始生，依因果而現。』復作是說：『實有物住依諸緣故，有陰界入生、住、滅，以生者滅故。』大慧！彼沙門、婆羅門說：『相續體本無始有，若生、若滅、若涅槃、若道、若業、若果、若諦。』破壞諸法，是斷滅論，非我所說。何以故？以現法不久當可得故，不見根本故。大慧！譬如瓶破不得瓶用。大慧！譬如燋種不生芽等。大慧！彼陰界入是滅。過去陰界入滅，現在、未來亦滅。何以故？因自心虛妄分別見故。大慧！無彼陰、界、入相續體故。大慧！若本無始生，依三法生種種識者，龜毛何故不生？沙不出油？汝之所立決定之義是即自壞，汝說有無、說生所成因果亦壞。大慧！若如是依三法因緣，應生諸法因果自相，過去、現在、未來有無諸相譬喻，及阿含自覺觀地，依自見薰心作如是說。大慧！愚癡凡夫亦復如是，惡見所害，邪見迷意，無智妄稱一切智說。

「大慧！若復有沙門、婆羅門，見諸法離自性故，如雲、火輪、揵闥婆城不生不滅故，如幻、陽炎、水中月故，如夢內外心依無始世來虛妄分別戲論而現故，離自心虛妄分別可見因緣故，離滅盡妄想說所說法故，離身資生持用法故，離阿梨耶識取境界相應故，入寂靜境界故，離生、住、滅法故，如是思惟觀察自心以為生故。大慧！如是菩薩不久當得世間、涅槃平等之心。

「大慧！汝巧方便、開發方便，觀察一切諸眾生界，皆悉如幻、如鏡中像故，無因緣起，遠離內境故，自心見外境界故，次第隨入無相處故，次第隨入從地至地三昧境界故，信三界自心幻故。大慧！如是修行者當得如幻三昧故，入自心寂靜境界故，到彼岸境界故，離作者生法故，得金剛三昧故，入如來身故，入如來化身故，入諸力通自在、大慈大悲莊嚴身故，入一切佛國土故，入一切眾生所樂故，離心、意、意識境界故，轉身得妙身故。大慧！諸菩薩摩訶薩如是修行者，必得如來無上妙身◎故。

「大慧！菩薩欲證如來身者，當遠離陰、界、入心因緣和合法故，遠離生、住、滅虛妄分別戲論故。諸法唯心，當如是知，見三界因無始世來虛妄分別戲論而有故，觀如來地寂靜不生故，進趣內身聖行故。大慧！汝當不久得心自在無功用行究竟故，如眾色隨摩尼寶化身入諸眾生微細心故，以入隨心地故，令諸眾生次第入地故。是故，大慧！諸菩薩摩訶薩應當善知諸菩薩修行自內法故。」

爾時聖者大慧菩薩摩訶薩復白佛言：「惟願世尊為諸菩薩摩訶薩說心、意、意識五法自體相應法門，諸佛、菩薩修行之處，遠離自心邪見境界和合故，能破一切言語譬喻體相故。一切諸佛所說法心，為楞伽城摩羅耶山大海中諸菩薩，說觀察阿梨耶識大海波境界，說法身如來所說法故。」

爾時佛告聖者大慧菩薩摩訶薩言：「大慧！有四因緣眼識生。何等為四？一者、不覺自內身取境界故，二者、無始世來虛妄分別色境界薰習執著戲論故，三者、識自性體如是故，四者、樂見種種色相故。大慧！是名四種因緣，於阿梨耶識海起大勇波，能生轉識。大慧！如眼識起識，一切諸根毛孔一時轉識生，如鏡中像多少一時，復有隨因緣次第生。大慧！猶如猛風吹境心海，而識波生不斷，因事相故，迭共不相離故，業體相使縛故，不覺色體故，而五識身轉故。

「大慧！不離彼五識因，了別識相名為意識，共彼因常轉故。大慧！五識及心識不作是念：『我迭共為因。』自心見虛妄分別，取諸境界，而彼各各不異，相俱現分別境界，如是彼識微細生滅。以入修行三昧者不覺不知微細熏習，而修行者作是*念：『我滅諸識入三昧。』而修行者不滅諸識入三昧。大慧！熏集種子心不滅，取外境界諸識滅。

「大慧！如是微細阿梨耶識行，⊙惟除佛如來及入地諸菩薩摩訶薩，諸餘聲聞、辟支佛、外道修行者不能知故，入三昧智力亦不能覺。以其不知諸地相故，以不知智慧、方便差別善決定故，以不能覺諸佛如來集諸善根故，以不能知自⊙心現境界分別戲論故，以不能入種種稠林阿梨耶識窟故。大慧！惟下中上如實修行者，乃能分別見自心中虛妄見故，能於無量國土為諸如來授位故，得無量自在力神通三昧故，依善知識佛子眷屬而能得見心、意、意識自心自體境界故，分別生死大海以業愛無智以為因有故。大慧！是故如實修行者，應推覓親近善知識故。」

爾時世尊而說偈言：

譬如巨海浪，斯由猛風起，洪波鼓冥壑，無有斷絕時。
梨耶識亦爾，境界風吹動，種種諸識浪，騰躍而轉生。
青赤鹽珂乳，味及於石蜜，衆華與果實，如日月光明。
非異非不異，海水起波浪，七識亦如是，心俱和合生。
譬如海水動，種種波浪轉，梨耶識亦爾，種種諸識生。
心意及意識，為諸相故說，諸識無別相，非見所見相。
譬如海水波，是則無差別，諸識心如是，異亦不可得。
心能集諸業，意能觀集境，識能了所識，五識現分別。

爾時聖者大慧菩薩摩訶薩以偈問佛：

青赤諸色像，自識如是見，水波相對法，何故如是說？

爾時世尊以偈答曰：

青赤諸雜色，波中悉皆無，說轉識心中，為凡夫相說。

彼業悉皆無，自心離可取，可取及能取，與彼波浪同。
身資生住持，衆生惟識見，是故現轉識，水波浪相似。
大海波浪動，鼓躍可分別，阿梨耶識轉，何故不覺知？
凡夫無智慧，梨耶識如海，波浪轉對法，是故譬喻說。

爾時聖者大慧菩薩摩訶薩復說偈言：

日出光等照，下中上衆生，如來出世間，為凡夫說實。
佛得究竟法，何故不說實？若說真實者，彼心無真實。
譬如海波浪，鏡中像及夢，俱時而得現，心境界亦然。
境界不具故，是故次第現，識者識所識，意者然不然。
吾則以現見，定中無如是，譬如巧畫師，及畫師弟子，
布綵圖衆像，我說法亦爾。綵色本無文，非筆亦非器，
為衆生說故，綺錯畫衆像。言說離真實，真實離名字，
我得真實處，如實內身知。離覺所覺相，解如實為說，

此為佛子說，　愚者異分別。　種種皆如幻，　唯見非真實，
如是種種說，　隨事實不實。　為此人故說，　於彼為非說，
彼彼諸病人，　良醫隨處藥；　如來為衆生，　唯心應器說。
妄想非境界，　聲聞亦非分，　諸如來世尊，　自覺境界說。

「復次，大慧！若菩薩摩訶薩欲知自心離虛妄分別、能取可取境界相者，當離憒鬧，離睡眠蓋，初夜、後夜常自覺悟修行方便，離諸外道一切戲論，離聲聞、緣覺乘相，當通達自心現見虛妄分別之相。

「復次，大慧！菩薩摩訶薩建立住持智慧心相者，於上聖智三相當勤修學。大慧！何等為上聖智三相？所謂無所有相，一切諸佛自願住持相，內身聖智自覺知相。修行此已，能捨跛驢智慧之相，得勝子第八地三相修行。大慧！何者無所有相？謂觀聲聞、緣覺、外道相。大慧！何者一切諸佛自願住持相？謂諸佛本自作願住持諸法。大慧！何者內身聖智自覺知相？一切法相無所執著，得如幻三昧身，諸佛地處進趣修行。大慧！是名上聖智三相。若成就此三相者，能到自覺聖

智境界。是故，大慧！諸菩薩摩訶薩求上聖智三相者，當如是學。」

爾時聖者大慧菩薩摩訶薩，知諸大菩薩眾心之所念，承佛如來住持之力，問於如來名聖智行分別法門體：「世尊！願為我說名聖智行分別法門體，依百八見分別說。」

如來、應、正遍知依此百八見，為諸菩薩摩訶薩，分別說自相同相、妄想分別體修行差別法：「大慧！諸菩薩善得此妄想分別自體法行差別，能清淨人無我、法無我，善解諸地，過諸聲聞、辟支佛禪定三摩跋提之樂，得諸佛如來不可思議境界修行故。得離五法自體相行，入諸佛法身體真實行故。得如來法身善決定處，如幻境界所成故。一切國土從兜率天、阿迦尼吒處，得如來法身故。」

佛告聖者大慧菩薩：「有一種外道邪見執著空無所有，妄想分別智因有二，自體無體，分別兔角無，如兔角無諸法亦無。大慧！復有餘外道，見四大功德實有物，見各各有差別相，實無兔角，虛妄執著，妄想分別實有牛角。大慧！彼諸外道墮於二見，不知唯心，妄想分別增長自心界。大慧！如身資生器世間等，惟是心分別。不得分別兔角，離於有、無。大慧！不得分別一切諸法，離於有、無。大慧！若有人離於有、無，作如是言：『無有有兔角分別，不得分別無有有兔角。』彼人見相待因，不得分別無兔角。何以故？大慧！乃至觀察微細微塵不見實事，離聖人智境界，不得分別有牛角。」

爾時聖者大慧菩薩摩訶薩白佛言：「世尊！世尊！愚癡凡夫不見分別相，而比智分別，彼人見無。」

佛告聖者大慧菩薩言：「大慧！非觀分別心彼人無相。何以故？因虛妄分別心，依角有分別心。大慧！依止虛妄角有分別心，是故依依止因離相待法，非見法彼無角。大慧！若離分別心更有分別，應離角有非因角有。大慧！若不離彼分別心，彼法乃至觀察微塵不見有實物。大慧！不離於心彼法應無，以彼二法有無不可得，若爾見何等法有？何等法無？大慧！若不如是見有無，不得分別有無。此義云何？見有牛角見無兔角，不得如是分別。大慧！以因不相似故，有無義不成，以諸外道、凡夫、聲聞說有無義，二俱不成故。

「大慧！復有餘外道見色有因，妄想執著形相長短，見虛空無形相分齊，見諸色相異於虛空，有其分齊。大慧！虛空即是色，以色大入虛空故。大慧！色即是虛空，依此法有彼法，依彼法有此法故。以依色分別虛空，依虛空分別色故。大慧！四大種生自相，各別不住虛空，而四大中非無虛空。大慧！兔角亦如是，因牛角有，言兔角無。大慧！又彼牛角*析為微塵，分別微塵相不可得見，彼何等何等法有，何等何等法無，而言有耶、無耶？若如是觀，餘法亦然。」

爾時佛告聖者大慧菩薩言：「大慧！汝當應離兔角、牛角、虛空、色異妄想見等。大慧！汝亦應為諸菩薩說離兔角等相。大慧！汝應當知自心所見虛妄分別之相。大慧！汝當於諸佛國土中，為諸佛子說汝自心現見一切虛妄境界。」

爾時世尊重說偈言：

色於心中無，　心依境見有，　內識衆生見，　身資生住處。

心意與意識，　自性及五法，　二種無我淨，　如來如是說。

長短有無等，　展轉互相生，　以無故成有，　以有故成無。

分別微塵體，　不起色妄想，　但心安住處，　惡見不能淨。
非妄智境界，　聲聞亦不知，　如來之所說，　自覺之境界。

爾時聖者大慧菩薩摩訶薩為淨自心現流，復請如來而作是言：「世尊！云何淨除自心現流，為次第淨？為一時耶？」

佛告聖者大慧菩薩摩訶薩言：「大慧！淨自心現流，次第漸淨，非為一時。大慧！譬如菴摩羅果，漸次成熟，非為一時。大慧！眾生清淨自心現流，亦復如是，漸次清淨，非為一時。譬如陶師造作諸器，漸次成就，非為一時。大慧！諸佛如來淨諸眾生自心現流，亦復如是，漸次而淨，非一時淨。大慧！譬如大地生諸樹林、藥草、萬物，漸次增長，非一時成。大慧！諸佛如來淨諸眾生自心現流，亦復如是，漸次而淨，非一時淨。大慧！譬如有人學諸音樂、歌舞、書畫種種伎術，漸次而解，非一時知。大慧！諸佛如來淨諸眾生自心現流，亦復如是，漸次而淨，非一時淨。

「大慧！譬如明鏡無分別心，一時俱現一切色像。如來世尊亦復如是，無有分別淨諸衆生自心現流，一時清淨，非漸次淨，令住寂靜無分別處。大慧！譬如日、月輪相光明，一時遍照一切色像，非為前後。大慧！如來世尊亦復如是，為令衆生離自心煩惱見薰習氣過患，一時示現不思議智最勝境界。大慧！譬如阿梨耶識，分別現境自身、資生器世間等，一時而知，非是前後。大慧！報佛如來亦復如是，一時成熟諸衆生界，置究竟天淨妙宮殿修行清淨之處。大慧！譬如法佛、報佛放諸光明，有應化佛照諸世間。大慧！內身聖行光明法體，照除世間有無邪見，亦復如是。

「復次，大慧！法佛、報佛說一切法自相同相故，因自心現見薰習相故，因虛妄分別戲論相縛故，如所說法無如是體故。大慧！譬如幻師幻作一切種種形像，諸愚癡人取以為實，而彼諸像實不可得。復次，大慧！虛妄法體依因緣法，執著有實，分別而生。大慧！如巧幻師依草木瓦石作種種事，依於呪術人工之力，成就一切衆生形色身分之相，名幻人像。衆生見幻種種形色，執著為人，而實無人。大慧！衆生雖見以為是人，無實人體。大慧！因緣法體隨心分別亦復如是，以見心相種種幻故。何以故？以執著虛妄相，因分別心熏習故。大慧！是名分別虛妄體相。大慧！是名報佛說法之相。大慧！法佛說法者，離心相應體故，內證聖行境界故。大慧！是名法佛說法之相。

「大慧！應化佛所作，應佛說施、戒、忍、精進、禪定、智慧故，陰、界、入解脫故，建立識想差別行故，說諸外道無色三摩跋提次第相。大慧！是名應佛所作應佛說法相。復次，大慧！法佛說法者，離攀緣故，離能觀、所觀故，離所作相、量相故。大慧！非諸凡夫、聲聞、緣覺、外道境界故，以諸外道執著虛妄我相故。是故，大慧！如是內身自覺修行勝相，當如是學。大慧！汝當應離見自心相以為非實。

「復次，大慧！聲聞乘有二種差別相，謂於內身證得聖相故，執著虛妄相分別有物故。大慧！何者聲聞內身證得聖相？謂無常、苦、空、無我境界故，真諦離欲寂滅故，陰、界、入故，自相、同相故，內外不滅相故，見如實法故；得心三昧，得心三昧已，得禪定解脫三昧道果三摩跋提不退解脫故；*未得☆不可思議薰習變易死故，內身證得聖樂行法住聲聞地故。大慧！是名聲聞內身證得聖相。大慧！菩薩摩訶薩入諸聲聞內證聖行三昧樂法，而不取寂滅空門樂，不取三摩跋提樂。以憐愍眾生故，起本願力行，是故雖知，不取為究竟。大慧！是名聲聞內身證聖修行樂相。大慧！菩薩摩訶薩應當修行內身證聖修行樂門，而不取著。

「大慧！何者是聲聞分別有物執著虛妄相？謂於四大堅、濕、熱、動相，青、黃、赤、白等相故，無作者而有生故，自相、同相故，斟量相應阿含先勝見善說故，依彼法虛妄執著以為實有。大慧！是名聲聞分別有物，執著虛妄相。大慧！菩薩摩訶薩於彼聲聞法應知而捨，捨已入法無我相，入法無我相已入人無我，觀察無我相已次第入諸地。大慧！是名聲聞分別有物執著虛妄相。大慧！所言聲聞乘有二種相者，我已說竟。」

爾時聖者大慧菩薩摩訶薩復白佛言：「世尊！世尊所說常不可思議法，內身證聖境界法第一*義法。世尊！外道亦說常不可思議因果，此義云何？」

佛告聖者大慧菩薩言：「大慧！諸外道說常不可思議因果不成。何以故？大慧！諸外道說常不可思議，非因自相相應故。大慧！諸外道說常不可思議，若因自相不相應者，此何等法？何等法了出？是故外道不得言常不可思議。復次，大慧！諸外道說常不可思議者，若因自相相應者，應成無常不可思議。以有因相故，是故不成常不可思議。大慧！我說常不可思議，第一義常不可思議，與第一義相因果相應，以離有無故，以內身證相故，以有彼相故，以第一義智因*相應故☆，以離有無故，以非所作故，與虛空涅槃寂滅譬喻相應故，是故常不可思議。是故，大慧！我說常不可思議，不同外道常不可思議論。大慧！此常不可思議，諸佛如來、應、正遍知實是常法，以諸佛聖智內身證得故，非心、意、意識境界故。大慧！是故菩薩摩訶薩應當修行常不可思議內身所證聖智行法。

「復次，大慧！諸外道常不可思議，無常法相因相應故，是故無常，非因相而得名故，是故常法不可思議。大慧！若諸外道常不可思議，見有無法而言常，以彼法比智知言有常。大慧！我亦如是，即因此法作有無見，無常應常。何以故？以無因⊙相故。復次，大慧！諸外道說若因相相應成常不可思議，以彼外道言因自相有無故者，同於兔角。大慧！此常不可思議，諸外道等但虛妄分別。何以故？以無兔角，但虛妄分別故，自因相無故。大慧！我常不可思議，惟內身證相因故，離作有無法故，是故常不可思議。以無外相故，常法相應故。大慧！諸外道等見無外相，比智知常不可思議以為常。彼外道等不知常不可思議，自因相、彼因相故，以內身聖智證境界相故。大慧！彼外道於我法不應為說。

「復次，大慧！諸聲聞、辟支佛畏生死妄想苦，而求涅槃，不知世間、涅槃無差別故，分別一切法與非法而滅諸根，不取未來境界，妄取以為涅槃，不知內身證修行法故，不知阿梨耶識轉故。大慧！是故彼愚癡人說有三乘法，而不能知唯心想寂滅得寂滅法。是故彼無智愚人，不知過去、未來、現在諸佛如來、應、正遍知自心見境界故，執著外心境界故。是故，大慧！彼愚癡人，於世間生死輪中常轉不住。

「復次，大慧！過去、未來、現在一切諸佛，皆說諸法不生。何以故？謂自心見有無法故，若離有無諸法不生故。是故，大慧！一切法不生。大慧！一切法如兔角、驢駝等角。大慧！愚癡凡夫妄想分別，分別諸法，是故一切諸法不生。大慧！一切諸法自體相不生，是內身證聖智境界故，非諸凡夫自體分別二境界故。大慧！是阿梨耶識，身資生器世間去來自體相故，見能取、可取轉故，諸凡夫墮於生、住、滅二相心故，分別諸法生有無故。大慧！汝應知如是法故。

「復次，大慧！我說五種乘性證法。何等為五？一者、聲聞乘性證法，二者、辟支佛乘性證法，三者、如來乘性證法，四者、不定乘性證法，五者、無性證法。

「大慧！何者聲聞乘性證法？謂說陰、界、入法故，說自相、同相證智法故，彼身毛孔熙怡欣悅，樂修相智，不修因緣不相離相故。大慧！是名聲聞乘性證法故。彼聲聞人邪見證智，離起麁煩惱，不離無明熏習煩惱，見己身證相，謂初地中乃至五地、六地離諸煩惱，同已所離故，熏習無明煩惱故，墮不可思議變易死故，而作是言：『我生已盡，梵行已立，所作已辦，不受後有。』如是等得入人無我，乃至生心以為得涅槃故。大慧！復有餘外道求證涅槃，而作是言：『覺知我、人、眾生、壽命、作者、受者、丈夫，以為涅槃。』大慧！復有餘外道，見一切諸法依因，而有生涅槃心故。大慧！彼諸外道無涅槃解脫，以不見法無我故。大慧！是名聲聞乘、外道性，於非離處而生離想。大慧！汝應轉此邪見，修行如實行故。

「大慧！何者辟支佛乘性證法？謂聞說緣覺證法，舉身毛豎悲泣流淚，不樂憒鬧故，觀察諸因緣法故，不著諸因緣法故。聞說自身種種神通，若離若合種種變化，其心隨入故。大慧！是名緣覺乘性證法，汝當應知隨順緣覺說。

「大慧！何者如來乘性證法？大慧！如來乘性證法有四種。何等為四？一者、證實法性，二者、離實法證性，三者、自身內證聖智性，四者、外諸國土勝妙莊嚴證法性。大慧！若聞說此一一法時，但阿梨耶心見外身所依資生器世間不可思議境界，不驚、不怖、不畏者，大慧！當知是證如來乘性人。大慧！是名如來乘性證法人相。

「大慧！何者不定乘性證法？大慧！若人聞說此三種法，於一一中有所樂者隨順為說。大慧！說三乘者為發起修行地故，說諸性差別非究竟地，為欲建立畢竟能取寂靜之地故。大慧！彼三種人離煩惱障熏習得清淨故，見法無我得三昧樂行故，聲聞、緣覺畢竟證得如來法身故。」

爾時世尊重說偈言：

逆流修無漏，　往來及不還，　應供阿羅漢，　是等心亂惑。
我說於三乘、　一乘及非乘，　諸聖如實解，　凡夫不能知。
第一義法門，　遠離於二教，　建立於三乘，　為住寂靜處。
諸禪及無量，　無色三摩提，　無想定滅盡，　亦皆心中無。

「大慧！何者無性乘？謂一闡提。大慧！一闡提者無涅槃性。何以故？於解脫中不生信心，不入涅槃。大慧！一闡提者有二種。何等為二？一者、焚燒一切善根；二者、憐愍一切眾生，作盡一切眾生界願。大慧！云何焚燒一切善根？謂謗菩薩藏，作如是言：『彼非隨順修多羅、毘尼、解脫說。』捨諸善根，是故不得涅槃。大慧！憐愍眾生，作盡眾生界願者，是為菩薩。大慧！菩薩方便作願：

『若諸眾生不入涅槃者，我亦不入涅槃。』是故菩薩摩訶薩不入涅槃。大慧！是名二種一闡提無涅槃性。以是義故，決定取一闡提行。」

大慧菩薩白佛言：「世尊！此二種一闡提，何等一闡提常不入涅槃？」

佛告大慧：「菩薩摩訶薩一闡提常不入涅槃。何以故？以能善知一切諸法本來涅槃，是故不入涅槃，非捨一切善根闡提。何以故？大慧！彼捨一切善根闡提，若值諸佛善知識等，發菩提心生諸善根，便證涅槃。何以故？大慧！諸佛如來不捨一切諸眾生故。是故，大慧！菩薩一闡提常不入涅槃。」

入楞伽經卷第二

入楞伽經卷第三

元魏天竺三藏菩提留支譯

集一切佛法品第三之二

「復次，大慧！菩薩摩訶薩當善知三法自體相。大慧！何等三法自體相？一者、虛妄分別名字相，二者、因緣法體自相相，三者、第一義諦法體相。大慧！何者虛妄分別名字相？謂從名字虛妄分別一切法相，是名虛妄分別名字之相。大慧！何者因緣法體自相相？大慧！因緣法體自相相者，從境界事生故。大慧！因緣法體境界事相，諸佛如來、應、正遍知說虛妄分別差別有二種。何等二種？一者、妄執名字戲論分別，二者、妄執名字相、分別境界相、事相。大慧！何者妄執名字相、境界相、事相？謂即彼內外法自相、同相。大慧！是名因緣法體二種自相相，以依彼法觀彼法生故。大慧！是名因緣法體自相相。大慧！何者第一義諦法體相？謂諸佛如來離名字相、境界相、事相相，聖智修行境界行處。大慧！是名第一義諦相諸佛如來藏心。」

爾時世尊重說偈言：

名相分別事，　及法有二相，　真如正妙智，　是第一義相。

「大慧！是名觀察五法自相法門，諸佛、菩薩修行內證境界之相，汝及諸菩薩應如是學。

「復次，大慧！菩薩摩訶薩應當善觀二無我相。大慧！何等二種？一者、人無我智，二者、法無我智。

「云何人無我智？謂離我、我所，陰、界、入聚故，無智業愛生故，依眼色等虛妄執著故，自心現見一切諸根、器、身、屋宅故，自心分別分別故，分別分別識故，如河流、種子、燈焰、風雲念念展轉前後差別輕躁動轉，如猨、猴、蠅等愛樂不淨境界處故，無厭足如火故，因無始來戲論境界熏習故，猶如轆轤、車輪、機關，於三界中生種種色、種種身，如幻起尸。大慧！如是觀諸法相巧方便智，是名善知人無我智境界之相。

「大慧！何者法無我智？謂如實分別陰、界、入相。大慧！菩薩觀察陰、界、入等無我、我所，陰、界、入聚因業愛繩迭共相縛，因緣生故無我、無作者。大慧！陰、界、入等，離同相、異相故，依不實相分別得名，愚癡凡夫妄*想分別以為有故，非證實者見以為有。大慧！菩薩如是觀察心、意、意識、五法體相一切離故，諸因緣無，是名善知諸法無我智境界相。大慧！菩薩善知諸法無我已，觀察真如修寂靜行，不久當得初歡喜地。善能觀察歡喜地已，如是諸地次第轉明，乃至得證法雲之地。菩薩住彼法雲地已，無量諸寶間錯莊嚴大蓮華王座、大寶宮殿，如實業幻境界所生而坐其上。一切同行諸佛子等恭敬圍遶，十方諸佛申手灌頂，授於佛位，如轉輪王灌太子頂，過佛子地。過佛子地已，觀諸佛法，如實修行，於諸法中而得自在。得自在已，名得如來無上法身，以見法無我故。大慧！是名如實法無我相。大慧！汝及諸菩薩應如是學。」

爾時聖者大慧菩薩復白佛言：「世尊！世尊有無謗相，願為我說。世尊！我及諸菩薩摩訶薩若聞得離有無邪見，速得阿耨多羅三藐三菩提。得阿耨多羅三藐三菩提已，遠離斷常邪見建立，便能建立諸佛正法。」

爾時世尊復受聖者大慧菩薩摩訶薩請已，而說偈言：

心中無斷常，身資生住處，惟心愚無智，無物而見有。

爾時世尊於此偈義復重宣說，告聖者大慧菩薩言：「大慧！有四種建立謗相。何等為四？一者、建立非有相，二者、建立非正見相，三者、建立非有因相，四者、建立非有體相。大慧！是名四種建立。大慧！何者是謗相？大慧！觀察邪見所建立法，不見實相，即謗諸法言一切無。大慧！是名建立謗相。

「復次，大慧！何者建立非有相？謂分別陰、界、入非有法，無始來戲論非有實故，而執著同相、異相，此法如是如是畢竟不異。大慧！依此無量世來煩惱薰習執著而起。大慧！是名建立非有相。大慧！何者建立非正見相？大慧！彼陰、界、入中，無我、人、衆生、壽者、作者、受者，而建立邪見，謂有我等故。大慧！是名建立非正見相。大慧！何者建立非有因相？謂初識不從因生，本不生後時生。如幻本無，因物而有，因眼色明念故識生，生已還滅。大慧！是名建立非有因相。大慧！何者建立非有體謗法相？謂虛空、滅、涅槃，無作、無物，建立執著。大慧！彼三法離有無故。大慧！一切諸法如兔馬驢駝角、毛輪等故，離有無建立相故。大慧！建立謗相者，諸凡夫虛妄分別故，不知但是心，見諸法是有，非聖人所見故。大慧！是名建立非有體謗法相。大慧！汝當遠離不正見建立謗法相故。

「復次，大慧！諸菩薩摩訶薩如實知心、意、意識、五法體相、二種無我，為安隱衆生現種種類像，如彼虛妄無所分別，依因緣法而有種種。大慧！菩薩摩訶薩亦復如是，依衆生現種種色，如如意寶，隨諸一切衆生心念，於諸佛土大衆中現，如幻、如夢、如響、如水中月、鏡中像故，遠離諸法，不生、不滅、非常、非斷故，現佛如來，離諸聲聞、緣覺乘故。聞諸佛法，即得無量百千萬億諸深三昧。得三昧已，依三昧力從一佛土至一佛土，供養諸佛，示現生於諸宮殿中，讚歎三寶。現作佛身，菩薩、聲聞大衆圍遶，令諸一切衆生得入自心見境，為說外境無物、有物，令得遠離建立有無法故。」

爾時世尊重說偈言：

佛子見世間，　惟心無諸法，　種類非身作，　得力自在成。

爾時聖者大慧菩薩復請佛言：「惟願世尊為我等說一切法空、無生、無二、離自體相，我及一切諸菩薩衆知諸法空、無生、無二、離自體相已，離有無妄想，速得阿耨多羅三藐三菩提。」

爾時佛告聖者大慧菩薩摩訶薩言：「善哉！善哉！善哉！大慧！諦聽！諦聽！我當為汝廣分別說。」

大慧白佛言：「善哉！世尊！唯然受教。」

佛告大慧言：「大慧！空者即是妄想法體句。大慧！依執著妄想法體，說空、無生、無體相、不二。大慧！空有七種。何等為七？一者、相空，二者、一切法有物、無物空，三者、行空，四者、不行空，五者、一切法無言空，六者、第一義聖智大空，七者、彼彼空。

「大慧！何者是相空？謂一切法自相、同相空，見迭共積聚。大慧！觀察一一法自相、同相，無一法可得，離自相、他相二相，無相可住可見，是故名為自相空。大慧！何者一切法有物、無物空？謂自體相實有法生。大慧！諸法自體相有、無俱空，是故名為自體相有物、無物空。大慧！何者是行空？謂諸陰等離我、我所，依因作業而得有生。大慧！是故名為行空。大慧！何者不行空？謂陰法中涅槃未曾行。大慧！是名不行空。大慧！何者一切法無言空？謂妄想分別一切諸法無言可說。大慧！是名一切法無言空。大慧！何者第一義聖智大空？謂自身內證聖智法空，離諸邪見熏習之過。大慧！是名第一義聖智大空。大慧！何者彼彼空？謂何等何等法處，彼法無此法有，彼法有此法無，是故言空。大慧！我昔曾為鹿母說殿堂空者，無象、馬、牛、羊等名為空，有諸比丘等名為不空。而殿堂殿堂體無，比丘比丘體亦不可得，而彼象、馬、牛、羊等非餘處無。大慧！如

爾時世尊重說偈言：

我常說空法，　遠離於斷常，　生死如幻夢，　而彼業不失。

虛空及涅槃，　滅二亦如是，　凡夫分別生，　聖人離有無。

爾時佛告聖者大慧菩薩摩訶薩言：「大慧！一切法空、不生、無體、不二相，入於諸佛如來所說修多羅中，凡諸法門皆說此義。大慧！一切修多羅，隨諸一切眾生心故分別顯示。大慧！譬如陽焰迷惑禽獸，虛妄執著生於水想，而陽焰中實無有水。大慧！一切修多羅說法亦復如是，為諸凡夫自心分別令得歡喜，非如實聖智在於言說。大慧！汝應隨順於義，莫著所說名字章句。」

爾時聖者大慧菩薩摩訶薩白佛言：「世尊！世尊如修多羅說：如來藏自性清淨，具三十二相，在於一切眾生身中，為貪、瞋、癡不實垢染，陰、界、入衣之所纏裹，如無價寶垢衣所纏，如來世尊復說常恒清涼不變。世尊！若爾，外道亦說我有神我，常在不變。如來亦說如來藏常，乃至不變。世尊！外道亦說有常作者，不依諸緣自然而有，周遍不滅。若如是者，如來、外道說無差別。」

佛告聖者大慧菩薩言：「大慧！我說如來藏常，不同外道所有神我。大慧！我說如來藏空、實際、涅槃、不生、不滅、無相、無願等文辭章句，說名如來藏。大慧！如來、應、正遍知，為諸一切愚癡凡夫聞說無我生於驚怖，是故我說有如來藏。而如來藏無所分別，寂靜無相，說名如來藏。大慧！未來、現在諸菩薩等，不應執著有我之相。大慧！譬如陶師依於泥聚、微塵、輪繩、人功、手木、方便力故，作種種器。大慧！如來世尊亦復如是，彼法無我，離諸一切分別之相，智慧巧便說名如來藏，或說無我，或說實際及涅槃等，種種名字章句示現，如彼陶師作種種器。是故，大慧！我說如來藏，不同外道說有我相。大慧！我說如來藏者，為諸外道執著於我，攝取彼故說如來藏，令彼外道離於神我妄想見心執著之處，入三解脫門，速得阿耨多羅三藐三菩提。大慧！以是義故，諸佛如來、應、正遍知說如來藏。是故我說有如來藏，不同外道執著神我。是故，大慧！為離一切外道邪見，諸佛如來作如是說，汝當修學如來無我相法。」

爾時世尊重說偈言：

人我及於陰，　眾緣與微塵，　自性自在作，　唯心妄分別。

爾時聖者大慧菩薩觀察未來一切眾生，復請佛言：「唯願世尊為諸菩薩說如實修行法，彼諸菩薩聞說如實修行之法，便得成就如實修行者。」

佛告聖者大慧菩薩摩訶薩言：「大慧！有四種法得名為大如實修行者。何等為四？一者、善知自心現見故，二者、遠離生、住、滅故，三者、善解外法有無故，四者、樂修內身證智故。大慧！菩薩成就如是四法，得成就大如實修行者。大慧！何者？菩薩摩訶薩觀察三界但是一心作故，離我、我所故，無動無覺故，離取捨故，從無始來虛妄執著三界薰習戲論心故，種種色行常繫縛故，身及資生器世間中六道虛妄現故。大慧！是名諸菩薩摩訶薩善知自心現見相。

「大慧！云何一切菩薩摩訶薩見遠離生、住、滅法？謂觀諸法如幻如夢故，一切諸法自他二種無故不生，以隨自心現知見故，以無外法故。諸識不起，觀諸因緣無積聚故，見諸三界因緣有故。不見內外一切諸法，無實體故，遠離生諸法不正見故，入一切法如幻相故。菩薩爾時名得初地無生法忍，遠離心、意、意識、五法體相故，得二無我如意意身，乃至得第八不動地如意意身故。」

大慧菩薩白佛言：「世尊！何故名為如意意身？」

佛告大慧：「隨意速去，如念即至，無有障礙，名如意身。大慧！言如意者，於石壁山障無量百千萬億由旬，念本所見種種境界，自心中縛不能障礙，自在而去。大慧！如意身者亦復如是，得如幻三昧自在神力莊嚴其身，進趣一切聖智種類，身無障礙隨意而去，以念本願力境界故，為化一切諸衆生故。大慧！是名菩薩摩訶薩遠離生、住、滅相。

「大慧！云何菩薩摩訶薩善解外法有無之相？所謂菩薩見一切法，如陽焰、如夢、如毛輪故，因無始來執著種種戲論分別妄想薰習故，見一切法無體相，求證聖智境界修行故。大慧！是名菩薩善解外法有無之相，即成就大如實修行者。大慧！汝應如是修學。」

爾時聖者大慧菩薩復請佛言：「世尊！唯願世尊說一切法因緣之相，我及一切諸菩薩等善知諸法因緣之相，離於有無不正見等，妄想分別諸法次第一時生過。」

佛告大慧菩薩言：「大慧！一切諸法有於二種因緣集相，所謂內、外。大慧！外法因緣集相者，所謂泥團、*輪柱、輪繩、人功方便緣故，則有瓶生。大慧！如泥團等因緣生瓶，如是縷疊、草席、種*芽、湩等人功生酪，生酪已生酥，生酥已得醍醐。大慧！是名外法因緣集相，從下上上應知。大慧！何者內法因緣集相？大慧！所謂無明、業、愛，如是等法名內因緣集相。大慧！因無明等、陰界入等，而得名為因緣集相，而諸凡夫虛妄分別各見別相。

「大慧！因有六種。何等為六？一者、當因，二者、相續因，三者、相因，四者、作因，五者、了因，六者、相待因。大慧！當因者，作因已能生內外法。大慧！相續因者，能攀緣內外法陰種子等。大慧！相因者，能生相續次第作事而不斷絕。大慧！作因者，能作增上因，如轉輪王。大慧！了因者，妄想事生已能顯示，如燈照色等。大慧！相待因者，於滅時不見虛妄生法，相續事斷絕故。大慧！如是諸法，凡夫自心虛妄分別。大慧！是諸法非次第生，非一時生。何以故？大慧！若一切法一時生者，因果不可差別，以不見因果身相故。若次第生者，未得身相不得言次第生，如未有子不能言父。

「大慧！愚癡凡夫自心觀察，次第相續不相應故，作如是言：因緣、次第緣、所緣緣、增上緣等能生諸法。大慧！如是次第諸法不生。大慧！虛妄分別取法體相，一時次第俱亦不生。復次，大慧！自心中見身及資生故。大慧！自相、同相外法無法，是故次第一時不生。大慧！但虛妄識生自心見故。大慧！汝當應離不正見因緣生事次第一時生法。」

爾時世尊重說偈言：

因緣無不生，　不生故不滅，　生滅因緣虛，　非生亦非滅。
為遮諸因緣，　愚人虛妄取，　有無緣不生，　故諸法不起。
以於三界中，　熏習迷惑心，　因緣本自無，　不生亦不滅。
見諸有為法，　石女虛空花，　轉可取能取，　不生惑妄見。
現本皆不生，　緣本亦不有，　如是等諸法，　自體是空無，
亦無有住處，　為世間說有。

爾時聖者大慧菩薩復白佛言：「世尊！惟願世尊為我說名分別言語相心法門，我及一切諸菩薩等若得善知名分別言語相心法門，則能通達言說及義二種之法，速得阿耨多羅三藐三菩提。得菩提已，言說及義，能令一切諸眾生等得清淨解。」

佛告聖者大慧菩薩言：「善哉！大慧！諦聽！諦聽！當為汝說。」

大慧菩薩言：「善哉！世尊！唯然受教。」

佛告大慧菩薩言：「大慧！有四種妄*想言*說。何等為四？一者、相言說，二者、夢言說，三者、妄執言說，四者、無始言說。大慧！相言說者，所謂執著色等諸相而生。大慧！夢言說者，念本受用虛妄境界，依境界夢覺已，知依虛妄境界不實而生。大慧！執著言說者，念本所聞、所作業生。大慧！無始言說者，從無始來執著戲論煩惱種子熏習而生。大慧！我言四種言說虛妄執著者，我已說竟。」

爾時聖者大慧菩薩復以此義勸請如來，而白佛言：「世尊！惟願為我重說四種虛妄執著言語之相，眾生言語何處出？云何出？何因出？」

佛告大慧菩薩言：「大慧！從頭胸、喉鼻、脣舌、牙齒轉故，和合出聲。」

大慧菩薩白佛言：「世尊！口中言語、虛妄法相，為異為不異？」

佛告大慧言：「大慧！言語、虛妄者，非異非不異。何以故？大慧！因彼虛妄法相生言語故。大慧！若言語異者，應無因生。大慧！若不異者，言說不能了前境界。大慧！說彼言語能了前境，是故非異非不異。」

大慧復白佛言：「世尊！為言語即第一義？為言語所說為第一義？」

佛告大慧：「非言語即第一義。何以故？大慧！為令第一義隨順言語入聖境界故，有言語說第一義，非言語即第一義。大慧！第一義者聖智內證，非言語法是智境界，以言語能了彼境界。大慧！說第一義言語者，是生滅法念念不住，因緣和合有言語生。大慧！因緣和合者，彼不能了第一義。何以故？以無自相、他相故。是故，大慧！言語不能了第一義。復次，大慧！隨順自心見外諸法無法分別，是故不能了知第一義。是故，大慧！汝當應離種種言語妄分別相。」

爾時世尊重說偈言：

諸法本虛妄，　無有自體實，　是故諸言語，　不能說有無。
空及與不空，　凡夫不能知；　諸法無體相，　說衆生亦爾。
分別有無法，　猶如化夢等，　觀察一切法，　不住於涅槃，
亦不住世間。　如王長者等，　為令諸子喜，　泥作諸禽獸，
先與虛偽物，　後乃授實事。　我說種種法，　自法鏡像等，
為諸佛子喜，　後說明實際。

爾時聖者大慧菩薩復白佛言：「世尊！唯願世尊為諸菩薩及我身說離有無、一異、俱不俱、有無、非有非無、常無常，一切外道所不能行，聖智自證覺所行故，離於自相、同相法故，入第一義實法性故，諸地次第上上清淨故，入如來地相故，依本願力，如如意寶無量境界修行之相自然行故，於一切法自心現見差別相故。我及一切諸菩薩等，離於如是妄想分別同相、異相，速得阿耨多羅三藐三菩提。得菩提已，與一切衆生安隱樂具，悉令滿足故。」

佛告大慧：「善哉！善哉！善哉！大慧！汝為哀愍一切天、人，多所安樂多

所饒益，乃能問我如是之義。善哉！善哉！善哉！大慧！諦聽！諦聽！我當為汝分別解說。」

大慧白佛言：「善哉！世尊！唯然受教。」

佛告大慧：「愚癡凡夫不能覺知惟自心見，執著外諸種種法相以為實有，是故虛妄分別一異、俱不俱、有無、非有非無、常無常，因自心熏習依虛妄分別心故。大慧！譬如群獸為渴所逼，依熱陽焰，自心迷亂而作水想，東西馳走不知非水。大慧！如是凡夫愚癡心見生、住、滅法不善分別，因無始來虛妄執著戲論熏習，貪、瞋、癡熱迷心逼惱，樂求種種諸色境界，是故凡夫墮於一異、俱不俱、有無、非有非無、常無常等。大慧！譬如凡夫見揵闥婆城，生實城想，因無始來虛妄分別城想種子熏習而見。大慧！彼城非城非不城。大慧！一切外道亦復如是，因無始來戲論熏習，執著一異、俱不俱、有無、非有非無、常無常法故。大慧！以不覺知唯是自心虛妄見故。大慧！譬如有人於睡夢中，見諸男女、象馬車步、城邑聚落、牛與水牛、園林樹木、種種山河、泉流浴池、宮殿樓閣種種莊嚴廣大嚴博，見身在中，忽然即覺，覺已憶念彼廣大城。大慧！於意云何？彼人名為是聖者不？」

大慧白佛言：「不也！世尊！」

佛告大慧：「一切愚癡凡夫、外道、邪見、諸見亦復如是，不能覺知諸法，夢睡自心見故，執著一異、俱不俱、有無、非有非無、常無常見故。大慧！譬如畫像不高不下。大慧！愚癡凡夫妄見諸法有高有下。大慧！於未來世依諸外道邪見心熏習，增長虛妄分別一異、俱不俱、有無、非有非無、常無常等。大慧！而彼外道自壞壞他，說如是言：『諸法不生不滅有無寂靜。』彼人名為不正見者。大慧！彼諸外道謗因果法，因邪見故拔諸一切善根白法清淨之因。大慧！欲求勝法者，當遠離說如是法人，彼人心著自他二見，執虛妄法墮於誹謗，建立邪心入於惡道。大慧！譬如目瞖見虛空中有於毛輪，為他說言：『如是如是青、黃、赤、白，汝何不觀？』大慧！而彼毛輪本自無體。何以故？有見不見故。大慧！諸外道等依邪見心虛妄分別亦復如是，虛妄執著一異、俱不俱、有無、非有非無、常無常生諸法故。大慧！譬如天雨生於水泡似頗梨珠，愚癡凡夫妄見執著生於珠想，東西走逐。大慧！而彼水泡非寶珠，非不寶珠。何以故？有取不取故。大慧！彼諸外道因虛妄心分別熏習亦復如是，說非有法依因緣生，復有說言實有法滅。

「復次，大慧！彼諸外道建立三種量、五分論，而作是言：『實有聖者內證之法，離二自體，虛妄分別故。』大慧！離心、意、意識，轉身便得聖種類身，修行諸行無如是心，離自心見能取、可取虛妄境界故，入如來地，自身進趣證聖智故，如實修行者不生有無心故。大慧！如實修行⊙者必得如是境界故。大慧！若取有無法者，即為我相、人相、眾生相、壽者相故。大慧！說有無法自相、同相，是名應化佛說，非法佛說。復次，大慧！應化如來說如是法，隨順愚癡凡夫見心，令其修行。非為建立如實修行，示現自身內證聖智三昧樂行故。

「大慧！譬如人見水中樹影。大慧！彼非影非不影。何以故？有樹則有，無樹則無故。大慧！彼諸外道依邪見心妄想熏習亦復如是，分別一異、俱不俱、有無、非有非無、常無常，妄想分別故。何以故？以不覺知唯自心見故。大慧！譬如明鏡隨緣得見一切色像，無分別心。大慧！彼非像非不像。何以故？有緣得見，無緣不見故。大慧！愚癡凡夫自心分別，見像有無。大慧！一切外道自心妄想分別鏡像亦復如是，見一異、俱不俱故。大慧！譬如諸響，因人、山、河、水、風、空、屋和合而聞，彼所聞響非有非無。何以故？因聲聞聲故。大慧！一切外道自心虛妄分別熏習，見一異、俱不俱、有無、非有非無、常無常故。

「大慧！譬如大地無諸草木園林之處，因於日光塵土和合，見水波動，而彼水波非有非無。何以故？令眾生歡喜不歡喜故。大慧！一切外道愚癡凡夫亦復如是，因無始來煩惱心熏習戲論，分別生住滅、一異、俱不俱、有無、非有非無、常無常，聖人內身證智門中，示現陽焰渴愛事故。大慧！譬如有人依呪術力起於死尸，機關木人無眾生體，依毘舍闍力、依巧師力作去來事，而諸愚癡凡夫執著以為實有，以去來故。大慧！愚癡凡夫、諸外道等墮邪見心亦復如是，執著虛妄一異、俱不俱、有無、非有非無、常無常故，是故凡夫外道虛妄建立如是法故。是故，大慧！汝當遠離生住滅、一異、俱不俱、有無、非有非無、常無常故，自身內證聖智分別故。」

爾時世尊重說偈言：

五陰及於識，如水中樹影，如幻夢所見，莫依意識取。
諸法如毛輪，如焰水迷惑。觀察於三界，一切如幻夢，
若能如是觀，修行得解脫。如夏獸愛水，搖動迷惑心，
彼處無水事，妄想見為水。如意識種子，境界動生見，
愚癡取為實；彼法生如翳，無始世愚癡，取物如懷抱。
如因榍出榍，誑凡夫入法，幻起尸機關，夢電雲恒爾，
觀世間如是，斷有得解脫。陽焰虛空中，無有諸識知，
觀諸法如是，不著一切法。諸識唯有名，以諸相空無，
見陰如毛輪，何法中分別？畫及諸毛輪，幻夢犍闥婆，
火輪禽趣水，實無而見有。常無常及一，二俱及不俱，
依無始因縛，凡夫迷惑心。鏡寶水眼中，現諸種種像，

妄見種種色，　如夢石女兒；　一切法無實，　如獸愛空水。

「復次，大慧！諸佛如來說法離四種見，謂離一異、俱不俱故，遠離建立有無故。大慧！一切諸佛如來說法，依實際因緣寂滅解脫故。大慧！一切諸佛如來說法依究竟境界，非因自性、自在天、無因、微塵、時，不依如是說法。

「復次，大慧！諸佛說法離二種障，煩惱障、智障。如大商主將諸人衆，次第置於至未曾見究竟安隱寂靜之處。次第安置，令善解知乘地差別相故。

「復次，大慧！有四種禪。何等為四？一者、愚癡凡夫所行禪，二者、觀察義禪，三者、念真如禪，四者、諸佛如來禪。大慧！何者愚癡凡夫所行禪？謂聲聞、緣覺、外道修行者，觀人無我自相、同相骨鎖故，無常、苦、無我、不淨，執著諸相，如是如是決定畢竟不異故，如是次第，因前觀次第上上乃至非想滅盡定解脫，是名愚癡凡夫、外道、聲聞等禪。大慧！何者觀察義禪？謂觀人無我自相、同相故，見愚癡凡夫外道自相、同相、自他相無實故，觀法無我諸地行相義次第故。大慧！是名觀察義禪。大慧！何者觀真如禪？謂觀察虛妄分別因緣，如實知二種無我，如實分別一切諸法無實體相，爾時不住分別心中，得寂靜境界。大慧！是名觀真如禪。大慧！何者觀察如來禪？謂如實入如來地故，入內身聖智相三空三種樂行故，能成辦眾生所作不可思議。大慧！是名觀察如來禪。」

爾時世尊重說偈言：

凡夫等行禪，　觀察義相禪，　觀念真如禪，　究竟佛淨禪，
譬如日月形，　鉢頭摩海相，　虛空火盡相，　行者如是觀。
如是種種相，　墮於外道法，　亦墮於聲聞，　辟支佛等行。
捨離於一切，　則是無所有。　時十方剎土，　諸佛真如手，
摩彼行者頂，　入真如無相。

爾時聖者大慧菩薩摩訶薩白佛言：「世尊言涅槃，涅槃者，說何等法名為涅槃？」

佛告聖者大慧菩薩言：「大慧！言涅槃者，轉滅諸識法體相故，轉諸見熏習故，轉心意阿梨耶識法相熏習，名為涅槃。大慧！我及諸佛說如是涅槃法體境界

空事故。復次，大慧！言涅槃者，謂內身聖智修行境界故，離虛妄分別有無法故。大慧！云何非常？謂離自相、同相分別法故，是故非常。大慧！云何非斷？謂過去、未來、現在一切聖人內身證得故，是故非斷。大慧！般涅槃者非死非滅。大慧！若般涅槃是死法者，應有生縛故。大慧！若般涅槃是滅法者，應墮有為法故。是故，大慧！般涅槃者非死非滅，如實修行者之所歸依故。復次，大慧！言涅槃者，非可取、非可捨，非此處、非彼處，非斷、非常，非一義、非種種義，是故名為涅槃。復次，大慧！聲聞涅槃者，觀察自相、同相覺諸法故，名聲聞涅槃。大慧！辟支佛涅槃者，不樂憒鬧，見諸境界無常、無樂、無我、無淨，不生顛倒相。是故，聲聞、辟支佛非究竟處生涅槃想故。

「復次，大慧！我為汝說二法體相。何等為二？一者、執著言說體相，二者、執著世事體相。大慧！何者執著言說體相？謂無始來執著言說戲論熏習生故。大慧！何者執著世事體相？謂不如實知唯是自心見外境界故。

「復次，大慧！諸菩薩摩訶薩依二種願力住持故，頂禮諸佛如來、應、正遍知，問所疑事。大慧！何等二種願力住持？一者、依三昧三摩跋提住持力；二者、遍身得樂，謂佛如來手摩其頂受位住持力。大慧！諸菩薩摩訶薩住初地中，承諸如來住持力故，名入菩薩大乘光明三昧。大慧！諸菩薩摩訶薩入大乘光明三昧已，爾時十方諸佛如來、應、正遍知與諸菩薩住持力故，現身、口、意。大慧！如金剛藏菩薩摩訶薩，及餘成就如是功德相菩薩摩訶薩。大慧！如是諸菩薩摩訶薩，住初地中三昧三摩跋提力住持故，以百千萬億劫修集善根力故，次第如實知地對治法相成就。菩薩摩訶薩至法雲地，住大寶蓮華王宮殿師子座上坐；同類菩薩摩訶薩眷屬圍繞，寶冠瓔珞莊嚴其身，如閻浮檀金、瞻蔔、日月光明，勝蓮花色。爾時十方一切諸佛各申其手，遙摩蓮花王座上菩薩摩訶薩頂，如得自在王、帝釋王、轉輪王灌太子頂授位故。大慧！彼授位菩薩及眷屬菩薩摩訶薩，依如來手摩頂故得遍身樂，是故言手摩菩薩頂住持力。大慧！是名諸菩薩摩訶薩二種住持力。

「大慧！諸菩薩摩訶薩依此二種住持力故，能觀察一切諸如來身。大慧！若無二種住持力者，則不得見諸佛如來。大慧！若諸菩薩摩訶薩離二種住持力能說法者，愚癡凡夫亦應說法。何以故？謂不以得諸佛住持力故。大慧！依諸如來住持力故，山河、石壁、草木、園林，及種種伎樂、城邑、聚落、宮殿、屋宅，皆能出於說法之聲，自然皆出伎樂之音。大慧！何況有心者，聾盲、瘖瘂無量衆生離諸苦惱！大慧！諸佛如來住持之力，無量利益安樂衆生。」

大慧菩薩復白佛言：「世尊！世尊！何故諸菩薩摩訶薩入三昧三摩跋提及入諸地時，諸佛如來、應、正遍知作住持力？」

佛告大慧：「為護魔業煩惱散亂心故，為不墮聲聞禪定地故，為內身證如來地故，為增長內身證法故。大慧！是故諸佛如來、應、正遍知為諸菩薩作住持力。大慧！若諸如來不為菩薩作住持力者，墮諸外道、聲聞、辟支佛魔事故，不得阿耨多羅三藐三菩提，是故諸佛如來、應、正遍知大慈攝取諸菩薩故。」

爾時世尊重說偈言：

菩薩依自身，　本願力清淨，　入三昧授位，　初地至十地。

入楞伽經卷第四

元魏天竺三藏菩提留支譯

集一切佛法品第三之三

爾時聖者大慧菩薩摩訶薩復白佛言：「世尊！如世尊說，十二因緣從因生果，不說自心妄想分別見力而生。世尊！若爾，外道亦說從因生果。世尊！外道說言，從於自性、自在天、時、微塵等因生一切法。如來亦說依於因緣而生諸法，而不說有自建立法。世尊！外道亦說從於有無而生諸法。世尊說言：諸法本無，依因緣生，生已還滅。世尊說：從無明緣行，乃至於有，依眼識等生一切法。如世尊說，亦有諸法無因而生。何以故？不從因生，一時無前後①，以因此法生此法。世尊自說因虛妄因法生此法，非次第生故。世尊！若爾，外道說法勝，而如來不如。何以故？世尊！外道說因無因緣能生果，如來說法因亦依果，果亦依因。若爾，因緣無因無果！世尊！若爾，彼此因果展轉無窮！世尊說言從此法生彼法，若爾，無因生法！」

佛告聖者大慧菩薩摩訶薩言：「大慧！我今當說，因此法生彼法，不同外道所立因果，無因之法亦從因生，我不如是。我說諸法從因緣生，非無因緣亦不雜亂，亦無展轉無窮之過。何以故？以無能取可取法故。大慧！外道不知自心見故，執著能取可取之法，不知不覺惟自心見內外法故，大慧！彼諸外道不知自心內境界故，見有無物，是故外道有如是過，非我過也。我常說言：因緣和合而生諸法，非無因生。」

大慧復言：「世尊！有言語說應有諸法。世尊！若無諸法者應不說言語。世尊！是故依言說應有諸法。」

佛告大慧：「亦有無法而說言語，謂兎角、龜毛、石女兒等，於世間中而有言說。大慧！彼兎角非有非無，而說言語。大慧！汝言以有言說應有諸法者，此義已破。大慧！非一切佛國土言語說法。何以故？以諸言語惟是人心分別說故。是故，大慧！有佛國土直視不瞬、口無言語，名為說法。有佛國土直爾示相，名為說法。有佛國土但動眉相，名為說法。有佛國土惟動眼相，名為說法。有佛國土，笑名說法。有佛國土，欠呿名說法。有佛國土，咳名說法。有佛國土，念名說法。有佛國土，身名說法。大慧！如無瞬世界及衆香世界，於普賢如來、應、正遍知，彼菩薩摩訶薩觀察如來目不暫瞬，得無生法忍，亦得無量勝三昧法。是故！大慧！汝不得言：『有言語說，應有諸法。』大慧！如來亦見諸世界中，一切微蟲、蚊、虻、蠅等衆生之類不說言語，共作自事而得成辦。」

爾時世尊重說偈言：

如虛空兎角，　及與石女兒，　無而有言說，　如是妄分別。
因緣和合法，　愚癡分別生，　不知如實法，　輪廻三有中。

爾時聖者大慧菩薩摩訶薩復白佛言：「世尊！世尊說常語法，依何等法作如是說？」

佛告聖者大慧菩薩言：「大慧！依迷惑法我說為常。何以故？大慧！聖人亦見世間迷惑法，非顛倒心。大慧！譬如陽焰、火輪、毛輪、乾闥婆城、幻夢、水中月、鏡中像，世間非智慧者見有諸像，顛倒見故。有智慧者不生分別，非不見彼迷惑之事。大慧！有智慧者見彼種種迷惑之事，不生實心。何以故？離有無法故。」

佛復告聖者大慧菩薩言：「大慧！云何迷惑法離於有無？謂諸愚癡凡夫見有種種境界，如諸餓鬼，大海恒河見水不見。大慧！是迷惑法不得言有，不得言無。大慧！餘衆生見彼是水故，不得言無。大慧！迷惑之事亦復如是，以諸聖人離顛倒見故。大慧！言迷惑法常者，以想差別故。大慧！因迷惑法見種種相，而迷惑法不分別異差別。是故，大慧！迷惑法常。大慧！云何迷惑法名之為實？以諸聖人迷惑法中不生顛倒心，亦不生實心。大慧！而諸聖人見彼迷惑法，起少心想，不生聖智事相。大慧！起少想者是謂凡夫，非謂聖人。

「大慧！分別彼迷惑法顛倒、非顛倒者，能生二種性。何等二種？一者、能生凡夫性，二者、能生聖人性。大慧！彼聖人性者，能生三種差別之性，所謂聲聞、辟支佛、佛國土差別性故。大慧！云何毛道凡夫分別迷惑法，而能生彼聲聞乘性？大慧！所謂執著彼迷惑法自相、同相，能成聲聞乘性。大慧！是名迷惑法能生能成聲聞乘性。大慧！云何愚癡凡夫分別迷惑法，而能生彼辟支佛乘性？大慧！所謂執著彼迷惑法，觀察諸法自相、同相，不樂憒鬧，能生辟支佛乘性。大慧！是名迷惑法能生能成辟支佛乘性。大慧！云何智者即分別彼迷惑之法，能生佛乘性？大慧！所謂見彼能見可見惟是自心，而不分別有無法故。大慧！如是觀察迷惑之法，能生能成如來乘性。大慧！如是名為性義。

「大慧！何者一切毛道凡夫？即分別彼迷惑之法，見種種事，能生世間所有乘性，以觀察諸法如是如是，決定不異。是故，大慧！彼迷惑法，愚癡凡夫虛妄分別種種法體。大慧！彼迷惑法非是實事，非不實事。何以故？大慧！聖人觀察彼迷惑法，不虛妄分別，是故聖人能轉心、意、意識身相，離煩惱習故，是故聖人轉彼迷惑法名為真如。大慧！此名何等法？大慧！此名真如法，離分別法故。大慧！為此義故，我重宣說真如法體離分別法，彼真如中無彼虛妄分別法故。」

大慧菩薩復白佛言：「世尊！彼迷惑法為有？為無？」

佛告大慧：「彼迷惑法，執著種種相故名有。大慧！彼迷惑法於妄想中若是有者，一切聖人皆應不離，執著有無虛妄法故。大慧！如外道說十二因緣，有從因生、不從因生，此義亦如是。」

大慧言：「世尊！若迷惑法如幻見者，此迷惑法異於迷惑，以迷惑法能生法故。」

佛告大慧：「大慧！非迷惑法生煩惱過。大慧！若不分別迷惑法者，不生諸過。復次，大慧！一切幻法依於人功、呪術而生，非自心分別煩惱而生。是故，大慧！彼迷惑法不生諸過，惟是愚癡人見迷惑法故。大慧！愚癡凡夫執著虛妄微細之事而生諸過，非謂聖人。」

爾時世尊重說偈言：

聖不見迷惑，　世間亦無實，　迷惑即是實，　實法*決迷惑。
捨離諸迷惑，　若有相生者，　即彼是迷惑，　不淨猶如翳。

「復次，大慧！汝不得言幻是無故，一切諸法亦無如幻。」

大慧言：「世尊！為執著諸法如幻相故，言諸法如幻。為執著諸法顛倒相故，言諸法如幻也。世尊！若執著諸法如幻相者，世尊不得言一切法皆如幻相。若執著諸法顛倒相故言如幻者，不得言一切法如幻。何以故？世尊！色有種種，因相見故。世尊！無有異因色有諸相可見如幻。是故，世尊！不得說言執著諸法一切如幻。」

佛告大慧：「非謂執著種種法相，說言諸法一切如幻。大慧！諸法顛倒速滅如電，故言如幻。大慧！一切諸法譬如電光，即見即滅，凡夫不見。大慧！一切諸法亦復如是，以一切法自心分別同相、異相，以不能觀察故不如實見，以妄執著色等法故。」

爾時世尊重說偈言：

非見色等法，　說言無幻法，　故不違上下。　我說一切法，
不見有本性，　如幻無生體。

大慧菩薩復白佛言：「世尊！如世尊說諸法不生，復言如幻，將無世尊前後所說自相違耶？以如來說一切諸法不如幻故。」

佛告大慧：「我說一切法不生如幻者，不成前後有相違過。何以故？以諸一切愚癡凡夫不見生法及不生法，不能覺知自心有無、外法有無。何以故？以不能見不生法故。大慧！我如是說諸法，前後無有相違。大慧！我遮外道建立因果義不相當，是故我說諸法不生。大慧！一切外道愚癡群聚，作如是說：從於有無生一切法。不說自心分別執著因緣而生。大慧！我說諸法有亦不生，無亦不生。是故，大慧！我說諸法不生不滅。大慧！我說一切諸法有者，護諸弟子令知二法。何等為二？一者、攝取諸世間故，二者、為護諸斷見故。何以故？以依業故，有種種身攝六道生，是故我說言有諸法攝取世間。

「大慧！我說一切法如幻者，為令一切愚癡凡夫畢竟能離自相、同相故，以

諸凡夫癡心執著墮於邪見，以不能知但是自心虛妄見故，令離執著因緣生法，是故我說一切諸法如幻如夢、無有實體。何以故？若不如是說者，愚癡凡夫執邪見心，欺誑自身及於他身，離如實見一切法故。大慧！云何住如實見？謂入自心見諸法故。」

爾時世尊重說偈言：

如汝言諸法，　一切不生者，　是則謗因果，　不生如實見。
我說有生法，　攝受諸世間，　見諸法同幻，　不取諸見相。

復次，佛告聖者大慧菩薩言：「大慧！我今為諸菩薩摩訶薩說名、句、字身相，以諸菩薩善知名、句、字身相故，依名、句、字身相速得阿耨多羅三藐三菩提，得菩提已，為眾生說名、句、字相。」

大慧菩薩白佛言：「善哉！世尊！惟願速說！」

「大慧！何者名身？謂依何等何等法作名，名身；事物名異義一。大慧！是名我說名身。大慧！何者是句身？謂義事決定，究竟見義故。大慧！是名我說句身。大慧!何者是字身?謂文句畢竟故。大慧!復次,名身者,依何等法了別名句?能了知自形相故。大慧!復次,句身者,謂句事畢竟故。大慧!復次,名身者,所謂諸字從名差別,從阿字乃至呵字,名為名身。大慧!復次,字身者,謂聲長短音韻高下,名為字身。大慧!復次,句身者,謂巷路行迹,如人象馬諸獸行迹等,得名為句。大慧!復次,名字者,謂無色四陰依名而說。大慧!復次,名字相者,謂能了別名字相故。大慧!是名名、句、字身相。大慧!如是名、句、字相,汝應當學為人演說。」

爾時世尊重說偈言:

名身與句身,　及字身差別,　凡夫癡計著,　如象溺深泥。

「復次,大慧!未來世中無智慧者,以邪見心不知如實法故,因世間論自言智者。有智者問如實之法離邪見相、一異、俱不俱,而彼愚人作如是言:『是問非是,非正念問,謂色等法常、無常,為一為異?如是涅槃、有為諸行,為一為異?相中所有能見、所見為一為異?作者、所作為一為異?四大中色、香、味、觸為一為異？能見、所見為一為異？泥團、微塵為一為異？智者、所知為一為異？』如是等上上次第相，上上無記置答，佛如是說，是為謗我。大慧！而我不說如是法者，為遮外道邪見說故。何以故？大慧！外道等說謂身即命，身異命異，如是等法外道所說是無記法。大慧！外道迷於因果義故，是故無記，非我法中名無記也。大慧！我佛法中離能見可見虛妄之想，無分別心，是故我法中無有置答。諸外道等執著可取、能取，不知但是自心見法。為彼人故，我說言有四種問法，無記置答非我法中。大慧！諸佛如來、應、正遍知為諸眾生，有四種說言置答者。大慧！為待時故說如是法，為根未熟非為根熟，是故我說置答之義。

「復次，大慧！一切諸法若離作者及因不生，以無作者故，是故我說諸法不生。」

佛告大慧：「一切諸法無有體相。」

大慧白佛言：「世尊！何故一切諸法無實體相？」

佛告大慧：「自智觀察一切諸法自相、同相，不見諸法，是故我說一切諸法無實體相。」

佛告大慧：「一切諸法亦無取相。」

大慧言：「世尊！以何義故一切諸法亦無取相？」

佛告大慧：「自相、同相無法可取，是故我說無法可取。」

佛告大慧：「一切諸法亦無捨相。」

大慧言：「世尊！何故諸法亦無捨相？」

佛告大慧：「觀察自相、同相法無法可捨，是故我說一切諸法亦無捨相。」

佛告大慧：「諸法不滅。」

大慧言：「世尊！何故一切諸法不滅？」

佛告大慧：「觀一切法自相、同相無體相故，是故我說諸法不滅。」

佛告大慧：「諸法無常。」

大慧言：「世尊！何故一切諸法無常？」

佛告大慧：「一切諸法常、無常想常不生相，是故我說諸法無常。復次，大慧！我說一切諸法無常。」

大慧言：「世尊！何故一切諸法無常？」

佛告大慧：「以相不生，以不生體相，是故常無常，是故我說諸法無常。」

爾時世尊重說偈言：

記論有四種，　直答反質答，　分別答置答，　以制諸外道。
有及非有生，　僧佉毘世師，　而說悉無記，　彼作如是說。
正智慧觀察，　自性不可得，　是故不可說，　及說無體相。

爾時聖者大慧菩薩摩訶薩白佛言：「世尊！惟願世尊為我等說須陀洹等行差別相，我及一切菩薩摩訶薩等，善知須陀洹等修行相已，如實知須陀洹、斯陀含、阿那含、阿羅漢等，如是如是為衆生說。衆生聞已入二無我相，淨二種障，次第進取地地勝相，得如來不可思議境界修行。得修行處已，如如意寶隨衆生念，受用境界身、口、意行故。」

佛告大慧言：「善哉！善哉！善哉！大慧！諦聽！諦聽！今為汝說。」

大慧白佛言：「善哉！世尊！唯然聽受。」

佛告大慧言：「大慧！須陀洹有三種果差別。」

大慧言：「何等三種？」

佛告大慧：「謂下、中、上。大慧！何者須陀洹下，謂三有中七返受生。大慧！何者為中，謂三生、五生入於涅槃。大慧！何者為上，謂即一生入於涅槃。「大慧！是三種須陀洹有三種結，謂下、中、上。大慧！何者三結？謂身見、疑、戒取。大慧！彼三種結，上上勝進，得阿羅漢果。大慧！身見有二種。何等為二？一者、俱生，二者、虛妄分別而生，如因緣分別法故。大慧！譬如依諸因緣法相虛妄分別而生實相，彼因緣法中非有非無，以分別有無非實相故，愚癡凡夫執著種種法相，如諸禽獸見於陽炎，取以為水。大慧！是名須陀洹分別身見。何以故？以無智故，無始世來虛妄取相故。大慧！此身見、垢見，人無我乃能遠離。大慧！何者須陀洹俱生身見？所謂自身、他身俱見，彼二四陰無色，色陰生時，依於四大及四塵等，彼此因緣和合生色。而須陀洹知已，能離有無邪見，斷於身見，斷身見已，不生貪心。大慧！是名須陀洹身見之相。

「大慧！何者須陀洹疑相？謂得證法善見相已，先斷身見及於二見分別之心，是故於諸法中不生疑心，復不生心於餘尊者以為尊*想，為淨不淨故。大慧！是名須陀洹疑相。

「大慧！何者須陀洹戒取相？謂善見受生處苦相故，是故不取戒相。大慧！戒取者，謂諸凡夫持戒精進，種種善行求樂境界生諸天中，彼須陀洹不取是相，而取自身內證，迴向進趣勝處，離諸妄想修無漏戒分。大慧！是名須陀洹戒取相。大慧！須陀洹斷三結煩惱，離貪、瞋、癡。」

大慧白佛言：「世尊！世尊說衆多貪，須陀洹離何等貪？」

佛告大慧：「須陀洹遠離與諸女人和合，不為現在樂種未來苦因，遠離打擲、嗚抱、眄視。大慧！須陀洹不生如是貪心。何以故？以得三昧樂行故。大慧！須陀洹遠離如是等貪，非離涅槃貪。大慧！何者斯陀含果相？謂一往見色相現前生心，非虛妄分別想見，以善見禪修行相故，一往來世間便斷苦盡，入於涅槃，是名斯陀含。大慧！何者阿那含相？謂於過去、現在、未來色相中生有無心，以見使虛妄分別心諸結不生、不來，故名阿那含。大慧！何者阿羅漢相？謂不生分別思惟可思惟，三昧、解脫、力通、煩惱苦等分別心故，名阿羅漢。」

大慧菩薩白佛言：「世尊說三種阿羅漢，此說何等羅漢名阿羅漢？世尊為說得決定寂滅羅漢？為發菩提願善根忘善根羅漢？為化應化羅漢？」

佛告大慧：「為說得決定寂滅聲聞羅漢，非餘羅漢。大慧！餘羅漢者，謂曾修行菩薩行者，復有應化佛所化羅漢，本願善根方便力故，現諸佛土生大眾中，莊嚴諸佛大會眾故。大慧！分別去來說種種事，遠離證果能思惟、所思惟、可思惟故，以見自心為見、所見，說得果相。復次，大慧！若須陀洹生如是心：此是三結，我離三結者。大慧！是名見三法墮於身見。彼若如是，不離三結。大慧！是故須陀洹不生如是心。復次，大慧！若欲遠離禪、無量、無色界者，應當遠離自心見相。遠離少相，寂滅定三摩跋提相故。大慧！若不如是，彼菩薩心見諸法以惟心故。」

爾時世尊重說偈言：

諸禪四無量，　無色三摩提，　少相寂滅定，　一切心中無。
逆流修無漏，　及於一往來，　往來及不還，　羅漢心迷沒。
思可思能思，　遠離見真諦，　惟是虛妄心，　能知得解脫。

「復次，大慧！有二種智。何等為二？一者、觀察智，二者、虛妄分別取相住智。大慧！何者觀察智？謂何等智觀察一切諸法體相，離於四法無法可得，是名觀察智。大慧！何者四法？謂一、異、俱、不俱，是名四法。大慧！若離四法，一切法不可得。大慧！若欲觀察一切法者，當依四法而觀諸法。大慧！妄想分別取相住智者，所謂執著堅、熱、濕、動，虛妄分別四大相故，執著建立、因、譬喻相故，建立非實法以為實。大慧！是名虛妄分別執著取相住持智。大慧！是名二種智相。大慧！諸菩薩摩訶薩畢竟知此二相，進趣法無我相，善知真實智地行相。知已即得初地，得百三昧。依三昧力見百佛、見百菩薩，能知過去、未來各百劫事，照百佛世界。照百佛世界已，善知諸地上上智相，以本願力故，能奮迅示現種種神通。於法雲地中依法雨授位，證如來內究竟法身智慧地，依十無量善根願轉，為教化衆生種種應化，自身示現種種光明，以得自身修行證智三昧樂故。

「復次，大慧！菩薩摩訶薩應善知四大及四塵相。大慧！云何菩薩善知四大及四塵相？大慧！菩薩摩訶薩應如是修行，所言實者，謂無四大處，觀察四大本來不生。如是觀已復作是念：『言觀察者，惟自心見虛妄覺知，以見外塵無有實物，惟是名字分別心見，所謂三界，離於四大及四塵相。』見如是已離四種見，見清淨法，離我、我所，住於自相如實法中。大慧！住自相如實法中者，謂住建立諸法無生自相法中。大慧！於四大中云何有四塵？大慧！謂妄想分別柔軟濕潤，生內外水大。大慧！妄想分別煖增長力，生內外火大。大慧！妄想分別輕轉動相，生內外風大。大慧！妄想分別所有堅相，生內外地大。大慧！妄想分別內外共虛空，生內外想，以執著虛妄內外邪見，五陰聚落，四大及四塵生故。」

佛告大慧：「識能執著種種境界，樂求異道，取彼境界故。大慧！四大有四，謂色、香、味、觸。大慧！四大無因，何以故？謂地自體形相長短不生四大相故。大慧！依形相、大小、上下、容貌而生諸法，不離形相、大小、長短而有法故。是故，大慧！外道虛妄分別四大及四塵，非我法中如此分別。

「復次，大慧！我為汝說五陰體相。大慧！何者五陰相？謂色、受、想、行、識。大慧！四陰無色相，謂受、想、行、識。大慧！色依四大生，四大彼此不同相。大慧！無色相法同如虛空，云何得成四種數相？大慧！譬如虛空離於數相，而虛妄分別此是虛空。大慧！陰之數相離於諸相，離有無相，離於四相，愚癡凡夫說諸數相，非謂聖人。大慧！我說諸相如幻，種種形相離一二相，依假名說，如夢鏡像不離所依。大慧！如聖人智修行分別見五陰虛妄。大慧！是名五陰無五陰體相。大慧！汝今應離如是虛妄分別之相，離如是已，為諸菩薩說離諸法相寂靜之法，為遮外道諸見之相。

「大慧！說寂靜法得證清淨無我之相，入遠行地。入遠行地已，得無量三昧自在如意生身故，以得諸法如幻三昧故，以得自在神通力修行進趣故，隨一切眾生自在用如大地故。大慧！譬如大地，一切衆生隨意而用。大慧！菩薩摩訶薩隨衆生用亦復如是。

「復次，大慧！外道說有四種涅槃。何等為四？一者、自體相涅槃，二者、種種相有無涅槃，三者、自覺體有無涅槃，四者、諸陰自相、同相斷相續體涅槃。大慧！是名外道四種涅槃，非我所說。大慧！我所說者，見虛妄境界分別識滅，名為涅槃。」

大慧白佛言：「世尊！世尊可不說八種識耶？」

佛告大慧：「我說八種識。」

大慧言：「若世尊說八種識者，何故但言意識轉滅，不言七識轉滅？」

佛告大慧：「以依彼念觀有故，轉識滅七識亦滅。復次，大慧！意識執著取境界生，生已，種種熏習增長阿梨耶識共意識故，離我、我所相，著虛妄空而生分別。大慧！彼二種識無差別相，以依阿梨耶識因，觀自心見境，妄想執著生種種心，猶如束竹迭共為因，如大海波，以自心見境界風吹而有生滅。是故，大慧！意識轉滅，七種識轉滅。」

爾時世尊重說偈言：

我不取涅槃，　亦不捨作相，　轉滅虛妄心，　故言得涅槃。
依彼因及念，　意趣諸境界，　識與心作因，　為識之所依。
如水流枯竭，　波浪則不起，　如是意識滅，　種種識不生。

「復次，大慧！我為汝說虛妄分別法體差別相。汝及諸菩薩摩訶薩善分別知虛妄法體差別之相，離分別、所分別法，善知自身內修行法，遠離外道能取、可取境界，遠離種種虛妄分別因緣法體相，遠離已，不復分別虛妄之相。大慧！何者虛妄分別法體差別之相？大慧！虛妄分別自體差別相有十二種。何等為十二？一者、言語分別，二者、可知分別，三者、相分別，四者、義分別，五者、實體分別，六者、因分別，七者、見分別，八者、建立分別，九者、生分別，十者、不生分別，十一者、和合分別，十二者、縛不縛分別。大慧！是名分別自體相差別法相。

「大慧！言語分別者，謂樂著種種言語、美妙音聲，大慧！是名言語分別。大慧！可知分別者，謂作是思惟：應有前法實事之相，聖人修行，知依彼法而生言語，如是分別，大慧！是名可知分別。大慧！相分別者，謂即彼可知境界中，熱、濕、動、堅種種相執以為實，如空陽焰，諸禽獸見生於水想，大慧！是名相分別。大慧！義分別者，謂樂金銀等種種實境界，大慧！是名義分別。大慧！自體分別者，謂專念有法自體形相，此法如是如是不異，非正見見分別，大慧！是名自體分別。大慧！因分別者，謂何等何等因，何等何等緣，有無了別因相生了別*想，大慧！是名因分別。大慧！見分別者，謂有無、一異、俱不俱，邪見外道執著分別，大慧！是名見分別。大慧！建立分別者，謂取我、我所相，說虛妄法，大慧！是名建立分別。大慧！生分別者，謂依衆緣有無法中，生執著心，大慧！是名生分別。大慧！不生分別者，謂一切法本來不生，以本無故，依因緣有，而無因果，大慧！是名無生分別。大慧！和合分別者，謂何等何等法和合，如金縷共，何等何等法和合，如金縷和合，大慧！是名和合分別。大慧！縛不縛分別者，謂縛因執著如所縛。大慧！如人方便結繩作結，結已還解，大慧！是名縛不縛分別。

「大慧！是名虛妄分別法體差別之相。以此虛妄分別法體差別之相，一切凡夫執著有無故，執著法相種種因緣。是故，大慧！分別法體差別之相，見種種法執著為實，如依於幻見種種事，凡夫分別知異於幻有如是法。大慧！我於種種法中不異幻說，亦非不異。何以故？若幻異於種種法者，不應因幻而生種種；若幻即是種種法者，不應異見此是幻、此是種種，而見差別，是故我說不異非不異。是故，大慧！汝及諸菩薩摩訶薩莫分別幻有實、無實。」

爾時世尊重說偈言：

心依境界縛，　知覺隨境生，　於寂靜勝處，　生平等智慧。
妄想分別有，　於緣法則無，　取虛妄迷亂，　不知他力生。
種種緣生法，　即是幻不實，　彼有種種想，　妄分別不成。
彼想則是過，　皆從心縛生，　愚癡人無智，　分別因緣法。

此諸妄想體，即是緣起法，妄想有種種，衆緣中分別。
世諦第一義，第三無因生，妄想說世諦，斷則聖境界。
譬如修行者，一事見種種，彼法無種種，分別相如是。
如目種種瞖，妄想見衆色，瞖無色非色，無智取法爾。
如真金離垢，如水離泥濁，如虛空離雲，真法淨亦爾。
無有妄想法，因緣法亦無，取有及謗無，分別觀者見。
妄想若無實，因緣法若實，離因應生法，實法生實法。
因虛妄名法，見諸因緣生，想名不相離，如是生虛妄。
虛妄本無實，則度諸妄想，然後知清淨，是名第一義。
妄想有十二，緣法有六種，內身證境界，彼無有差別。
五法為真實，及三種亦爾，修行者行此，不離於真如。
衆生及因緣，名分別彼法，彼諸妄想相，從彼因緣生。
真實智善觀，無緣無妄想，第一義無物，云何智分別？

若真實有法，　遠離於有無，　若離於有無，　云何有二法？
分別二法體，　二種法體有，　虛妄見種種，　清淨聖境界。
見妄想種種，　因緣中分別，　若異分別者，　則墮於外道。
妄想說妄想，　因見和合生，　離二種妄想，　即是真實法。

爾時大慧菩薩摩訶薩復白佛言：「世尊！惟願為說自身內證聖智修行相及一乘法，不由於他，遊行一切諸佛國土，通達佛法。」

佛告聖者大慧菩薩言：「善哉！善哉！善哉！大慧！諦聽！諦聽！當為汝說。」

大慧言：「善哉！世尊！唯然受教。」

佛告大慧：「菩薩摩訶薩離阿含名字法、諸論師所說分別法相，在寂靜處獨坐思惟，自內智慧觀察諸法，不隨他教，離種種見虛妄之相，當勤修行入如來地上上證智。大慧！是名自身內證聖智修行之相。大慧！更有三界中修一乘相。大慧！何者一乘相？大慧！如實覺知一乘道故，我說名一乘。大慧！何者如實覺知一乘道相？謂不分別可取、能取境界，不生如是諸法相住，以不分別一切諸法故。大慧！是名如實覺知一乘道相。大慧！如是覺知一乘道相，一切外道、聲聞、辟支佛、梵天等未曾得知，惟除於我。大慧！故我說名一乘道相。」

大慧白佛言：「世尊！世尊何因說於三乘，不說一乘？」

佛告大慧：「聲聞、緣覺不能自知證於涅槃，是故我說惟一乘道。大慧！以一切聲聞、辟支佛，隨受佛教厭離世間，自不能得解脫，是故我說惟一乘道。復次，大慧！一切聲聞、辟支佛不離智障，不離業煩惱習氣障故，是故我說惟一乘道。大慧！聲聞、辟支佛未證法無我，未得離不可思議變易生，是故我為諸聲聞故說一乘道。大慧！聲聞、辟支佛若離一切諸過熏習，得證法無我，爾時離於諸過。三昧無漏醉法覺已，修行出世間無漏界中一切功德，修行已，得不可思議自在法身。」

爾時世尊重說偈言：

天乘及梵乘，　聲聞緣覺乘、　諸佛如來乘，　我說此諸乘。
以心有生滅，　諸乘非究竟；　若彼心滅盡，　無乘及乘者。

無有乘差別，我說為一乘，引導衆生故，分別說諸乘。
解脫有三種，及二法無我，不離二種障，遠離真解脫。
譬如海浮木，常隨波浪轉，諸聲聞亦然，相風所漂蕩。
離諸隨煩惱，熏習煩惱縛，味著三昧樂，安住無漏界。
無有究竟趣，亦復不退還，得諸三昧身，無量劫不覺。
譬如惛醉人，酒消然後悟，得佛無上體，是我真法身。

入楞伽經卷第四

入楞伽經卷第五

元魏天竺三藏菩提留支譯

佛心品第四

爾時佛告聖者大慧菩薩言：「大慧！我今為汝說意生身修行差別。大慧！諦聽！諦聽！當為汝說。」

大慧白佛言：「善哉！世尊！唯然受教。」

佛告大慧：「有三種意生身。何等為三？一者、得三昧樂三摩跋提意生身，二者、如實覺知諸法相意生身，三者、種類生無作行意生身。菩薩從於初地如實修行，得上上地證智之相。大慧！何者菩薩摩訶薩得三昧樂三摩跋提意生身？謂第三、第四、第五地中，自心寂靜行種種行，大海心波轉識之相，三摩跋提樂，名意識生，以見自心境界故，如實知有無相。大慧！是名意生身相。大慧！何者如實覺知諸法相意生身？謂菩薩摩訶薩於八地中觀察覺了，得諸法無相，如幻等法悉無所有，身心轉變，得如幻三昧及餘無量三摩跋提樂門，無量相力自在神通，妙華莊嚴迅疾如意，猶如幻夢、水中月、鏡中像，非四大生，似四大相，具足身分，一切修行得如意自在，隨入諸佛國土大衆。大慧！是名如實覺知諸法相意生身。大慧！何者種類生無作行意生身？謂自身內證一切諸法，如實樂相法相樂故。大慧！是名種類生無作行意生身。大慧！汝當於彼三種身相觀察了知。」

爾時世尊重說偈言：

我乘非大乘，　非說亦非字，　非諦非解脫，　非無有境界。

然乘摩訶衍，　三摩提自在，　種種意生身，　自在華莊嚴。

爾時聖者大慧菩薩復白佛言：「世尊！如世尊說善男子、善女人行五無間業。世尊！何等是五無間業，而善男子、善女人行五無間入於無間？」

佛告聖者大慧菩薩言：「善哉！善哉！善哉！大慧！諦聽！諦聽！當為汝說。」

大慧白佛言：「善哉！世尊！唯然受教。」

佛告大慧：「五無間者，一者、殺母，二者、殺父，三者、殺阿羅漢，四者、破和合僧，五者、惡心出佛身血。大慧！何者眾生母？謂更受後生，貪喜俱生，如緣母立。大慧！何者為父？謂無明為父，生六入聚落。大慧！斷彼二種能生根本，名殺父母。大慧！何者殺阿羅漢？謂諸使如鼠毒發，拔諸使怨，根本不生。大慧！是名殺阿羅漢。大慧！何者破和合僧？謂五陰異相和合積聚，究竟斷破，名為破僧。大慧！何者惡心出佛身血？謂自相、同相，見外自心相八種識身，依無漏三解脫門，究竟斷八種識佛，名為惡心出佛身血。大慧！是名內身五種無間。若善男子、善女人行此無間，得名無間者，無間者名證如實法故。

「復次，大慧！我為汝等說外五種無間之相，諸菩薩聞是義已，於未來世不生疑心。大慧！何者是外五種無間？謂殺父、母、羅漢，破和合僧，出佛身血。行此無間者，於彼三種解脫門中，不能得證一一解脫。除依如來力住持應化聲聞、菩薩、如來神力，為五種罪人懺悔疑心，斷此疑心令生善根，為彼罪人作應化說。大慧！若犯五種無間罪者，畢竟不得證入道分。除見自心惟是虛妄，離身資生所依住處、分別見我我所相，於無量無邊劫中遇善知識，於異道身離於自心虛妄見過。」

爾時世尊重說偈言：

貪愛名為母，　無明則為父，　了境識為佛，　諸使為羅漢，
陰聚名為僧，　無間斷相續，　更無有業間，　得真如無間。

爾時聖者大慧菩薩復白佛言：「世尊！惟願為我說諸如來知覺之相？」佛告聖者大慧菩薩摩訶薩言：「大慧！如實知人無我、法無我，如實能知二種障故，遠離二種煩惱。大慧！是名如來如實知覺。大慧！聲聞、辟支佛得此法者，亦名為佛。大慧！是因緣故，我說一乘。」

爾時世尊重說偈言：

善知二無我、　二障二煩惱，　得不思議變，　是名佛知覺。

爾時聖者大慧菩薩復白佛言：「世尊！世尊何故於大眾中說如是言：我是過去一切佛，及說種種本生經，我於爾時作頂生王、六牙大象、鸚鵡鳥、毘耶娑仙人、帝釋王、善眼菩薩，如是等百千經皆說本生？」

佛告聖者大慧菩薩摩訶薩言：「大慧！依四種平等，如來、應、正遍知於大眾中唱如是言：『我於爾時作拘留孫佛、拘那含牟尼佛、迦葉佛。』何等為四？一者、字平等，二者、語平等，三者、法平等，四者、身平等。大慧！依此四種平等法故，諸佛如來在於眾中說如是言。大慧！何者字平等？謂何等字過去佛名佛，我同彼字亦名為佛，不過彼字，與彼字等無異無別。大慧！是名字平等。大慧！何者諸佛語平等？謂過去佛有六十四種美妙梵聲言語說法，我亦六十四種微妙梵聲言語說法。大慧！未來諸佛亦以六十四種微妙梵聲言語說法，不增不減，不異無差別，迦陵頻伽梵聲美妙。大慧！是名諸佛語平等。大慧！何者諸佛身平等？大慧！我及諸佛法身、色身相好莊嚴，無異無差別。除依可度眾生，彼彼眾生種種生處，諸佛如來現種種身。大慧！是名諸佛身平等。大慧！云何諸佛法平等？謂彼佛及我，得三十七菩提分法、十力、四無畏等。大慧！是名諸佛法平等。大慧！依此四種平等法故，如來於大眾中作如是說：我是過去頂生王等。」

爾時世尊重說偈言：

迦葉拘留孫、　拘那含是我，　說諸佛子等，　依四平等故。

大慧菩薩復白佛言：「世尊！如來說言：『我何等夜證大菩提，何等夜入般涅槃，我於中間不說一字，佛言非言。』世尊依何等義說如是語：佛語非語？」

佛告大慧言：「大慧！如來依二種法說如是言。何者為二？我說如是，一者、依自身內證法，二者、依本住法。我依此二法作如是言。大慧！云何依自身內證法？謂彼過去諸佛如來所證得法，我亦如是證得不增不減，自身內證諸境界行，離言語分別相，離二種字故。大慧！何者本住法？大慧！謂本行路平坦，譬如金銀真珠等寶在於彼處。大慧！是名法性本住處。大慧！諸佛如來出世、不出世，法性、法界、法住、法相、法證常住，如城本道。大慧！譬如有人行曠野中，見向本城平坦正道，即隨入城，入彼城已受種種樂，作種種業。大慧！於意云何？彼人始作是道隨入城耶？始作種種諸莊嚴耶？」

大慧白佛：「不也！世尊！」

「大慧！我及過去一切諸佛，法性、法界、法住、法相、法證常住，亦復如是。大慧！我依此義於大衆中作如是說：『我何等夜得大菩提，何等夜入般涅槃，此二中間不說一字，亦不已說、當說、現說。』」

爾時世尊重說偈言：

我何夜成道，　何等夜涅槃，　於此二中間，　我都無所說。
內身證法性，　我依如是說。　十方佛及我，　諸法無差別。

爾時聖者大慧菩薩復請佛言：「惟願世尊說一切法有無相，令我及餘菩薩大衆得聞是已離有無相，疾得阿耨多羅三藐三菩提。」

佛告聖者大慧菩薩言：「善哉！善哉！善哉！大慧！諦聽！諦聽！當為汝說。」

大慧白佛言：「善哉！世尊！唯然受教。」

佛告大慧：「世間人多墮於二見。何等二見？一者、見有，二*者、見無。

以見有諸法、見無諸法故，非究竟法生究竟想。大慧！云何世間墮於有見？謂實有因緣而生諸法，非不實有；實有法生，非無法生。大慧！世間人如是說者，是名為說無因無緣，及謗世間無因無緣而生諸法。大慧！世間人云何墮於無見？謂說言貪、瞋、癡，實有貪、瞋、癡，而復說言無貪、瞋、癡，分別有無。大慧！若復有人作如是言：『無有諸法，以不見諸物相故。』大慧！若復有人作如是言：『聲聞、辟支佛無貪、無瞋、無癡。』復言先有。此二人者，何等人勝？何等人不如？」

大慧菩薩言：「若人言先有貪、瞋、癡，後時無，此人不如。」

佛告大慧：「善哉！善哉！善哉！大慧！汝解我問。大慧！非但言先實有貪、瞋、癡，後時言無，同衛世師等，是故不如。大慧！非但不如，滅一切聲聞、辟支佛法。何以故？大慧！以實無內外諸法故，以非一非異故，以諸煩惱非一非異故。大慧！貪、瞋、癡法內身不可得，外法中亦不可得，無實體故，故我不許。大慧！我不許者，不許有貪、瞋、癡，是故彼人滅聲聞、辟支佛法。何以故？

諸佛如來知寂靜法，聲聞、緣覺不見法故，以無能縛、所縛因故。大慧！若有能縛必有所縛，若有所縛必有能縛因。大慧！如是說者名滅諸法。大慧！是名無法相。大慧！我依此義餘經中說，寧起我見如須彌山而起憍慢，不言諸法是空無也！大慧！增上慢人言諸法無者，是滅諸法，墮自相、同相見故，以見自心見法故，以見外物無常故，諸相展轉彼彼差別故，以見陰、界、入相續體，彼彼因展轉而生，以自心虛妄分別。是故，大慧！如此人者滅諸佛法。」

爾時世尊重說偈言：

有無是二邊，　以為心境界，　離諸境界法，　平等心寂靜。
無取境界法，　滅非有非無，　如真如本有，　彼是聖境界。
本無而有生，　生已還復滅，　非有非無生，　彼不住我教。
非外道非佛，　非我亦非餘，　從因緣不成，　云何得言有？
若因緣不生，　云何而言無？　邪見論生法，　妄想計有無。
若知無所生，　亦知無所滅，　觀世悉空寂，　彼不墮有無。

爾時聖者大慧菩薩復白佛言：「世尊！惟願如來、應、正遍知、天人師，為我及諸一切菩薩建立修行正法之相，我及一切菩薩摩訶薩善知修行正法相已，速得成就阿耨多羅三藐三菩提，不隨一切虛妄覺觀魔事故。」

佛告大慧菩薩言：「善哉！善哉！善哉！大慧！諦聽！諦聽！我為汝說。」

大慧言：「善哉！世尊！唯然受教。」

佛告大慧言：「大慧！有二種法，諸佛如來、菩薩、聲聞、辟支佛建立修行正法之相。何等為二？一者、建立正法相，二者、說建立正法相。大慧！何者建立正法相？謂自身內證諸勝法相，離文字語言章句，能取無漏正戒、*證諸☆地修行相法，離諸外道虛妄覺觀、諸魔境界，降伏一切外道諸魔，顯示自身內證之法如實修行。大慧！是名建立正法之相。大慧！何者建立說法之相？謂說九部種種教法，離於一異、有無取相，先說善巧方便，為令衆生入所樂處，謂隨衆生信彼彼法說彼彼法。大慧！是名建立說法相。大慧！汝及諸菩薩應當修學如是正法。」

爾時世尊重說偈言：

建立內證法，　及說法相名，　若能善分別，　不隨他教相。
實無外諸法，　如凡夫分別，　若諸法虛妄，　何故取解脫？
觀察諸有為，　生滅等相續，　增長於二見，　不能知因緣。
涅槃離於識，　唯此一法實，　觀世間虛妄，　如幻夢芭蕉。
雖有貪瞋癡，　而無有作者，　從愛生諸陰，　有皆如幻夢。

爾時聖者大慧菩薩復請佛言：「世尊！惟願如來、應、正遍知為諸菩薩說不實妄想，何等法中不實妄想？」

佛告大慧菩薩言：「善哉！善哉！善哉！大慧！汝為安隱一切眾生，饒益一切眾生，安樂一切眾生，哀愍一切世間天人，請我此事。大慧！諦聽！諦聽！當為汝說。」

大慧言：「善哉！世尊！唯然受教。」

佛告大慧：「一切眾生執著不實虛妄想者，從見種種虛妄法生，以著虛妄能取、可取諸境界故，入自心見生虛妄想故，墮於有無二見朋黨非法聚中，增長成就外道虛妄異見熏習故。大慧！以取外諸戲論義故，起於虛妄心、心數法，猶如草束分別我、我所法。大慧！以是義故生不實妄想。」

大慧白佛言：「世尊！若諸眾生執著不實虛妄想者，從見種種虛妄法生，執著虛妄能取、可取一切境界，入自心見生虛妄想，墮於有無二見朋黨分別聚中，增長成就外道虛妄異見熏習，以取外諸戲論之義不實妄想，起於虛妄心、心數法，猶如草束取我、我所者。世尊！如彼彼依外種種境界、種種相，墮有墮無朋黨相中，離有無見相。世尊！第一義諦亦應如是，遠離阿含聖所說法，遠離諸根，遠離建立三種之法譬喻因相。世尊！云何一處種種分別執著、種種虛妄想生？何故不著第一義諦，虛妄分別而生分別？世尊！世尊如是說法，非平等說，無因而說。何以故？一處生，一處不生故。若世尊如是說者，墮二朋黨。以見執著虛妄分別而生分別，以世尊說如世幻師，依種種因緣生種種色像，以世尊自心虛妄分別，以世尊言種種虛妄，若有若無不可言說，為離分別。如是如來墮世間論，入邪見心朋黨聚中？」

佛告大慧：「我分別虛妄不生、不滅。何以故？不生有無分別相故，不見一切外有無故。大慧！以見自心如實見故，虛妄分別不生、不滅。大慧！我此所說，惟為愚癡凡夫而說自心分別，分別種種隨先心生，分別種種有相執著。何以故？若不說者，愚癡凡夫不離自心虛妄覺知，不離執著我、我所見，不離因果諸因緣過。如實覺知二種心故，善知一切諸地行相，善知諸佛自身所行內證境界，轉五法體見分別相，入如來地。大慧！因是事故，我說一切諸眾生等，執著不實虛妄生心，自心分別種種諸義，以是義故，一切眾生知如實義而得解脫。」

爾時世尊重說偈言：

諸因及與緣，　從此生世間，　妄想著四句，　彼不知我說。
世有無不生，　離有無不生，　云何愚分別，　依因緣生法？
若能見世間，　有無非有無，　轉於虛妄心，　得真無我法。
諸法本不生，　故依因緣生，　諸緣即是果，　從果不生有。
從果不生果，　若爾有二果；　若有二果者，　果中果難得。

離念及所念，　觀諸有為法，　見諸唯心法，　故我說唯心。
量體及形相，　離緣及諸法，　究竟有真淨，　我說如是量。
假名世諦我，　彼則無實事，　諸陰陰假名，　假名非實法。
有四種平等，　相因生無我，　如是四平等，　是修行者法。
轉一切諸見，　離分別分別，　不見及不生，　故我說唯心。
非有非無法，　離有無諸法，　如是離心法，　故我說惟心。
真如空實際，　涅槃及法界，　意身身心等，　故我說唯心。
分別依熏縛，　心依諸境生，　衆生見外境，　故我說唯心。
可見外法無，　心盡見如是，　身資生住處，　故我說唯心。

爾時聖者大慧菩薩復白佛言：「世尊！如來說言：『如我所說，汝及諸菩薩莫著音聲言語之義。』世尊！云何菩薩不著言語之義？世尊！何者為言語？何者為義？」

佛告聖者大慧菩薩言：「善哉！善哉！善哉！大慧！當為汝說。」

大慧言：「善哉！世尊！唯然受教。」

佛告大慧：「何者為聲？謂依無始熏習言語名字和合分別，因於喉鼻、齒頰、唇舌和合動轉，出彼言語分別諸法，是名為聲。大慧！何者為義？菩薩摩訶薩依聞思修聖智慧力，於空閑處獨坐思惟云何涅槃趣涅槃道，觀察內身修行境界，地地處處修行勝相，轉彼無始熏習之因。大慧！是名菩薩善解義相。復次，大慧！云何菩薩摩訶薩善解言語義？大慧！菩薩見言語聲、義不一不異，見義、言語聲不一不異。大慧！若言言語離於義者，不應因彼言語聲故而有於義，而義依彼言語了別。大慧！如依於燈了別眾色。大慧！譬如有人然燈觀察種種珍寶，此處如是如是，彼處如是如是。大慧！菩薩依言語聲證離言語，入自內身修行義故。復次，大慧！一切諸法不生不滅，自性本來入於涅槃，三乘、一乘、五法、心、諸法體等同。言語聲義依眾緣取相，墮有無見，諦於諸法，見諸法體各住異相，分別異相，如是分別已，見種種法相如幻，見種種分別。大慧！譬如幻種種異異分別，非謂聖人，是凡夫見。」

爾時世尊重說偈言：

分別言語聲，　建立於諸法，　以彼建立故，　故墮於惡道。

五陰中無我，　我中無五陰，　不如彼妄*想，　亦復非是無。

凡夫妄分別，　見諸法實有，　若如彼所見，　一切應見真。

一切法若無，　染淨亦應無，　彼見無如是，　亦非無所有。

「復次，大慧！我今為汝說智識相。汝及諸菩薩摩訶薩應善知彼智識之相，如實修行智識相故，疾得阿耨多羅三藐三菩提。大慧！有三種智。何等為三？一者、世間智，二者、出世間智，三者、出世間上上智。大慧！識者生滅相，智者不生滅相。復次，大慧！識者墮於有相、無相，墮彼有無種種相因。大慧！智相者遠離有相、無相、有無因相，名為智相。復次，大慧！集諸法者名為識相，不集諸法名為智相。大慧！智有三種。何等為三？一者、觀察自相、同相，二者、觀察生相、滅相，三者、觀察不生、不滅相。大慧！何者世間智？諸外道、凡夫人等，執著一切諸法有無，是名世間智相。大慧！何者出世間智？謂諸一切聲聞、緣覺，虛妄分別自相、同相，是名出世間智。大慧！何者出世間上上智？謂佛如來、菩薩摩訶薩，觀察一切諸法寂靜不生不滅，得如來地無我證法，離彼有無朋黨二見。復次，大慧！所言智者無障礙相，識者識彼諸境界相。復次，大慧！識者和合起作所作名為識相，無礙法相應名為智相。復次，大慧！無所得相名之為智，以自內身證得聖智修行境界故，出入諸法如水中月，是名智相。」

爾時世尊重說偈言：

識能集諸業，　智能了分別，　慧能得無相，　及妙莊嚴境。
識為境界縛，　智能了諸境，　無相及勝境，　是慧所住處。
心意及意識，　遠離於諸相，　聲聞分別法，　非是諸弟子。
寂靜勝進忍，　如來清淨智，　生於善勝智，　遠離諸所行。
我有三種慧，　依彼得聖名，　於彼想分別，　能聞於有無，
離於二乘行，　慧離於境界。　取於有無想，　從諸聲聞生，
能入唯是心，　智慧無垢相。

「復次，大慧！諸外道有九種轉變見。何等為九？一者、形相轉變，二者、相轉變，三者、因轉變，四者、相應轉變，五者、見轉變，六者、物轉變，七者、緣了別轉變，八者、作法了別轉變，九者、生轉變。大慧！是名九種轉變見，依九種轉變見故，一切外道說於轉變從有無生。大慧！何者外道形相轉變？大慧！譬如以金作莊嚴具，鐶、釧、瓔珞種種各異，形相雖殊金體不變，一切外道分別諸法形相轉變亦復如是。大慧！復有外道分別諸法依因轉變。大慧！而彼諸法亦非如是，非不如是，以依分別故。大慧！如是一切轉變亦爾，應知譬如乳酪、酒果等熟一一轉變，一切外道分別轉變亦復如是，而無實法可以轉變，以自心見有無可取，分別有無故。大慧！一切凡夫亦復如是，以依自心分別，而生一切諸法。大慧！無有法生，無有法轉，如幻夢中見諸色事。大慧！譬如夢中見一切事，石女兒生死。」

爾時世尊重說偈言：

轉變時形相，　四大種諸根，　中陰及諸取，　如是取非智。

因緣生世間，　佛不如是說；　因緣即世間，　如乾闥婆城。

爾時大慧菩薩摩訶薩復白佛言：「世尊！惟願如來、應、正遍知善說一切諸法相續、不相續相，惟願善逝說一切法相續、不相續相，我及一切諸菩薩眾善解諸法相續、不相續相，善巧方便知已，不墮執著諸法相續、不相續相。離一切法相續、不相續言說文字妄想已，得力自在神通，遊化十方一切諸佛國土大眾之中。陀羅尼門善印所印，十盡句善轉所轉，種種變化光明照曜，譬如四大日月摩尼自然而行，眾生受用遠離諸地，惟自心見分別之相。示一切法如幻如夢，示入依止諸佛之地，於眾生界隨其所應而為說法，攝取令住一切諸法如幻如夢，離於有無一切朋黨，生滅妄想異言說義，轉身自在往勝處生。」

佛告聖者大慧菩薩言：「善哉！善哉！善哉！大慧！諦聽！諦聽！當為汝說。」

大慧白佛言：「善哉！世尊！唯然受教。」

佛告大慧：「一切諸法相續、不相續相者，謂如聲聞執著義相續，相執著相續，緣執著相續，有無執著相續，分別生不生執著相續，分別滅不滅執著相續，分別乘非乘執著相續，分別有為無為執著相續，分別地地相執著相續，分別自分別執著相續，分別有無入外道朋黨執著相續。大慧！如是愚癡凡夫，無量異心分別相續，依此相續愚癡分別，如蠶作繭，依自心見分別綖相續，樂於和合自纏纏他，執著有無和合相續。大慧！然無相續、無相續相，以見諸法寂靜故。大慧！以諸菩薩見一切法無分別相，是故名見一切菩薩寂靜法門。

「復次，大慧！如實能知外一切法離於有無，如實覺知自心見相，以入無相自心相故。大慧！以見分別有無法故，名為相續。以見諸法寂靜故，名無相續。無相續相，無相續諸法相。大慧！無縛無脫，墮於二見，自心分別有縛有脫。何以故？以不能知諸法有無故。復次，大慧！愚癡凡夫有三種相續。何等為三？謂貪、瞋、癡及愛、樂、生，以此相續故有後生。大慧！相續者，衆生相續生於五道。大慧！斷相續者，無相續、無相續相。復次，大慧！執著因緣相續故生於三有，以諸識展轉相續不斷，見三解脫門，轉滅執著三有因識，名斷相續。」

爾時世尊重說偈言：

不實妄分別，　名為相續相，　能如實知彼，　相續網則斷。
若取聲為實，　如蠶繭自纏，　自心妄想縛，　凡夫不能知。

大慧菩薩復白佛言：「如世尊說，以何等何等分別心，分別何等何等法，而彼彼法無彼如是如是體相，惟自心分別。世尊！若惟自心分別，非彼法相者，如世尊說，一切諸法應無染淨。何以故？如來說言一切諸法妄分別見，無實體故。」

佛告大慧：「如是！如是！如汝所說。大慧！而諸一切愚癡凡夫分別諸法，而彼諸法無如是相，虛妄分別以為實有。大慧！彼是凡夫虛妄分別諸法體相，虛妄覺知，非如實見。大慧！如聖人知一切諸法自體性相，依聖人智，依聖人見，依聖慧眼，如如實知諸法自體。」

大慧菩薩言：「世尊！世尊！如諸聖人等，依聖智，依聖見，依聖慧眼，非肉眼、天眼，覺知一切諸法體相無如是相，非如凡夫虛妄分別。世尊！云何愚癡凡夫轉虛妄相？」

佛告大慧：「能如實覺知聖人境界轉虛妄識。」

「世尊！彼癡凡夫非顛倒見，非不顛倒見。何以故？以不能見聖人境界如實法體故，以見轉變有無相故。」

大慧白佛言：「世尊！一切聖人亦有分別，一切種種諸事無如是相，以自心見境界相故。世尊！彼諸聖人見有法體分別法相，以世尊不說有因、不說無因。何以故？以墮有法相故。餘人見境不如是見。世尊！如是說者有無窮過。何以故？以不覺知所有法相無自體相故。世尊！非因分別有法體相而有諸法。世尊！彼云何分別不如彼分別，應如彼分別？世尊！分別相異相，自體相異相。世尊！而彼二種因不相似，彼彼分別法體相異，云何凡夫如此分別，此因不成如彼所見？世尊說言：『我為斷諸一切眾生虛妄分別心故，作如是說。如彼凡夫虛妄分別，無如是法。』世尊！何故遮諸眾生有無見事，而執著實法聖智境界？世尊！復令一切眾生墮無見處。何以故？以言諸法寂靜無相，聖智法體如是無相故。」

佛告大慧：「我不說言一切諸法寂靜無相，亦不說言諸法悉無，亦不令其墮於無見，亦令不著一切聖人境界如是。何以故？我為眾生離驚怖處故，以諸眾生無始世來，執著實有諸法體相，是故我說聖人知法體相實有，復說諸法寂靜無相。大慧！我不說言法體有無，我說自身如實證法，以聞我法修行寂靜諸法無相，得見真如無相境界，入自心見法，遠離見外諸法有無，得三解脫門，得已以如實印善印諸法，自身內證智慧觀察，離有無見。

「復次，大慧！菩薩不應建立諸法不生。何以故？以建立法同諸法有，若不爾者，同諸法無。復次，大慧！因建立諸法有故，說一切法於建立法中同。何以故？以彼建立不同一切法不生，是故建立說一切法，是言自破。何以故？以建立中無彼建立，若不爾者，彼建立亦不生，以同諸法無差別相故，是故建立諸法不生，名為自破。以彼建立三法、五法和合有故，離於建立有無不生。大慧！彼建立入諸法中，不見有無法故。大慧！若彼建立諸法不生，而作是言一切法不生。大慧！如是說者建立則破。何以故？離於建立，有無相不可得故。大慧！是故不應建立諸法不生。大慧！以彼建立同彼一切不生法體，是故不應建立諸法不生，以有多過故。

「大慧！復有不應建立諸法不生。何以故？以三法、五法彼彼因不同故。大慧！復有不應建立諸法不生。何以故？以彼三法、五法作有為無常故，是故不應建立一切諸法不生。大慧！如是不應建立一切法空，一切諸法無實體相。大慧！而諸菩薩為眾生說一切諸法如幻如夢，以見不見相故，以諸法相迷惑見智故，是故應說如幻如夢，除遮一切愚癡凡夫離驚怖處。大慧！以諸凡夫墮在有無邪見中故，以凡夫聞如幻如夢生驚怖故，諸凡夫聞生驚怖已，遠離大乘。」

爾時世尊重說偈言：

無自體無識，　無阿梨耶識，　愚癡妄分別，　邪見如死屍。
一切法不生，　餘見說不成，　諸法畢不生，　因緣不能成。
一切法不生，　莫建如是法；　同不同不成，　是故建立壞。
譬如目有瞖，　虛妄見毛輪，　分別於有無，　凡夫虛妄見。
三有惟假名，　無有實法體，　執假名為實，　凡夫起分別。
相事及假名，　心意所受用，　佛子能遠離，　住寂境界行。

無水取水相，　諸獸癡妄心，　凡夫見法爾，　聖人則不然。
聖人見清淨，　三脫三昧生，　遠離於生滅，　得無障寂靜。
修行無所有，　亦復不見無，　有無法平等，　是故生聖果。
有無法云何？　云何成平等？　以心不能見，　內外法無常；
若能滅彼法，　見心成平等。

爾時聖者大慧菩薩白佛言：「世尊！如世尊說：『智慧觀察不能見前境界諸法，爾時善知惟是內心心意意識如實覺知，無法可取亦無能取，是故智亦不能分別而取。』世尊！若言智慧不能取者，為見諸法自相、同相、異異法相、種種異法體不同故，智不能知？為見諸法種種體相不可異故，智不能知？為是山巖、石壁、牆幕、樹林、草木、地、水、火、風之所障故，智不能知？為是極遠極近處故，智不能知？為是老小、為是盲冥諸根不具，智不能知？世尊！若一切法異異、法相異異，法體自相、同相種種不同故，智不能知者，世尊！若爾，彼智非智。何以故？不能知前實境界故。世尊！若一切法種種體相、自相、同相不見異故，智不能知者，若爾，彼智不得言智。何以故？實有境界不能知故。世尊！有前境界如實能見，名之為智。若為山巖、石壁、牆幕、樹林、草木、地、水、火、風極遠極近，老小盲冥諸根*不具不能知見者，彼智無智，有實境界而不知故。」

佛告大慧：「如汝所說，言無智者，是義不然。何以故？有實智故。大慧！我不依汝如是之說：『境界是無，惟自心見。』我說：『不覺惟是自心，見諸外物以為有無。』是故智慧不見境界，智不見者，不行於心，是故我說：『入三解脫門，智亦不見。』而諸凡夫無始世來虛妄分別，依戲論熏習熏彼心故，如是分別，見外境界形相有無。為離如是虛妄心故，說一切法惟自心見。執著我、我所故，不能覺知但是自心，虛妄分別是智、是境界。分別是智、是境界故，觀察外法不見有無，墮於斷見。」

爾時世尊重說偈言：

有諸境界事，　智慧不能見，　彼無智非智，　虛妄見者說。

言諸法無量，　是智不能知，　障礙及遠近，　是妄智非智。

老小諸根冥，　不能生智慧，　而實有境界，　彼智非實智。

「復次，大慧！愚癡凡夫依無始身戲論煩惱、分別煩惱，幻*化之身建立自法，執著自心見外境界，執著名字章句言說，而不能知建立正法，不修正行，離四種句清淨之法。」

大慧菩薩言：「如是！如是！如是！世尊！如世尊說，世尊為我說所說法建立法相，我及一切諸菩薩等於未來世善知建立說法之相，不迷外道邪見、聲聞辟支佛不正見法。」

佛告大慧菩薩言：「善哉！善哉！善哉！大慧！諦聽！諦聽！我為汝說。」

大慧言：「善哉！世尊！唯然受教。」

佛告大慧：「有二種過去、未來、現在如來、應、正遍知所說法。何等為二？一者、建立說法相，二者、建立如實法相。大慧！何者建立說法相？謂種種功德修多羅、優波提舍，隨眾生信心而為說法。大慧！是名建立說法相。大慧！何者建立如實法相？謂依何等法而修正行，遠離自心虛妄分別諸法相故，不墮一異、俱不俱朋黨聚中，離心、意、意識，內證聖智所行境界，離諸因緣相應見相，離一切外道邪見，離諸一切聲聞、辟支佛見，離於有無二朋黨見。大慧！是名建立如實法相。大慧！汝及諸菩薩摩訶薩應當修學。」

爾時世尊重說偈言：

我建立二法，　說法如實法，　依名字說法，　為實修行者。

入楞伽經卷第五

入楞伽經卷第六

元魏天竺三藏菩提留支譯

盧迦耶陀品第五

爾時聖者大慧菩薩復白佛言：「世尊！如來、應、正遍知一時說言：『盧迦耶陀種種辯說，若有親近供養彼人，攝受欲食不攝法食。』世尊！何故說言盧迦耶陀種種辯說，親近供養，攝受欲食不攝法食？」

佛告大慧：「盧迦耶陀種種辯才，巧妙辭句迷惑世間，不依如法說，不依如義說，但隨世間愚癡凡夫情所樂故說世俗事，但有巧辭言章美妙，失於正義。大慧！是名盧迦耶陀種種辯才，樂說之過。大慧！盧迦耶陀如是辯才，但攝世間愚癡凡夫，非入如實法相說法，自不覺知一切法故，墮於二邊邪見聚中，自失正道亦令他失，是故不能離於諸趣。以不能見唯是自心，分別執著外法有相，是故不離虛妄分別。大慧！是故我說盧迦耶陀，雖有種種巧妙辯才樂說諸法，失正理故，不得出離生老病死憂悲苦惱一切苦聚，以依種種名字章句譬喻巧說迷誑人故。

「大慧！釋提桓因廣解諸論自造聲論，彼盧迦耶陀有一弟子證世間通，詣帝釋天宮，建立論法而作是言：『憍尸迦！我共汝賭，與汝論義，若不如者要受屈伏，令諸一切天人知見。』即共立要：『我若勝汝，要當打汝千輻輪碎。我若不如，從頭至足節節分解，以謝於汝。』作是要已，盧迦耶陀弟子現作龍身，共釋提桓因論義，以其論法即能勝彼釋提桓因，令其屈伏，即於天中打千輻輪車碎如微塵，即下人間。大慧！盧迦耶陀婆羅門如是種種譬喻相應，乃至現畜生身，依種種名字迷惑世間天、人、阿修羅，以諸世間一切眾生執著生滅法故，何況於人！大慧！以是義故，應當遠離盧迦耶陀婆羅門，以因彼說能生苦聚故，是故不應親近供養恭敬諮請盧迦耶陀婆羅門。

「大慧！盧迦耶陀婆羅門所說之法，但見現前身智境界，依世名字說諸邪法。大慧！盧迦耶陀婆羅門所造之論有百千偈，後世、末世分為多部，各各異名，依自心見因所造故。大慧！盧迦耶陀婆羅門無有弟子能受其論，是故後世分為多部種種異名。大慧！諸外道等內心無有如實解故，依種種因種種異解，隨自心造而為人說，執著自在因等故。大慧！一切外道所造論中無如是法，惟是一切盧迦耶陀種種因門說百千萬法，而彼不知是盧迦耶陀。」

大慧菩薩白佛言：「世尊！若一切外道惟說盧迦耶陀，依於世間種種名字、章句、譬喻，執著諸因者。世尊！十方一切國土眾生、天、人、阿修羅集如來所，如來亦以世間種種名字、章句、譬喻說法，不說自身內智證法。若爾，亦同一切外道所說不異？」

佛告大慧：「我不說於盧迦耶陀，亦不說言諸法不來不去。大慧！我說諸法不來不去。大慧！何者名來？大慧！所言來者，名為生聚，以和合生故。大慧！何者名去？大慧！所言去者，名之為滅。大慧！我說不去不來，名為不生不滅。

大慧！我說不同彼外道法。何以故？以不執著外物有無故，建立說於自心見故，不住二處，不行分別諸相境界故。以如實知自心見故，不生自心分別見故，以不分別一切相者，而能入空、無相、無願三解脫門，名為解脫。

「大慧！我念過去於一處住，爾時有一盧迦耶陀大婆羅門來詣我所，而請我言：『瞿曇！一切作耶？』大慧！我時答言：『婆羅門！一切作者，此是第一盧迦耶陀。』

「婆羅門言：『瞿曇！一切不作耶？』我時答言：『婆羅門！一切不作者是第二盧迦耶陀。』

「『如是一切常？一切無常？一切生？一切不生？』我時答言：『婆羅門！是第六盧迦耶陀。』

「大慧！盧迦耶陀復問我言：『瞿曇！一切一耶？一切異耶？一切俱耶？一切不俱耶？一切諸法依於因生，見種種因生故。』大慧！我時答言：『婆羅門！是第十一盧迦耶陀。』

「大慧！彼復問我：『瞿曇！一切無記耶？一切有記耶？有我耶？無我耶？有此世耶？無此世耶？有後世耶？無後世耶？有解脫耶？無解脫耶？一切空耶？一切不空耶？一切虛空耶？非緣滅耶？涅槃耶？瞿曇！作耶？非作耶？有中陰耶？無中陰耶？』大慧！我時答言：『婆羅門！如是說者，一切皆是盧迦耶陀，非我所說，是汝說法。婆羅門！我說因無始戲論虛妄分別煩惱熏習故，說彼三有，以不覺知唯是自心分別見有，非見外有如外道法。』

「大慧！外道說言：『我、根、意義，三種和合能生於知。』『婆羅門！我不如是，我不說因亦不說無因，唯說自心分別見有可取、能取境界之相，我說假名因緣集故而生諸法，非汝婆羅門及餘境界，以墮我見故。』大慧！涅槃、虛空、緣滅不成三數，何況言作、有作、不作！

「大慧！復有盧迦耶陀婆羅門來問我言：『瞿曇！此諸世間無明、愛、業因故，生三有耶？無因耶？』我時答言：『婆羅門！此二法盧迦耶陀，非我法耶！』

「婆羅門復問我言：『瞿曇！一切法墮自相耶？同相耶？』我時答言：『婆

羅門！此是盧迦耶陀，非我法耶！婆羅門！但有心、意、意識執著外物，皆是盧迦耶陀，非我法耶！』

『大慧！盧迦耶陀婆羅門復問我言：『瞿曇！頗有法非盧迦耶陀耶？瞿曇！一切外道建立種種名字、章句、因譬喻說者，皆是我法。』我時答言：『婆羅門！有法非汝法、非不建立，亦非不說種種名字、章句，亦非不依義、依義說，而非盧迦耶陀建立法。婆羅門！有法非盧迦耶陀，以彼諸法一切外道乃至於汝不能了知，以妄執著外不實法分別戲論故。何者是謂遠離分別？心觀察有無，自心見相如實覺知，是故不生一切分別。不取外諸境界法故，分別心息，住自住處寂靜境界，是名非盧迦耶陀，是我論法非汝論耶！婆羅門！住自住處者不生不滅故，不生不滅者不生分別心故。婆羅門！是名非盧迦耶陀。婆羅門！略說言之，以何等處識不行、不取、不退、不求、不生、不執著、不樂、不見、不覩、不住、不觸，是名為住，名異義一。婆羅門！執著種種相，自我和合愛著諸因，是婆羅門盧迦耶陀法，非我法耶！』

「大慧！盧迦耶陀婆羅門來詣我所問如是法，我時答彼婆羅門如向所說。時婆羅門默然而去，而不問我建立真法。時盧迦耶陀婆羅門心作是念：『此沙門釋子外於我法，是可憐愍。說一切法無因、無緣、無有生相，惟說自心分別見法，若能覺知自心見相則分別心滅。』大慧！汝今問我，何故盧迦耶陀種種辯說，親近供養恭敬彼人，但攝欲味不攝法味？」

大慧白佛言：「世尊！何者名食句義？何者名法句義？」

佛告大慧：「善哉！善哉！善哉！大慧！汝能為於未來衆生，諮問如來如是二義。善哉！大慧！諦聽！諦聽！我為汝說。」

大慧白佛言：「善哉！世尊！唯然受*教。」

佛告大慧：「何者為食？謂食味、觸味，樂求方便，巧諂著味、執著外境，如是等法，名異義一，以不能入無二境界法門義故。復次，大慧！名為食者，依於邪見生陰有支，不離生老病死憂悲苦惱，愛生於有，如是等法名之為食。是故我及一切諸佛，說彼親近供養盧迦耶陀婆羅門者，名得食味不得法味。大慧！何者為法味？謂如實能知二種無我，以見人無我、法無我相，是故不生分別之相。如實能知諸地上上智故，爾時能離心、意、意識，入諸佛智受位之地，攝取一切諸句盡處，如實能知一切諸佛自在之處，名為法味，不墮一切邪見戲論分別二邊。大慧！外道說法多令眾生墮於二邊，不令智者墮於二邊。何以故？大慧！諸外道等多說斷常，以無因故墮於常見，見因滅故墮於斷見。大慧！我說如實見不著生滅，是故我說名為法味。大慧！是名我說食味、法味。大慧！汝及諸菩薩摩訶薩當學此法。」

爾時世尊重說偈言：

我攝取眾生，　依戒降諸惡，　智慧滅邪見，　三解脫增長。
外道虛妄說，　皆是世俗論，　以邪見因果，　無正見立論。
我立建立法，　離虛妄因見，　為諸弟子說，　離於世俗法。
惟心無外法，　以無二邊心，　能取可取法，　離於斷常見。
但心所行處，　皆是世俗論，　若能觀自心，　不見諸虛妄。

來者見因生，　去者見果滅，　如實知去來，　不分別虛妄。
常無常及作、　不作彼此物，　如是等諸法，　皆是世俗論。

入楞伽經涅槃品第六

爾時聖者大慧菩薩白佛言：「世尊！如佛所言涅槃，涅槃者以何等法名為涅槃？而諸外道各各虛妄分別涅槃。」

佛告大慧菩薩言：「善哉！善哉！善哉！大慧！諦聽！諦聽！當為汝說，諸外道等虛妄分別涅槃之相，如彼外道所分別者無是涅槃。」

大慧白佛言：「善哉！世尊！唯然受教。」

佛告大慧：「有諸外道厭諸境界，見陰界入滅，諸法無常，心心數法不生現前，以不憶念過去、未來、現樂境界，諸陰盡處如燈火滅、種種風止，不取諸相妄想分別，名為涅槃。大慧！而彼外道見如是法生涅槃心，非見滅故名為涅槃。

「大慧！或有外道從方至方名為涅槃。

「大慧！復有外道分別諸境如風，是故分別名為涅槃。

「大慧！復有外道作如是說：『不見能見、所見境界不滅，名為涅槃。』

「復次，大慧！復有外道作如是說：『不見分別見常、無常，名為涅槃。』

「復次，大慧！復有外道作如是言：『分別見諸種種異相能生諸苦。』以自心見虛妄分別一切諸相，怖畏諸相，見於無相深心愛樂，生涅槃想。

「復次，大慧！復有外道見一切法自相、同相不生滅想，分別過去、未來、現在諸法是有，名為涅槃。

「復次，大慧！復有外道見我、人、衆生、壽命、壽者諸法不滅，虛妄分別，名為涅槃。

「復次，大慧！有餘外道無智慧故，分別所見自性，人命轉變、分別轉變，名為涅槃。

「復次，大慧！有餘外道說如是言：『罪盡故福德亦盡，名為涅槃。』

「復次，大慧！有餘外道言：『煩惱盡依智故，名為涅槃。』

「復次，大慧！有餘外道說如是言：『見自在天造作眾生。』虛妄分別，名為涅槃。

「復次，大慧！有餘外道言：『諸眾生迭共因生，非餘因作。』如彼外道執著於因，不知不覺，愚癡闇鈍虛妄分別，名為涅槃。

「復次，大慧！有餘外道說：『證諦道。』虛妄分別，名為涅槃。

「復次，大慧！有餘外道作如是言：『有作、所作而共和合。』見一異、俱不俱，虛妄分別，名為涅槃。

「復次，大慧！有餘外道言：『一切法自然而生，猶如幻師出種種形像。』見種種寶棘刺等物自然而生，虛妄分別，名為涅槃。

「復次，大慧！有餘外道言：『諸萬物皆是時作，覺知唯時。』虛妄分別名為涅槃。

「復次，大慧！有餘外道言：『見有物、見無物、見有無物，如是分別名為涅槃。』

「復次，大慧！餘建立法智者說言：『如實見者唯是自心，而不取著外諸境界，離四種法，見一切法如彼彼法住，不見自心分別之相，不墮二邊，不見能取、可取境界。見世間建立一切不實迷如實法，以不取諸法名之為實，以自內身證聖智法，如實而知二種無我，離於二種諸煩惱垢，清淨二障，如實能知上上地相，入如來地得如幻三昧，遠離心、意、意識分別如是等見，名為涅槃。』

「大慧！復有諸外道等，邪見覺觀而說諸論，不與如實正法相應，而諸智者遠離訶*責。大慧！如是等外道，皆墮二邊，虛妄分別，無實涅槃。大慧！一切外道如是虛妄分別涅槃，無人住世間，無人入涅槃。何以故？一切外道依自心論虛妄分別，無如實智，如彼外道自心分別，無如是法去來搖動，無有如是外道涅槃。大慧！汝及一切諸菩薩等，應當遠離一切外道虛妄涅槃。」

爾時世尊重說偈言：

外道涅槃見，　各各起分別，　皆從心相生，　無解脫方便。
不離縛所縛，　遠離諸方便，　自生解脫想，　而實無解脫。

外道建立法，　眾智各異取，　彼悉無解脫，　愚癡妄分別。
一切癡外道，　妄見作所作，　是故無解脫，　以說有無法。
凡夫樂戲論，　不聞真實慧，　言語三界本，　如實智滅苦。
譬如鏡中像，　雖見而非有，　熏習鏡心見，　凡夫言有二。
不知唯心見，　是故分別二，　如實知但心，　分別則不生。
心名為種種，　離能見可見，　見相無可見，　凡夫妄分別。
三有惟妄想，　外境界實無，　妄想見種種，　凡夫不能知。
經經說分別，　種種異名字；　離於言語法，　不說不可得。

入楞伽經法身品第七

爾時聖者大慧菩薩白佛言：「世尊！如來、應、正遍知惟願演說自身所證內覺知法，以何等法名為法身？我及一切諸菩薩等，善知如來法身之相，自身及他俱入無疑。」

佛告大慧菩薩言：「善哉！善哉！善哉！大慧！汝有所疑，隨意所問，為汝分別。」

大慧白佛言：「善哉！世尊！唯然受教。」

即白佛言：「世尊！如來、應、正遍知法身者為作法耶？非作法耶？為是因耶？為是果耶？為能見耶？為所見耶？為是說耶？為可說耶？為是智耶？智所覺耶？如是等辭句，如來法身為異耶？為不異耶？」

佛告大慧：「如來、應、正遍知法身之相，如是辭句等，非作法、非不作法，非因、非果。何以故？以二邊有過故。大慧！若言如來是作法者，是則無常，若無常者，一切作法應是如來，而佛如來、應、正遍知不許此法。大慧！若如來法身非作法者則是無身，言有修行無量功德一切行者則是虛妄。大慧！若不作者無，應同兔角、石女兒等，以無作因亦無身故。大慧！若法非因、非果、非有、非無，而彼法體離四種相。大慧！彼四種法名世間言說。大慧！若法離於四種法者，彼法但有名字，如石女兒。大慧！石女兒等惟是名字章句之法，說同四法，若墮四法者，則智者不取。如是一切問如來句，智者應知。」

佛復告大慧：「我說一切諸法無我，汝當諦聽無我之義。夫無我者，內身無我是故無我。大慧！一切諸法自身為有，他身為無，如似牛馬。大慧！譬如牛身非是馬身，馬亦非牛，是故不得言有言無，而彼自體非是無耶！大慧！一切諸法亦復如是，非無體相有自體相。愚癡凡夫不知諸法無我體相，以分別心非不分別心。大慧！如是一切法空，一切法不生，一切法無體相亦爾。大慧！如來法身亦復如是，於五陰中非一非異。大慧！如來法身五陰一者則是無常，以五陰是所作法故。大慧！如來法身五陰異者則有二法，不同體相，如牛二角相似不異，見有別體長短似異。大慧！若如是，一切諸法應無異相而有異相，如牛左角異右角、右角異左角，如是長短相待各別，如色種種彼此差別。大慧！如是如來法身之相，於五陰中不可說一、不可說異，於解脫中不可說一、不可說異，於涅槃中不可說一、不可說異，如是依解脫故，說名如來法身之相。

「大慧！若如來法身異解脫者，則同色相則是無常。若如來法身不異解脫者，則無能證、所證差別。大慧！而修行者則見能證及於所證，是故非一。大慧！如是知於可知境界，非一、非異。大慧！若法非常、非無常，非因、非果，非有為、非無為，非覺、非不覺，非能見、非可見，非離陰界入、非即陰界入，非名、非境界，非一、非異，非俱、非不俱，非相續、非不相續，過一切諸法，若過諸法但有其名，若但有名彼法不生，以不生故彼法不滅，以不滅故彼法則如虛空平等。大慧！虛空非因非果，若法非因非果者，彼法則為不可觀察。不可觀察者，彼法過諸一切戲論。若過一切諸戲論者，名如來法身。大慧！是名如來、應、正遍知法身之相，以過一切諸根境界故。」

爾時世尊重說偈言：

離諸法及根，非果亦非因，已離覺所覺，離能見可見。
諸緣及五陰，佛無有見法，若無有見法，云何而分別？
非作非不作，非因亦非果，非陰非離陰，亦不在餘處。
何等心分別？分別不能見，彼法非是無，諸法法自爾。

先有故言無，　先無故言有，　是故不說無，　亦不得說有。
迷於我無我，　但著於音聲，　彼墮於二邊，　妄說壞世間。
離諸一切過，　則能見我法，　是名為正見，　不謗於諸佛。

爾時聖者大慧菩薩復白佛言：「世尊！惟願世尊為我解說，惟願善逝為我解說，如來處處說言諸法不生不滅，世尊復言不生不滅者名如來法身，故言不生不滅。世尊！如來言不生不滅者，為是無法故名不生不滅？為是如來異名不生不滅？而佛如來常說諸法不生不滅，以離建立有無法故。世尊！若一切法不生者，此不得言一切法，以一切法不生故。若依餘法有此名者，世尊應為我說。」

佛告大慧菩薩言：「善哉！善哉！善哉！大慧！諦聽！諦聽！當為汝說。」

大慧菩薩白佛言：「善哉！世尊！唯然受教。」

佛告大慧：「如來法身非是無物，亦非一切法不生不滅，亦不得言依因緣有，亦非虛妄說不生不滅。大慧！我常說言不生不滅者，名意生身，如來法身非諸外道、聲聞、辟支佛境界故，住七地菩薩亦非境界。大慧！我言不生不滅者，即如來異名。大慧！譬如釋提桓因、帝釋、王、不蘭陀羅、手爪、身體、地浮彌、虛空無礙，如是等種種名號名異義一，不依多名言有多體帝釋等耶！大慧！我亦如是，於娑婆世界中三阿僧祇百千名號，凡夫雖說而不知是如來異名。

「大慧！或有眾生知如來者，有知自在者，有知一切智者，有知救世間者，有知為導者，有知為將者，有知為勝者，有知為妙者，有知世尊者，有知佛者，有知牛王者，有知師子者，有知仙人者，有知梵者，有知那羅延者，有知勝者，有知迦毘羅者，有知究竟者，有知阿利吒尼彌者，有知月者，有知日者，有知婆樓那者，有知毘耶娑者，有知帝釋者，有知力者，有知海者，有知不生者，有知不滅者，有知空者，有知真如者，有知實際者，有知涅槃者，有知法界者，有知法性者，有知常者，有知平等者，有知不二者，有知無相者，有知緣者，有知佛體者，有知因者，有知解脫者，有知道者，有知實諦者，有知一切智者，有知意生身者。

「大慧！如是等種種名號，如來、應、正遍知於娑婆世界及餘世界中，三阿僧祇百千名號不增不減，眾生皆知，如水中月不入不出，而諸凡夫不覺不知，以墮二邊相續法中，然悉恭敬供養於我。而不善解名字句義，取差別相不能自知，執著名字故虛妄分別，不生不滅名為無法，而不知是如來名號差別之相。如因陀羅、帝釋、王、不蘭陀羅等，以不能決定名與真實，隨順名字音聲取法亦復如是。

「大慧！於未來世愚癡凡夫說如是言：『如名，義亦如是。』而不能知異名有義。何以故？以義無體相故。復作是言：『不異名字音聲有義，名字音聲即是義。』何以故？不知名字體相故。大慧！彼愚癡人不知音聲即生即滅，義不生滅故。大慧！音聲之性墮於名字，而義不同墮於名字，以離有無故，無生無體故。大慧！如來說法依自聲說，不見諸字是有無故不著名字。大慧！若人執著名字說者，彼人不名善說法者。何以故？法無名字故。大慧！是故我經中說：諸佛如來乃至不說一字，不示一名。何以故？諸法無字，依義無說，依分別說故。大慧！若不說法者，諸佛如來法輪斷滅。法輪滅者，亦無聲聞、緣覺、菩薩，無聲聞、緣覺、菩薩者，為何等人、何等法、何事說？大慧！是故菩薩摩訶薩不應著於言說名字。

「大慧！名字章句非定法故，依眾生心說，諸佛如來隨眾生信而說諸法，為令遠離心、意、意識故，不說自身內證聖智建立諸法。如實能知一切諸法寂靜相故，但見自心覺所知法，離二種心分別之相，不如是說。大慧！菩薩摩訶薩依義不依語，若善男子、善女人隨文字說者，墮在邪見，自身失壞第一義諦，亦壞他人令不覺知。大慧！諸外道等各依自論異見言說。大慧！汝應善知一切地相，善知樂說、辯才、文辭、章句，善知一切諸地相已，進取名句、樂說、辯才，善知諸法義相應相，爾時自身於無相法樂而受樂受，住大乘中，令眾生知。

「大慧！取大乘者，即是攝受諸佛、聲聞、緣覺、菩薩。攝受諸佛、聲聞、緣覺及菩薩者，即是攝受一切眾生。攝受一切諸眾生者，即是攝受勝妙法藏。攝受法藏者，即不斷佛種。不斷佛種者，不斷一切勝妙生處，以彼勝處諸菩薩等願生彼故，置諸眾生大乘法中，十自在力隨諸眾生形色諸使，而能隨現說如實法。大慧！何者如實法？如實法者，不異不差、不取不捨，離諸戲論名如實法。

「大慧！善男子、善女人不得執著文字音聲，以一切法無文字故。大慧！譬如有人為示人物，以指指示，而彼愚人即執著指，不取因指所示之物。大慧！愚癡凡夫亦復如是，聞聲執著名字指故，乃至沒命終不能捨文字之指取第一義⊙故。大慧！譬如穀粟名凡夫食，不舂不*炊不可得食，若其有人未作食者，名為顛狂，要須次第乃至*炊熟方得成食。大慧！不生不滅亦復如是，不修巧智方便行者，不得具足莊嚴法身。大慧！執著名字言得義者，如彼癡人不知舂*炊，噉文字穀不得義食，以是義故當學於義，莫著文字。大慧！所言義者，名為涅槃。言名字者，分別相縛生世間解。大慧！義者從於多聞人得。大慧！言多聞者謂義巧方便，非聲巧方便。大慧！義方便者離於一切外道邪說亦不和雜，如是說者，自身不墮外道邪法，亦不令他墮外道法。大慧！是名多聞有義方便。大慧！欲得義者應當親近多聞智者，供養恭敬，著名字者應當遠離，不應親近。」

爾時大慧菩薩承諸佛力白佛言：「世尊！如來世尊說一切法不生不滅，非為奇特。何以故？一切外道亦說諸因不生不滅，如來亦說虛空、非數緣滅及涅槃界不生不滅。世尊！諸外道亦說依諸因緣生諸衆生，如來亦說無明、愛、業分別因緣生諸世間。若爾，如來亦說因緣名字相異，依外因緣能生諸法，外道亦說依外因緣而生諸法，是故如來與外道說無有差別。世尊！外道因微塵、勝、自在天、梵天等，共外九種因緣，說言諸法不生不滅。如來亦說一切諸法不生不滅，有無不可得，以諸四大不滅，自相不生不滅。隨佛如來種種異說，而不離於外道所說，而諸外道亦說諸大不離大體。世尊！諸外道分別諸大，如來亦爾分別諸大。世尊！以是義故，如來所說不異外道。若不同者，如來應說所有異相。若有異相，當知不同外道所說。世尊！若佛如來於自法中不說勝相者，諸外道中亦應有佛，以說諸法不生不滅。如來常說一世界中而有多佛俱出世者，無有是處。如向所說一世界中應有多佛。何以故？所說有無因無差故。如佛所說言無虛謬，云何世尊於自法中不說勝相？」

佛告大慧言：「大慧！我所說法不生不滅者，不同外道不生不滅，亦不同彼不生無常法。何以故？大慧！諸外道說有實有體性不生不變相，我不如是墮於有無朋黨聚中。大慧！我說離有無法，離生、住、滅相，非有非無，見諸一切種種色像如幻如夢，是故不得言其有無。大慧！云何不得言其*有無？謂色體相有見不見、取不取故。大慧！是故我說一切諸法非有非無。大慧！以不覺知唯是自心分別生見，一切世間諸法本來不生不滅，而諸凡夫生於分別，非聖人耶！

「大慧！迷心分別不實義者，譬如凡夫見乾闥婆城，幻師所作種種幻人、種種象馬，見其入出，虛妄分別作如是言：『此如是如是入，如是如是出。』大慧！而彼實處無人出入，惟自心見迷惑分別，生不生法亦復如是。大慧！而彼實處無此有為無為諸法，如彼幻師所作幻事，而彼幻師不生不滅。大慧！諸法有無亦無所為，以離生滅故，惟諸凡夫墮顛倒心分別生滅，非謂聖人。

「大慧！顛倒者，如心分別此法如是如是，而彼法不如是如是，亦非顛倒。分別顛倒者執著諸法是有是無，非見寂靜故。不見寂靜者，不能遠離虛妄分別。是故，大慧！見寂靜者名為勝相，非見諸相名為勝相，以不能斷生因相故。大慧！言無相者遠離一切諸分別心，無生無相者，是我所說名為涅槃。大慧！言涅槃者，謂見諸法如實住處，遠離分別心、心數法，依於次第如實修行，於自內身聖智所證，我說如是名為涅槃。」

爾時世尊重說偈言：

為遮生諸法，　建立無生法，　我說法無因，　凡夫不能知。
我說法無因，　而凡夫不知，　一切法不生，　亦不得言無。
乾闥婆幻夢，　諸法無因有，　諸法空無相，　云何為我說？
離諸和合緣，　智慧不能見，　以空本不生，　是故說無體。
一一緣和合，　見物不可得，　非外道所見，　和合不可得。
夢幻及毛輪，　乾闥婆陽焰，　無因而妄見，　世間事亦爾。
降伏無因論，　能成無生義；　能成無生者，　我法不滅壞。
說無因諸論，　外道生驚怖，　云何何等人？　何因於何處？
生諸法無因，　非因非無因，　智者若能見，　能離生滅見。
無法生不生，　為無因緣相，　若為法名字，　無義為我說。

非法有無生，亦非待因緣，非前法有名，亦名不空說。
聲聞辟支佛，外道非境界，住在於七地，彼處無生相。
離諸因緣法，為遮諸因緣，說建立惟心，我說名無生。
諸法無因緣，離分別分別，離有無朋黨，我說名無生。
心離於見法，及離二法體，轉身依正相，我說名無生。
外非實無實，亦非心所取，幻夢及毛輪，乾闥婆陽焰。
遠離於諸見，是名無生相，如是空等法，諸文句應知。
非生及空空，而無於生空。諸因緣和合，有生及有滅；
離於諸因緣，不生亦不滅。離因緣無法，離和合無得；
外道妄分別，而見有一異。有無不生法，有無不可得，
惟和合諸法，而見有生滅。但有於名字，展轉為鉤鎖；
離彼因緣鎖，生法不可得，生法不見生，離諸外道過。
我說緣鉤鎖，諸凡夫不知；若離緣鉤鎖，更無有別法。

是則無因緣，破壞緣鎖義，如燈顯衆像，鉤鎖生亦然，
是則離鉤鎖，別更有法生。生法本無體，自性如虛空；
離鉤鎖求法，愚人無所知。復有餘無生，聖人所得法，
彼生無生者，是則無生忍。若見諸世間，則是見鉤鎖，
一切皆鉤鎖，是則心得定。無明愛業等，是則內鉤鎖，
攢軸泥團輪，種子大鉤鎖。若更有他法，而從因緣生，
離於鉤鎖義，彼不住聖教。若生法是無，彼為誰鉤鎖？
展轉相生故，是名因緣義，堅濕熱動法，凡夫生分別，
離鎖更無法，是故說無體。如醫療衆病，依病出對治，
而論無差別，病殊故方異。我念諸衆生，為煩惱過染，
知根力差別，隨堪受為說。我法無差別，隨根病異說；
我唯一乘法，八聖道清淨。

入楞伽經卷第六

入楞伽經卷第七

元魏天竺三藏菩提留支譯

無常品第八

爾時聖者大慧菩薩復白佛言：「世尊！世尊說無常，無常者，一切外道亦說無常。世尊！如來依於名字章句說如是言：諸行無常，是生滅法。世尊！此法為是真實？為是虛妄？世尊！復有幾種無常？」

佛告聖者大慧菩薩言：「善哉！善哉！善哉！大慧！一切外道虛妄分別說八種無常。何等為八？一者、發起所作而不作，是名無常。何者名為發起？謂生法不生法、常法無常法，名為發起無常。二者、形相休息，名為無常。三者、色等即是無常。四者、色轉變故異異無常，諸法相續自然而滅，如乳酪轉變，於一切法不見其轉亦不見滅，名為無常。五者、復有餘外道等，以無物故，名為無常。六者、有法無法而悉無常，以一切法本不生故，名為無常。以無常法彼中和合，是故無常。七者、復有餘外道等，本無後有名為無常。謂依諸大所生相滅，不見其生離相續體，名為無常。八者、不生無常，謂為非常，是故無常。見諸法有無、生不生，乃至微塵，觀察不見法生，故言不生諸法非生。大慧！是名無生無常相，而諸外道不知彼法所以不生，是故分別諸法不生，故言無常。

「復次，大慧！外道分別無常之法言有於物，彼諸外道自心虛妄分別無常，常非無常，以有物故。何以故？自體不滅故。自體不滅者，無常之體常不滅故。大慧！若無常法是有物者，應生諸法，以彼無常能作因故。大慧！若一切法不離無常者，諸法有無一切應見。何以故？如杖木、瓦石，能破可破之物悉皆破壞。見彼種種異異相故，是故無常因，一切法無法，亦非因亦非果。大慧！復有諸過，以彼因果無差別故，而不得言此是無常而彼是果。以因果差別故，不得言一切法常，以一切法無因故。大慧！諸法有因，而諸凡夫不覺不知，異因不能生異果故。大慧！若異因能生異果者，因異應生一切諸法。若爾，復更有過，應因果差別而見差別。大慧！若其無常是有物者，應同因體所作之事。復更有過，於一法中即應具足一切諸法，以同一切所作，因果業相無差⊙別故。復更有過，自有無常，無常有無常體故。復更有過，一切諸法無常應常故。復更有過，若其無常，同諸法者墮三世法。大慧！過去色同無常故已滅，未來法未生，以同色無常故不生，現在有法不離於色，以色與彼諸大相依五大、依塵，是故不滅，以彼彼不相離故。大慧！一切外道不滅諸大，三界依大、依微塵等，是故依彼法說生、住、滅。大慧！離於此法更無四大諸塵等法，以彼外道虛妄分別離一切法更有無常，是故外道說言諸大不生不滅。以自體相常不滅故，是故彼說發起作事，中間不作，名為無常。諸大更有發起諸大，無彼彼異相、同相不生滅法，以見諸法不生滅故，而於彼處生無常智。

「大慧！何者名為形相休息無常？謂能造、所造形相，見形相異如長短，非諸大滅，而見諸大形相轉變，彼人墮在僧佉法中。大慧！復形相無常者，謂何等人即色名無常，彼人見於形相無常，而非諸大是無常法。若諸大無常，則諸世間一切不得論說世事。若論世事，墮盧迦耶陀邪見朋黨，以說一切諸法唯名，復見諸法自體相生。大慧！轉變無常者，謂見諸色種種異相非諸大轉變，譬如見金作莊嚴具，形相轉變金體不異，餘法轉變亦復如是。大慧！如是外道虛妄分別見法無常。火不燒諸大，自體不燒，以彼諸大自體差別故。大慧！諸外道說若火能燒諸大者，則諸大斷滅，是故不燒。

「大慧！我說大及諸塵，非常、非無常。何以故？我不說外境界有故，我說三界但是自心，不說種種諸相是有，是故說言不生不滅，唯是四大因緣和合，非大及塵是實有法，以虛妄心分別二種可取、能取法，如實能知二種分別。是故離外有無見相，唯是自心分別作業，而名為生，而業不生，以離有無分別心故。大慧！何故非常、非不常？以有世間及出世間上上諸法，是故不得說言是常。何故非無常？以能覺知唯是自心分別見故，是故非無常。而諸外道墮在邪見，執著二邊，不知自心虛妄分別，非諸聖人分別無常。大慧！一切諸法總有三種。何等為三？一者、世間法相，二者、出世間法相，三者、出世間上上勝法相。以依言語種種說法，而諸凡夫不覺不知。」

爾時世尊重說偈言：

遠離於始造，及與形相異，無常名有物，外道妄分別。
諸法無有滅，諸大自性住，墮於種種見，外道說無常。
彼諸外道說，諸法不生滅，諸大體自常，何等法無常？
一切世唯心，而心見二境，可取能取法，我我所法無。
三界上下法，我說皆是心，離於諸心法，更無有可得。

入楞伽經入道品第九

爾時聖者大慧菩薩摩訶薩復白佛言：「世尊！惟願世尊為我說諸一切菩薩、聲聞、辟支佛入滅盡定次第相，我及一切諸菩薩等，若得善知入滅盡定次第之相巧方便者，不墮聲聞、辟支佛三昧三摩跋提滅盡定樂，不墮聲聞、辟支佛、外道迷惑之法。」

佛告聖者大慧菩薩言：「善哉！善哉！善哉！大慧！諦聽！諦聽！當為汝說。」

大慧菩薩白佛言：「善哉！世尊！唯然受教。」

佛告大慧：「菩薩從初地乃至六地入滅盡定，聲聞、辟支佛亦入滅盡定。大慧！諸菩薩摩訶薩於七地中念念入滅盡定，以諸菩薩悉能遠離一切諸法有無相故。大慧！聲聞、辟支佛不能念念入滅盡定，以聲聞、辟支佛緣有為行入滅盡定，墮在可取、能取境界，是故聲聞、辟支佛不能入七地中念念滅盡定，以聲聞、辟支佛生驚怖想，恐墮諸法無異相故。以覺諸法種種異相、有法無法、善不善法、同相異相而入滅盡定，是故聲聞、辟支佛不能入七地中念念滅盡定，以無善巧方便智故。

「大慧！七地菩薩摩訶薩轉滅聲聞、辟支佛心、意、意識。大慧！初地乃至六地菩薩摩訶薩，見於三界但是自心心、意、意識，離我、我所法，唯是自心分別，不墮外法種種諸相。唯是凡夫內心愚癡，墮於二邊見，於可取、能取之法，以無知故，而不覺知無始世來身、口、及意，妄想煩惱戲論熏習而生諸法。

「大慧！於八地中一切菩薩、聲聞、辟支佛入涅槃想。大慧！諸菩薩摩訶薩承己自心三昧佛力，不入三昧樂門墮涅槃而住，以不滿足如來地故。若彼菩薩住三昧分者，休息度脫一切衆生，斷如來種滅如來家，為示如來不可思議諸境界故，是故不入涅槃。

「大慧！聲聞、辟支佛墮三昧樂門法，是故聲聞、辟支佛生涅槃想。大慧！諸菩薩摩訶薩從初地來乃至七地，具巧方便，觀察心、意、意識之想，遠離我、我所取相之法，觀察我空、法空，觀察同相、異相，善解四無礙巧方便義，自在次第入於諸地菩提分法。大慧！我若不說諸菩薩摩訶薩同相、異相法者，一切菩薩不如實知諸地次第。恐墮外道邪見等法故，我次第說諸地相。大慧！若人次第入諸地者，不墮餘道，我說諸地次第相者，唯自心見諸地次第及三界中種種行相，而諸凡夫不覺不知。以諸凡夫不覺知故，是故我及一切諸佛說於諸地次第之相，及建立三界種種行相。

「復次，大慧！聲聞、辟支佛於第八菩薩地中，樂著寂滅三昧樂門醉故，不能善知唯自心見，墮自相、同相熏習障礙故，墮人無我、法無我見過故，以分別心名為涅槃，而不能知諸法寂靜。大慧！諸菩薩摩訶薩以見寂靜三昧樂門，憶念本願大慈悲心度諸衆生，知十無盡如實行智，是故不即入於涅槃。大慧！諸菩薩摩訶薩遠離虛妄分別之心，遠離能取、可取境界，名入涅槃。以如實智知一切諸法唯是自心，是故不生分別之心，是故菩薩不取心、意、意識，不著外法實有之相，而非不為佛法修行，依根本智展轉修行，為於自身求佛如來證地智故。

「大慧！如人睡夢度大海水，起大方便欲度自身，未度中間忽然便寤，作是思惟：『此為是實？為是虛妄？』彼復思惟：『如是之相非實非虛，唯是我本虛妄分別不實境界，熏習因故見種種色，形相顛倒不離有無，意識熏習於夢中見。』大慧！菩薩摩訶薩亦復如是，於八地中見分別心，初地七地諸法同相，如夢如幻平等無差，離諸功用可取、能取分別之心，見心、心數法。為於未得上上佛法修行者令得故，菩薩摩訶薩修行勝法，名為涅槃，非滅諸法名為涅槃。菩薩摩訶薩遠離心、意、意識分別相故，得無生法忍。大慧！第一義中亦無次第，無次第行，諸法寂靜亦如虛空。」

大慧菩薩白佛言：「世尊！世尊說聲聞、辟支佛入第八菩薩地寂滅樂門，如來復說聲聞、辟支佛不知但是自心分別，復說諸聲聞得人無我，而不得法無我空。若如是說，聲聞、辟支佛尚未能證初地之法，何況八地寂滅樂門！」

佛告大慧：「我今為汝分別宣說。大慧！聲聞有三種，言入八地寂滅門者，此是先修菩薩行者墮聲聞地，還依本心修菩薩行，同入八地寂滅樂門，非增上慢寂滅聲聞。以彼不能入菩薩行，未曾覺知三界唯心，未曾修行菩薩諸法，未曾修行諸波羅蜜十地之行，是故決定寂滅聲聞不能證彼菩薩所行寂滅樂門。」

爾時世尊重說偈言：

唯心無所有，　諸行及佛地，　去來現在佛，　三世說如是。
七地為心地，　無所有八地，　二地名為行，　餘地名我地。

內身證及淨，此名為我地，自在最勝處，阿迦尼吒天。
熖曜如炎火，出妙諸光明，種種美可樂，化作於三界。
化現三界色，或有在光化，彼處說諸乘，是我自在地。
十地為初地，初地為八地，九地為七地，七地為八地，
二地為三地，四地為五地，三地為六地，寂滅有何次？
決定諸聲聞，不行菩薩行，同入八地者，是本菩薩行。

入楞伽經問如來常無常品第十

爾時聖者大慧菩薩摩訶薩白佛言：「世尊！如來、應、正遍知為是常耶？為無常耶？」

佛告聖者大慧菩薩言：「大慧！如來、應、正遍知非常非無常。何以故？二邊有過故。大慧！有無二邊應有過失。大慧！若言如來是常法者，則同常因。大慧！以諸外道說言微塵諸因常故，非是作法。大慧！是故不得言如來常，以非作

法而言常故。大慧！亦不得言如來無常，言無常者即是同於有為作法，五陰可見、能見法無，五陰滅故，五陰滅者諸佛如來亦應同滅，而佛如來非斷絕法。大慧！凡作法者皆是無常，如瓶衣、車屋及疊席等，皆是作法，是故無常。大慧！若言一切皆無常者，一切智、一切智人、一切功德亦應無常，以同一切作法相故。又復有過，若言一切皆無常者，諸佛如來應是作法，而佛如來非是作法，以無更說有勝因故，是故我言如來非常亦非無常。

「復次，大慧！如來非常。何以故？虛空之性亦無修行諸功德故。大慧！譬如虛空非常、非無常。何以故？以離常、無常故，以不墮一異、俱不俱、有無、非有非無、常無常、非常非無常，是故離於一切諸過不可得說。復次，大慧！亦不得言如來是常。何以故？若言常者同於兔、馬、駝、驢、龜、蛇、蠅、魚等角，是故不得言如來常。復次，大慧！亦不得言如來是常，恐墮不生常故，是故不得言如來世尊常。

「復次，大慧！更有餘法，依彼法故，得言如來世尊是常。何以故？依內證智證常法故，是故得言如來是常。大慧！諸佛如來內證智法，常恒清涼不變。大慧！諸佛如來、應、正遍知，若出於世、不出於世，法性常如是，法體常如是，法軌則常如是，以彼法性，一切聲聞、辟支佛等亦不曾聞、亦不曾見。如是法體非虛空中，毛道凡夫不覺不知。大慧！諸佛如來內證智者，依彼得名。大慧！以依如實智慧修行得名為佛，非心、意、意識、無明、五陰熏習得名。大慧！一切三界，不實妄想分別戲論得名。大慧！不實分別二種法者而得名為常與無常，而佛如來不墮二法，不墮能取、可取二邊，如來寂靜，二法不生故。是故，大慧！諸佛如來、應、正遍知不得言是常與無常。大慧！凡所言語，而得說言常與無常。遠離一切分別盡者，不得言取常、無常法。是故我遮一切凡夫，不得分別常與無常，以得真實寂靜法者，得盡分別，不生分別。」

爾時世尊重說偈言：

離於常無常，　非常非無常，　若見如是佛，　彼不墮惡道。
若說常無常，　諸功德虛妄，　無智者分別，　遮說常無常。

所有立法者，　皆有諸過失，　若能見唯心，　彼不墮諸過。

入楞伽經佛性品第十一

爾時聖者大慧菩薩摩訶薩復請佛言：「世尊！惟願如來、應、正遍知為我說，善逝為我說陰、界、入生滅之相。世尊！若無我者誰生誰滅？世尊！一切凡夫依生、滅、住不見苦盡，是故不知涅槃之相。」

佛告聖者大慧菩薩言：「善哉！善哉！善哉！大慧！汝今諦聽，當為汝說。」

大慧白佛言：「善哉！世尊！唯然受教。」

佛告大慧：「如來之藏是善、不善因故，能與六道作生死因緣，譬如伎兒出種種伎，眾生依於如來藏故五道生死。大慧！而如來藏離我、我所，諸外道等不知不覺，是故三界生死因緣不斷。大慧！諸外道等妄計我故，不能如實見如來藏，以諸外道無始世來，虛妄執著種種戲論諸熏習故。大慧！阿梨耶識者，名如來藏，而與無明七識共俱，如大海波常不斷絕，身俱生故，離無常過，離於我過，自性清淨。餘七識者，心、意、意識等，念念不住，是生滅法。七識由彼虛妄因生，不能如實分別諸法，觀於高下長短形相故，執著名相故，能令自心見色相故，能得苦樂故，能離解脫因故，因名相生隨煩惱貪故。依彼念因諸根滅盡故，不次第生故，餘自意分別不生苦樂受故，是故入少想定、滅盡定，入三摩跋提、四禪、實諦解脫，而修行者生解脫相，以不知轉滅虛妄相故。大慧！如來藏識不在阿梨耶識中，是故七種識有生有滅，如來藏識不生不滅。何以故？彼七種識依諸境界念觀而生。此七識境界，一切聲聞、辟支佛、外道修行者不能覺知，不如實知人無我故，以取同相、別相法故，以見陰、界、入法等故。大慧！如來藏如實見五法體相法無我故不生，如實知諸地次第展轉和合故，餘外道不正見、不能觀察。

「大慧！菩薩住不動地，爾時得十種三昧門等為上首，得無量無邊三昧，依三昧佛住持，觀察不可思議諸佛法及自本願力故，遮護三昧門實際境界。遮已，入自內身聖智證法真實境界，不同聲聞、辟支佛、外道修行所觀境界。爾時過彼十種聖道，入於如來意生身、智身，離諸功用三昧心故。是故，大慧！諸菩薩摩訶薩欲證勝法如來藏阿梨耶識者，應當修行令清淨故。大慧！若如來藏阿梨耶識名為無者，離阿梨耶識無生無滅，一切凡夫及諸聖人依彼阿梨耶識故有生有滅。以依阿梨耶識故，諸修行者入自內身聖行所證，現法樂行而不休息。

「大慧！此如來心阿梨耶識如來藏諸境界，一切聲聞、辟支佛、諸外道等不能分別。何以故？以如來藏是清淨相，客塵煩惱垢染不淨。大慧！我依此義，依勝鬘夫人，依餘菩薩摩訶薩深智慧者，說如來藏阿梨耶識共七種識生名轉滅相，為諸聲聞、辟支佛等示法無我，對勝鬘說言如來藏是如來境界。大慧！如來藏識阿梨耶識境界，我今與汝及諸菩薩甚深智者，能了分別此二種法，諸餘聲聞、辟支佛及外道等執著名字者，不能了知如此二法。大慧！是故汝及諸菩薩摩訶薩當學此法。」

爾時世尊重說偈言：

甚深如來藏，　與七識俱生，　取二法則生，　如實知不生。

如鏡像現心，　無始習所熏，　如實觀察者，　諸境悉空無。
如癡見指月，　觀指不觀月，　計著名字者，　不見我真實。
心如巧伎兒，　意如狡猾者，　意識及五識，　虛妄取境界，
如伎兒和合，　誑惑於凡夫。

入楞伽經五法門品第十二

爾時聖者大慧菩薩摩訶薩復請佛言：「世尊！惟願如來、應、正遍知為我說，善逝為我說五法體相及二無我差別行相，我及一切諸菩薩等，若得善知五法體相、二種無我差別相者，修行是法，次第入於一切諸地。修行是法能入一切諸佛法中，入諸佛法者，乃至能入如來自身內證智地。」

佛告聖者大慧菩薩言：「善哉！善哉！善哉！大慧！汝今諦聽，當為汝說。」

大慧菩薩言：「善哉！世尊！唯然受教。」

佛告大慧：「我為汝說五法體相、二種無我差別行相。大慧！何等五法？一

者、名，二者、相，三者、分別，四者、正智，五者、真如。內身修行證聖人智，離斷、常見，現如實修行者，入三昧樂、三摩跋提行門故。大慧！一切凡夫不覺不知五法體相、二種無我，惟以自心見於外物，是故生於分別之心，非謂聖人。」

大慧白佛言：「世尊！云何凡夫生分別心非聖人也？」

佛告大慧：「一切凡夫執著名相，隨順生法。隨順生法已，見種種相，墮我、我所邪見心中，執著具足。一切法相執著已，入於無明黑闇障處。入障處已，起於貪心。起貪心已，而能造作貪、瞋、癡業。造業行已，不能自止，如蠶作繭，以分別心而自纏身，墮在六道大海險難，如轆轤迴轉，不自覺知。以無智故不知一切諸法如幻，不知無我、我所，諸法非實，從於妄想分別而生，而不知離可見、能見，而不知離生、住、滅相，不知自心虛妄而生，謂知隨順自在天、時、微塵、我生。

「大慧！何者為名？謂眼識見前色等法相，如聲相、耳相、鼻相、舌相、身相。大慧！如是等相，我說名為名相。大慧！何者分別？以依何等法說名取相，了別此法如是如是畢竟不異，謂象、馬、車、步、人民等分別種種相，是名分別。大慧！何者正智？以觀察名相，觀察已不見實法，以彼迭共因生故見，迭共生者諸識不復起，分別識相不斷不常，是故不墮一切外道、聲聞、辟支佛地。大慧！是名正智。復次，大慧！菩薩摩訶薩依正智，不取名相法以為有，不取不見相以為無。何以故？以離有無邪見故，以不見名相是正智義，是故我說名為真如。

「大慧！菩薩住真如法者，得入無相寂靜境界，入已得入菩薩摩訶薩初歡喜地。菩薩得初歡喜地時，證百金剛三昧明門，捨離二十五有一切果業，過諸聲聞、辟支佛地，住如來家真如境界。如實修行知五法相如幻如夢，如實觀察一切諸法，起自內身證聖智修行，如是展轉遠離虛妄世間覺觀所樂之地，次第乃至法雲地。入法雲地已，次入三昧力自在神通諸華莊嚴如來之地。入如來地已，為教化眾生，現種種光明應莊嚴身如水中月，依無盡句善縛所縛，隨眾生信者而為說法，離心、意、意識身故。大慧！菩薩入真如已，得佛地中如是如是無量無邊法。」

大慧復白佛言：「世尊！世尊為五法入三法？為三法入五法中？為自體相各

各差別？」

佛告大慧：「三法入五法中。大慧！非但三法入五法中，八種識、二種無我亦入五法。大慧！云何三法入五法中？大慧！名、相名為分別法相。大慧！依彼二法分別生心、心數法，一時非前後，如日共光明一時，而有分別種種相。大慧！是名三相，依因緣力生故。大慧！正智、真如名第一義諦相，依不滅法故。復次，大慧！著於自心見分別法差別有八種，以分別諸相以為實故。離我、我所生滅之法，爾時得證二無我法。大慧！五法法門入諸佛地，諸地法相亦入五法門中，一切聲聞、辟支佛法亦入五法門中，如來內身證聖智法亦入五法門中。

「復次，大慧！五法相、名、分別、真如、正智。大慧！何者名為相？相者見色形相狀貌勝不如，是名為相。大慧！依彼法相起分別相，此是瓶，此是牛、馬、羊等，此法如是如是不異。大慧！是名為名。大慧！依於彼法立名，了別示現彼相，是故立彼種種名字牛、羊、馬等，是名分別心、心數法。大慧！觀察名相乃至微塵，常不見一法相。諸法不實，以虛妄心生分別故。大慧！言真如者，名為不虛決定畢竟盡自性自體，正見真如相，我及諸菩薩及諸佛如來、應、正遍知，說名異義一。大慧！如是等隨順正智不斷、不常、無分別，分別不行處，隨順自身內證聖智，離諸一切外道、聲聞、辟支佛等惡見朋黨不正智中。大慧！於五法、三法相、八種識、二種無我，一切佛法皆入五法中。大慧！汝及諸菩薩摩訶薩為求勝智，應當修學。大慧！汝知五法不隨他教故。」

爾時世尊重說偈言：

五法自體相、　及與八種識、　二種無我法，　攝取諸大乘。
名相及分別，　三法自體相，　正智及真如，　是第一義相。

入楞伽經恒河沙品第十三

爾時聖者大慧菩薩摩訶薩白佛言：「世尊！如世尊依名字說過去、未來、現在諸佛如恒河河沙。世尊！佛說如是，為依如來口中所說，我隨順取？為更有義？願為我說。」

佛告聖者大慧菩薩言：「大慧！如我所說名字章句，莫如是取。大慧！三世諸佛非恒河河沙等。何以故？所說譬喻過世間者，非如譬喻。何以故？以有相似、不相似故。大慧！諸佛如來、應、正遍知不定說過世間相似、不相似譬喻。何以故？大慧！我說譬喻但是少分故。大慧！我及諸佛如來、應、正遍知所說譬喻但說少義。何以故？愚癡凡夫諸外道等，著諸法常，增長邪見，隨順世間輪迴生死，為彼生厭聞生驚怖，又聞諸佛如恒河沙，便於如來無上聖道生易得想，求出世法。大慧！是故我說諸佛如來如恒河河沙。何以故？我餘經中說佛出世如優曇華，眾生聞已言佛道難得，不修精進，是故我說諸佛如來如恒河河沙。大慧！我說諸佛出世如優曇華者，依可化眾生義故，我說諸佛如優曇華。大慧！而優曇華於世間中無人曾見，當亦不見。大慧！諸佛如來世間曾見、現見、當見。

「大慧！我說如是，非依自身所得法說，是故說言如優曇華，諸佛如來亦復如是。大慧！我依內身證法說法，是故說過世間譬喻，以諸凡夫、無信眾生不能信我所說譬喻。何以故？說自內身聖智境界，無譬喻可說，遠離心、意、意識，過諸見地。諸佛如來真如之法不可說故，是故我說種種譬喻。大慧！我說諸佛如恒河河沙者，是少分譬喻。大慧！諸佛如來平等非不平等，以非分別分別故。大慧！譬如恒河河中所有之沙，魚、鼈、龜、龍、牛、羊、象、馬諸獸踐蹈，而彼河沙不生分別、不瞋不恚，亦不生心：『彼惱亂我。』無分別故，淨離諸垢。大慧！諸佛如來、應、正遍知亦復如是，內身證得聖智，滿足諸力神通自在功德如恒河沙，一切外道邪論諸師愚癡魚鼈，以瞋恚心毀罵如來，如來不動不生分別，本願力故為與眾生三昧三摩跋提，一切諸樂令滿足故，不分別分別。大慧！是故我說諸佛如來如恒河河沙等，等者平等無有異相，以離愛身故。

「大慧！譬如恒河河沙不離地相。大慧！大地火燒，火不異地故，火不燒地。地大有火，相續體故。大慧！愚癡凡夫墮顛倒智，自心分別言地被燒，而地不燒，以不離地而得更有四大火身故。大慧！諸佛如來亦復如是，諸佛如來法身之體，如恒河河沙等，不滅不失故。大慧！譬如恒河河沙無量無邊。大慧！諸佛如來亦復如是，出於世間放無量光，遍於一切諸佛大會，為化眾生令覺知故。大慧！如恒河河沙更不生相，如彼微塵，微塵體相如是而住。大慧！諸佛如來亦復如是，於世間中不生不滅，諸佛如來斷有因故。大慧！如恒河河沙，若出於河亦不可見，入於河中亦不可見，亦不起心：『我出入河。』大慧！諸佛如來智慧之力亦復如是，度諸眾生亦不盡滅、亦不增長。何以故？諸法無身故。大慧！一切有身皆是無常磨滅之法，非無身法，諸佛如來唯法身故。

「大慧！譬如有人欲得蘇油，押恒河沙終不可得，無蘇油故。大慧！諸佛如來為諸眾生苦惱所押，瞋不可得，不捨自法界相，不捨自法味相，不捨本願與眾生樂，以得具足大慈大悲，我若不令一切眾生入涅槃者，我身亦不入於涅槃。大慧！如恒河河沙隨水而流，終不逆流。大慧！諸佛如來為諸眾生說法亦爾，隨順涅槃而非逆流。大慧！是故我說諸佛如來如恒河河沙。大慧！言恒河河沙隨順流者，非是去義。若佛如來有去義者，諸佛如來應無常滅。大慧！世間本際尚不可知，不可知者，我云何依而說去義？是故如來非為去義。大慧！去義者名為斷義，愚癡凡夫不覺不知。」

大慧白佛言：「世尊！世尊若衆生在於世間輪迴，去來本際不可知者，云何如來而得解脫？復令衆生得於解脫？」

佛告大慧言：「大慧！言解脫者，離於一切戲論煩惱無始熏習分別心故，如實能知唯自心見，外所分別心迴轉故，是故我說名為解脫。大慧！言解脫者非是滅法，是故汝今問我若不知本際，云何得解脫者，此問不成。大慧！言本際者，是分別心一體異名。大慧！離分別心更無衆生，即此分別名為衆生。大慧！真實智慧觀內外法，無法可知、能知故。大慧！以一切法本際來寂靜。大慧！不如實知唯自心見虛妄分別，是故生於分別之心，如實知者不生分別。」

爾時世尊重說偈言：

觀察於諸佛，　譬如恒河沙，　不滅亦不生，　彼人能見佛。
遠離諸塵垢，　如恒河河沙，　隨順流不變，　法身亦如是。

入楞伽經卷第七

入楞伽經卷第八

元魏天竺三藏菩提留支譯

剎那品第十四

爾時聖者大慧菩薩摩訶薩復白佛言：「世尊！惟願如來、應、正遍知為我說，善逝為我說一切法生滅之相，云何如來說一切法念念不住？」

佛告大慧菩薩言：「善哉！善哉！善哉！大慧！汝今諦聽，當為汝說。」

大慧言：「善哉！世尊！唯然受教。」

佛告大慧：「一切法，一切法者，所謂善法、不善法，有為法、無為法，世間法、出世間法，有漏法、無漏法，內法、外法。大慧！略說五陰法。因心、意、意識熏習增長，諸凡夫人依心、意、意識熏習故，分別善、不善法。大慧！聖人現證三昧三摩跋提無漏善法樂行。大慧！是名善法。復次，大慧！言善不善法者，所謂八識。何等為八？一者、阿梨耶識，二者、意，三者、意識，四者、眼識，五者、耳識，六者、鼻識，七者、舌識，八者、身識。大慧！五識身共意識身，善不善法展轉差別相續，體無差別身，隨順生法，生已還滅，不知自心見虛妄境界即滅時，能取境界形相、大小、勝*妙之狀。大慧！意識共五識身相應生，一念時不住，是故我說彼法念時不住。

「大慧！言刹尼迦者名之為空，阿梨耶識名如來藏。無共意轉識熏習故名為空，具足無漏熏習法故名為不空。大慧！愚癡凡夫不覺不知，執著諸法刹那不住，墮在邪見而作是言：『無漏之法亦刹那不住。』破彼真如如來藏故。大慧！五識身者不生六道，不受苦樂，不作涅槃因。大慧！如來藏不受苦樂，非生死因。餘法者共生共滅，依於四種熏習醉故，而諸凡夫不覺不知邪見熏習，言一切法刹那不住。復次，大慧！金剛如來藏如來證法，非刹那不住。大慧！如來證法若刹那不住者，一切聖者不成聖人。大慧！非非聖人，以聖人故。大慧！金剛住於一劫，稱量等住，不增不減。大慧！云何愚癡凡夫分別諸法，言剎那不住？而諸凡夫不得我意，不覺不知內外諸法念念不住。」

大慧復白佛言：「世尊！如來常說滿足六波羅蜜法，得阿耨多羅三藐三菩提。世尊！何等為六波羅蜜？云何滿足？」

佛告大慧菩薩言：「大慧！波羅蜜差別有三種，謂世間波羅蜜、出世間波羅蜜、出世間上上波羅蜜。

「大慧！言世間波羅蜜者，愚癡凡夫執著我、我所法，墮於二邊，為於種種勝妙境界行波羅蜜，求於色等境界果報。大慧！愚癡凡夫行尸波羅蜜、羼提波羅蜜、毘梨耶波羅蜜、禪波羅蜜、般若波羅蜜，乃至生於梵天，求五神通世間之法。大慧！是名世間諸波羅蜜。

「大慧！言出世間波羅蜜者，謂聲聞、辟支佛取聲聞、辟支佛涅槃心，修行波羅蜜。大慧！如彼世間愚癡凡夫，為於自身求涅槃樂，而行世間波羅蜜行。聲聞、緣覺亦復如是，為自身故求涅槃樂，行出世間波羅蜜行，而乃求彼非究竟樂。

「大慧！出世間上上波羅蜜者，如實能知但是自心虛妄分別見外境界，爾時實知惟是自心見內外法，不分別虛妄分別，不取內外自心色相故。菩薩摩訶薩如實能知一切法故行檀波羅蜜，為令一切眾生得無怖畏安隱樂故，是名檀波羅蜜。大慧！菩薩觀彼一切諸法不生分別，隨順清涼，是名尸波羅蜜。大慧！菩薩離分別心忍彼修行，如實而知能取、可取境界非實，是名菩薩羼提波羅蜜。大慧！菩薩云何修精進行？初、中、後夜常勤修行，隨順如實法斷諸分別，是名毘梨耶波羅蜜。大慧！菩薩離於分別心，不隨外道能取、可取境界之相，是名禪波羅蜜。大慧！何者菩薩般若波羅蜜？菩薩如實觀察自心分別之相，不見分別，不墮二邊，依如實修行轉身，不見一法生，不見一法滅，自身內證聖行修行，是名菩薩般若波羅蜜。大慧！波羅蜜義如是滿足者，得阿耨多羅三藐三菩提。」

爾時世尊重說偈言：

空無常剎那，　愚分別有為，　如河燈種子，　空無常剎那，分別剎那義，剎那亦如是。剎尼迦不生，寂靜離所作；
一切法不生，我說剎那義。物生即有滅，不為凡夫說，
分別相續法，妄想見六道。若無明為因，能生諸心者，
乃至色未生，中間依何住？即生即有滅，餘心隨彼生，
色不一念住，觀於何法生？依何因生法？心無因而生，
是故生不成，云何知念壞？修行者證定，金剛佛舍利，
光音天宮殿，世間不壞事。*真如證法實，如來智成就，
比丘證平等，云何念不住？乾闥婆幻色，何故念不住？
無四大見色，四大何所為？

入楞伽經化品第十五

爾時聖者大慧菩薩摩訶薩復白佛言：「世尊！如佛世尊與諸羅漢授阿耨多羅三藐三菩提記，如來復說：『諸佛如來不入涅槃。』復說：『如來、應、正遍知

，何等夜證大菩提，何等夜入般涅槃，於其中間不說一字。』如來復說：『諸佛如來常入無覺無觀無分別定。』復言：『作諸種種應化度諸眾生。』世尊復說：『諸識念念差別不住，金剛密迹常隨侍衛。』復說：『世間本際難知。』復言：『眾生入般涅槃。』若入涅槃應有本際。復說：『諸佛無有怨敵。』而見諸魔。復說：『如來斷一切障。』而見旃遮摩那毘孫陀梨等謗，佛入娑梨那村，竟不得食，空鉢而出。世尊！若如是者如來便有無量罪業，云何如來不離一切諸罪過惡，而得阿耨多羅三藐三菩提一切種智？」

佛告聖者大慧菩薩言：「善哉！善哉！善哉！大慧！汝今諦聽，當為汝說。」

大慧白佛言：「善哉！世尊！唯然受教。」

佛告大慧：「我為曾行菩薩行諸聲聞等依無餘涅槃而與授記。大慧！我與聲聞授記者，為怯弱眾生生勇猛心。大慧！此世界中及餘佛國有諸眾生行菩薩行，而復樂於聲聞法行，為轉彼取大菩提，應化佛為應化聲聞授記，非報佛、法身佛而授記莂。大慧！聲聞、辟支佛涅槃無差別。何以故？斷煩惱無差異故，斷煩惱障，非斷智障。復次，大慧！見法無我斷於智障，見人無我斷煩惱障。大慧！轉意識故，斷法障、業障，以轉意阿梨耶識熏習故，究竟清淨。

「大慧！我常依本法體而住，更不生法，依本名字章句不覺不思而說諸法。大慧！如來常如意知，常不失念，是故如來無覺無觀，諸佛如來離四種地已，遠離二種死、二種障、二種業故。大慧！七種識，意、意識、眼、耳、鼻、舌、身念念不住，因虛妄熏習，離於無漏諸善法故。大慧！如來藏世間不生不死、不來不去，常恒清涼不變。復次，大慧！依如來藏故有世間涅槃苦樂之因，而諸凡夫不覺不知，而墮於空、虛妄顛倒。

「大慧！金剛密迹常隨侍衞應化如來，前後圍遶，非法佛、報佛根本如來、應、正遍知。大慧！根本如來遠離諸根大小諸量，遠離一切凡夫、聲聞、辟支佛等。大慧！如實修行得彼真如樂行境界者，知根本佛，以得平等法忍故，是故金剛密迹隨應化佛。大慧！應化佛者無業、無謗，而應化佛不異法佛、報佛如來，而亦不一。如陶師鹽等作所作事，應化佛作化衆生事，異真實相說法，不說內所證法聖智境界。復次，大慧！一切凡夫、外道、聲聞、辟支佛等，見六識滅，墮於斷見，不見阿梨耶識，墮於常見。復次，大慧！不見自心分別本際，是故世間名無本際。大慧！遠離自心分別見者，名為解脫得涅槃證。大慧！諸佛如來遠離四種熏習氣故，是故無過。」

爾時世尊重說偈言：

三乘及非乘，　諸佛無量乘，　一切記佛地，　說諸煩惱斷。
內身證聖智，　及無餘涅槃，　誘進怯衆生，　是故隱覆說。
如來得證智，　亦說於彼道，　衆生依入道，　二乘無涅槃。
見欲色及有，　及四種熏地，　意識亦所生，　見意識共住。
見意眼識等，　常無常斷滅，　常見依意等，　而起涅槃見。

入楞伽經遮食肉品第十六

爾時聖者大慧菩薩摩訶薩白佛言：「世尊！我觀世間生死流轉，怨結相連墮諸惡道，皆由食肉，更相殺害增長貪瞋，不得出離甚為大苦。世尊！食肉之人斷大慈種，修聖道者不應得食。世尊！諸外道等說邪見法盧迦耶陀墮俗之論，墮於斷常、有無見中皆遮食肉，自己不食，不聽他食，云何如來清淨法中，修梵行者自食、他食一切不制？如來世尊於諸眾生慈悲一等，云何而聽以肉為食？善哉！世尊！哀愍世間，願為我說食肉之過、不食功德，我及一切諸菩薩等聞已，得依如實修行，廣宣流布，令諸現在、未來眾生一切識知。」

佛告聖者大慧菩薩言：「善哉！善哉！善哉！大慧！汝大慈悲愍眾生故，能問此義，汝今諦聽，當為汝說。」

大慧菩薩白佛言：「善哉！世尊！唯然受教。」

佛告大慧：「夫食肉者有無量過，諸菩薩摩訶薩修大慈悲不得食肉，食與不食功德罪過我說少分，汝今諦聽。大慧！我觀眾生從無始來食肉習故，貪著肉味更相殺害，遠離賢聖受生死苦。捨肉味者聞正法味，於菩薩地如實修行，速得阿耨多羅三藐三菩提，復令眾生入於聲聞、辟支佛地止息之處，息已令入如來之地。大慧！如是等利慈心為本，食肉之人斷大慈種，云何當得如是大利？是故，大慧！我觀眾生輪迴六道，同在生死共相生育，迭為父母兄弟姊妹，若男若女，中表內外六親眷屬，或生餘道，善道、惡道常為眷屬。以是因緣，我觀眾生更相噉肉無非親者，由貪肉味迭互相噉，常生害心增長苦業，流轉生死不得出離。」

佛說是時，諸惡羅剎聞佛所說，悉捨惡心止不食肉，迭相勸發慈悲之心，護眾生命過自護身，捨離一切諸肉不食，悲泣流淚而白佛言：「世尊！我聞佛說諦觀六道，我所噉肉皆是我親，乃知食肉眾生大怨，斷大慈種長不善業，是大苦本。世尊！我從今日斷不食肉，及我眷屬亦不聽食。如來弟子有不食者，我當晝夜親近擁護。若食肉者，我當與作大不饒益。」

佛言：「大慧！羅剎惡鬼常食肉者，聞我所說，尚發慈心捨肉不食，況我弟子行善法者當聽食肉！若食肉者，當知即是眾生大怨，斷我聖種。大慧！若我弟子聞我所說，不諦觀察而食肉者，當知即是旃陀羅種，非我弟子，我非其師。是故，大慧！若欲與我作眷屬者，一切諸肉悉不應食。復次，大慧！菩薩應觀一切是肉，皆依父母膿血不淨赤白和合生不淨身，是故菩薩觀肉不淨，不應食肉。

「復次，大慧！食肉之人，眾生聞氣悉皆驚怖逃走遠離，是故菩薩修如實行，為化眾生不應食肉。大慧！譬如旃陀羅、獵師、屠兒、捕魚鳥人一切行處，眾生遙見作如是念：『我今定死，而此來者是大惡人，不識罪福，斷眾生命求現前利，今來至此為覓我等，今我等身悉皆有肉，是故今來我等定死。』大慧！由人食肉，能令眾生見者皆生如是驚怖。

「大慧！一切虛空地中眾生，見食肉者皆生驚怖，而起疑念：『我於今者為死、為活？如是惡人不修慈心，亦如豺狼遊行世間，常覓肉食，如牛噉草、蜣蜋逐糞，不知飽足。我身是肉正是其食，不應逢見。』即捨逃走離之遠去，如人畏懼羅剎無異。大慧！食肉之人能令眾生見者皆生如是驚怖，當知食肉眾生大怨，是故菩薩修行慈悲，為攝眾生，不應食彼非聖慧人所食之味，惡名流布，聖人呵*責。是故，大慧！菩薩為攝諸眾生故不應食肉。

「復次，大慧！菩薩為護眾生信心，不應食肉。何以故？大慧！言菩薩者，眾生皆知是佛如來慈心之種，能與眾生作歸依處，聞者自然不生疑怖，生親友想、善知識想、不怖畏想，言得歸依處，得安隱處，得善導師。大慧！由不食肉能生眾生如是信心，若食肉者眾生即失一切信心，便言世間無可信者，斷於信根。是故，大慧！菩薩為護眾生信心，一切諸肉悉不應食。

「復次，大慧！我諸弟子為護世間謗三寶故，不應食肉。何以故？世間有人見食肉故，謗毀三寶，作如是言：『於佛法中，何處當有真實沙門、婆羅門修梵行者？捨於聖人本所應食，食眾生肉，猶如羅剎食肉滿腹醉眠不動，依世凡人豪貴勢力覓肉食噉，如羅剎王驚怖眾生。』是故處處唱如是言：『何處當有真實沙門、婆羅門修淨行者？無法、無沙門、無毘尼、無淨行者。』生如是等無量無邊惡不善心，斷我法輪，絕滅聖種，一切皆由食肉者過。是故，大慧！我弟子者，為護惡人毀謗三寶，乃至不應生念肉想，何況食肉！

「復次，大慧！菩薩為求清淨佛土教化眾生，不應食肉，應觀諸肉如人死屍，眼不欲見，不用聞氣，何況可嗅而著口中！一切諸肉亦復如是。大慧！如燒死屍臭氣不淨，與燒餘肉臭穢無異，云何於中有食不食？是故，大慧！菩薩為求清淨佛土教化眾生，不應食肉。

「復次，大慧！菩薩為求出離生死，應當專念慈悲之行，少欲知足，厭世間苦，速求解脫，當捨憒鬧就於空閑，住屍陀林、阿蘭若處，塚間樹下獨坐思惟，觀諸世間無一可樂，妻子眷屬如枷鎖想，宮殿臺觀如牢獄想，觀諸珍寶如糞聚想，見諸飲食如膿血想，受諸飲食如塗癰瘡，趣得存命繫念聖道，不為貪味，酒、肉、葱、韮、蒜、薤臭味悉捨不食。大慧！若如是者是真修行，堪受一切人、天供養。若於世間不生厭離，貪著*諸味，酒、肉、葷、辛得便噉食，不應受於世間信施。

「復次，大慧！有諸眾生過去曾修無量因緣，有微善根得聞我法，信心出家在我法中，過去曾作羅剎眷屬，虎、狼、師子、猫、狸中生，雖在我法，食肉餘習，見食肉者歡喜親近，入諸城邑、聚落、塔寺，飲酒噉肉以為歡樂，諸天下觀猶如羅剎爭噉死屍等無有異，而不自知已失我眾成羅剎眷屬，雖服袈裟、剃除鬚髮，有命者見心生恐怖如畏羅剎。是故，大慧！若以我為師者，一切諸肉悉不應食。

「復次，大慧！世間邪見諸呪術師，若其食肉呪術不成。為成邪術尚不食肉，況我弟子為求如來無上聖道出世解脫，修大慈悲精勤苦行猶恐不得！何處當有如是解脫，為彼癡人食肉而得？是故，大慧！我諸弟子為求出世解脫樂故，不應食肉。

「復次，大慧！食肉能起色力食味，人多貪著，應當諦觀一切世間有身命者，各自寶重畏於死苦，護惜身命人畜無別，寧當樂存疥野干身，不能捨命受諸天樂。何以故？畏死苦故。大慧！以是觀察死為大苦，是可畏法，自身畏死，云何當得而食他肉？是故，大慧！欲食肉者先自念身，次觀衆生，不應食肉。

「復次，大慧！夫食肉者諸天遠離，何況聖人！是故菩薩為見聖人，當修慈悲，不應食肉。大慧！食肉之人睡眠亦苦，起時亦苦，若於夢中見種種惡，驚怖毛竪心常不安，無慈心故乏諸善力。若其獨在空閑之處，多為非人而伺其便，虎、狼、師子亦來伺求欲食其肉，心常驚怖不得安隱。復次，大慧！諸食肉者貪心難滿，食不知量，不能消化，增益四大，口氣腥臊，腹中多有無量惡蟲，身多瘡癬、白癩病疾種種不淨，現在凡夫不憙聞見，何況未來無病香潔人身可得！

「復次，大慧！我說凡夫為求淨命噉於淨食，尚應生心如子肉想，何況聽食非聖人食！聖人離者，以肉能生無量諸過，失於出世一切功德，云何言我聽諸弟子食諸肉血不淨等味？言我聽者，是則謗我。大慧！我聽弟子食諸聖人所應食食，非謂聖人遠離之食。聖食能生無量功德，遠離諸過。大慧！過去、現在聖人食者，所謂粳米、大小麥、豆、種種油蜜、甘蔗、甘蔗汁、䕻陀、末干提等，隨時得者，聽食為淨。

「大慧！於未來世有愚癡人，說種種毘尼言得食肉，因於過去食肉熏習，愛著肉味，隨自心見作如是說，非佛聖人說為美食。大慧！不食肉者，要因過去供養諸佛，種諸善根，能信佛語，堅住毘尼，信諸因果，至於身口能自節量，不為世間貪著諸味，見食肉者能生慈心。

「大慧！我憶過去有王名師子奴，食種種肉，愛著肉味，次第乃至食於人肉。因食人肉，父母、兄弟、妻子、眷屬皆悉捨離，一切臣民國土聚落即便謀反，共斷其命。以食肉者有如是過，是故不應食一切肉。

「復次，大慧！自在天王化身為鴿，釋提桓因是諸天主，因於過去食肉習氣，化身作鷹驚逐此鴿，鴿來投我，我於爾時作尸毘王，憐愍衆生更相食噉，稱己身肉與鷹代鴿，割肉不足身上秤上，受大苦惱。大慧！如是無量世來食肉熏習，自身、他身有如是過，何況無愧常食肉者！

「大慧！復有餘王不食肉者，乘馬遊戲，為馬驚波，牽入深山，失於侍從不知歸路，不食肉故師子、虎、狼見無害心，與雌師子共行欲事，乃至生子。斑足王等以過去世食肉熏習，及作人王亦常食肉，在七家村多樂食肉，食肉太過遂食人肉，生諸男女盡為羅刹。大慧！食肉衆生依於過去食肉熏習，多生羅刹、師子、虎、狼、豺、豹、猫、狸、鵄、梟、雕、鷲、鷹、鷂等中，有命之類各自護身不令得便，受飢餓苦常生惡心，念食他肉，命終復墮惡道受生，人身難得，何況當有得涅槃道！

「大慧！當知食肉之人有如是等無量諸過，不食肉者即是無量功德之聚。大慧！而諸凡夫不知如是食肉之過、不食功德，我今略說不聽食肉。大慧！若一切人不食肉者，亦無有人殺害衆生。由人食肉，若無可食處處求買，為財利者殺以販賣，為買者殺，是故買者與殺無異，是故食肉能障聖道。

「大慧！食肉之人愛著肉味，至無畜生乃食人肉，何況麞、鹿、雉、兔、鵝、鴈、猪、羊、雞、狗、駝、驢、象、馬、龍、蛇、魚、鼈，水陸有命，得而不食！由著肉味，設諸方便殺害衆生，造作種種罝羅機網，羅山、罝地、截河、堰海，遍諸水陸安置罟網、機撥、坑埳、弓刀、毒箭，間無空處，虛空、地、水種種衆生皆被殺害，為食肉故。大慧！獵師、屠兒、食肉人等，惡心堅固能行不忍，見諸衆生形體鮮肥膚肉充悅，生食味心，更相指示言是可噉，不生一念不忍之心，是故我說食肉之人斷大慈種。

「大慧！我觀世間無有是肉而非命者。自己不殺，不教人殺，他不為殺，不從命來而是肉者，無有是處。若有是肉不從命出而是美食，我以何故不聽人食？遍求世間無如是肉，是故我說食肉是罪，斷如來種，故不聽食。

「大慧！我涅槃後於未來世法欲滅時，於我法中有出家者剃除鬚髮，自稱：『我是沙門釋子。』披我袈裟癡如小兒，自稱律師墮在二邊，種種虛妄覺觀亂心，貪著肉味，隨自心見，說：『毘尼中言得食肉。』亦謗我言：『諸佛如來聽人食肉。』亦說：『因制而聽食肉。』亦謗我言：『如來世尊亦自食肉。』大慧！我於象腋、央掘魔、涅槃、大雲等一切修多羅中不聽食肉，亦不說肉入於食味。大慧！我若聽諸聲聞弟子肉為食者，我終不得口常讚歎修大慈悲行如實行者，亦不讚歎屍陀林中頭陀行者，亦不讚歎修行大乘住大乘者，亦不讚歎不食肉者。我不自食，不聽他食，是故我勸修菩薩行歎不食肉，勸觀眾生應如一子，云何唱言我聽食肉？我為弟子修三乘行者速得果故，遮一切肉悉不聽食，云何說言我毘尼中聽人食肉？

「又復說言如來餘修多羅中，說三種肉聽人食者，當知是人不解毘尼次第斷故，唱言得食。何以故？大慧！肉有二種：一者、他殺，二者、自死。以世人言有肉得食、有不得者，象、馬、龍、蛇、人、鬼、獼猴、猪、狗及牛，言不得食，餘者得食。屠兒不問得食不得，一切盡殺，處處衒賣，衆生無過橫被殺害，是故我制他殺、自死悉不得食。見、聞、疑者所謂他殺，不見、聞、疑者所謂自死。是故，大慧！我毘尼中唱如是言：『凡所有肉，於一切沙門釋子皆不淨食，污清淨命，障聖道分，無有方便而可得食。』

「若有說言：『佛毘尼中說三種肉，為不聽食，非為聽食。』當知是人堅住毘尼，是不謗我。大慧！今此楞伽修多羅中，一切時，一切肉，亦無方便而可得食。是故，大慧！我遮食肉，不為一人，現在、未來一切不得。是故，大慧！若彼癡人自言律師，言：『毘尼中聽人食肉。』亦謗我言：『如來自食。』彼愚癡人成大罪障，長夜墮於無利益處、無聖人處、不聞法處，亦不得見現在、未來賢聖弟子，況當得見諸佛如來！大慧！諸聲聞人常所應食，米、麵、油、蜜、種種麻豆能生淨命，非法貯畜、非法受取我說不淨，尚不聽食，何況聽食血肉不淨！

「大慧！我諸聲聞、辟支佛、菩薩弟子食於法食，非食飲食，何況如來！大慧！諸佛如來法食法住非飲食身，非諸一切飲食住身，離諸資生愛有求等，遠離一切煩惱習過，善分別知心、心智慧、一切智、一切見，見諸衆生平等憐愍。是故，大慧！我見一切諸衆生等猶如一子，云何而聽以肉為食？亦不隨喜，何況自食！大慧！如是一切葱、韮、蒜、薤臭穢不淨，能障聖道，亦障世間人天淨處，何況諸佛淨土果報！酒亦如是，能障聖道，能損善業，能生諸過。是故，大慧！來聖道者，酒、肉、葱、韮及蒜、薤等能熏之味悉不應食。」

爾時世尊重說偈言：

大慧菩薩問，　酒肉葱韮蒜，　佛言是不淨，　一切不聽食。
羅剎等食噉，　非聖所食味，　食者聖呵*責，　及惡名流布。
願佛分別說，　食不食罪福。　大慧汝諦聽，　我說食中過。
酒肉葱韮蒜，　是障聖道分。　我觀三界中，　及得聖道衆，
無始世界來，　展轉莫非親，　云何於其中，　而有食不食？

觀肉所從來，出處最不淨，膿血和雜生，尿屎膿涕合，
修行淨行者，當觀不應食。種種肉及葱，酒亦不得飲，
種種韮及蒜，修行常遠離。常遠離麻油，穿孔床不眠，
飛揚諸細蟲，斷害他命故。肉食長身力，由力生邪念，
邪念生貪欲，故不聽食肉。由食肉生貪，貪心致迷醉，
迷醉長愛欲，不解脫生死。為利殺衆生，為肉追錢財，
彼二人惡業，死墮叫喚獄。三種名淨肉，不見聞不疑，
世無如是肉，生墮食肉中。臭穢可厭患，常生顛狂中，
多生旃陀羅，獵師屠兒家，或生羅剎女，及諸食肉處，
羅剎猫狸種，食肉生彼中。象腋與大雲，涅槃勝鬘經，
及入楞伽經，我不聽食肉。諸佛及菩薩，聲聞亦呵*責，
食肉無慚愧，生生常顛狂。先說見聞疑，已斷一切肉，
妄想不覺知，故生食肉想。如彼貪欲過，障礙聖解脫，

酒肉葱韮蒜，　悉為聖道障。　未來世衆生，　於肉愚癡說，
言此淨無罪，　佛聽我等食。　淨食如藥想，　猶如食子肉，
知足生厭離，　修行行乞食。　安住慈心者，　我說常厭離，
師子豺虎狼，　恒可同遊止。　食肉見者怖，　云何而可食？
是故修行者，　慈心不食肉。　食肉斷慈心，　離涅槃解脫，
及違聖人教，　故不聽食肉。　不食生梵種，　及諸修行道，
智慧及富貴，　斯由不食肉。

入楞伽經陀羅尼品第十七

爾時世尊告聖者大慧菩薩摩訶薩言：「大慧！汝應諦聽，受持我楞伽經呪，是呪過去、未來、現在諸佛已說、今說、當說。大慧！我今亦說，為諸法師受持、讀誦楞伽經者而說呪曰：

兜諦兜諦　祝諦祝諦　蘇頗諦蘇頗諦　迦諦迦諦　阿摩利　阿摩諦　毘摩梨

毘摩梨　尼彌尼彌　奚彌奚彌　婆迷婆迷　歌梨歌梨　歌羅歌梨　阿虀摩虀　遮虀兜虀　讓虀　蘇弗虀　葛弟葛弟　波弟波弟　奚咪奚咪地咪地咪　羅制羅制　波制波制　槃弟槃弟　阿制彌制　竹茶梨兜茶弟　波羅弟　遏計遏計　斫計斫計　梨利　爾犀咪　屎咪　奚咪奚咪　晝晝晝晝　抽畜抽畜　紬紬紬紬　除除除除　蘇婆呵

「大慧！是名楞伽大經中呪文句，善男子、善女人、比丘、比丘尼、優婆塞、優婆夷等，能受持讀⊙誦此文句為人演說，無有人能覓其罪過。若天、天女，若龍、龍女，若夜叉、夜叉女，阿修羅、阿修羅女，迦樓羅、迦樓羅女，緊那羅、緊那羅女，摩睺羅伽、摩睺羅伽女，浮多、浮多女，鳩槃茶、鳩槃茶女，毘舍闍、毘舍闍女，嗚多羅、嗚多羅女，阿波羅、阿波羅女，羅剎、羅剎女，茶伽、茶伽女，嗚周何羅、嗚周何羅女，伽吒福多羅、伽吒福多羅女，若人、非人，若人女、非人女，不能覓其過。若有惡鬼神損害人，欲速令彼惡鬼去者，一百遍轉此陀羅尼呪，彼諸惡鬼驚怖號哭疾走而去。」

佛復告大慧：「大慧！我為護此護法法師更說陀羅尼，而說呪：

波頭彌　波頭彌提婢　奚尼奚尼奚禰諸梨　諸羅　諸麗　侯羅　侯麗　由麗

由羅　由麗　波麗　波羅　波麗　聞制　瞋迭頻迭槃逝末迭遲那迦梨蘇波呵

「大慧！是陀羅尼呪文句，若善男子、善女人受持、讀誦、為人演說，無人能得與作過失。若天、若天女，若龍、若龍女，夜叉、夜叉女，阿修羅、阿修羅女，迦樓羅、迦樓羅女，緊那羅、緊那羅女，摩睺羅伽、摩睺羅伽女，乾闥婆、乾闥婆女，浮多、浮多女，鳩槃茶、鳩槃茶女，毘舍闍、毘舍闍女，嗚多羅、嗚多羅女，阿拔摩羅、阿拔摩羅女，羅叉、羅叉女，嗚闥阿羅、嗚闥阿羅女，伽吒福單那、伽吒福單那女，若人、若非人，若人女、非人女，彼一切不能得其過失。大慧！若有人能受持讀誦此呪文句，彼人得名誦一切楞伽經。是故我說此陀羅尼句，為遮一切諸羅剎，護一切善男子、善女人護持此經者。」

入楞伽經卷第八

入楞伽經卷第九

元魏天竺三藏菩提留支譯

總品第十八之一

爾時世尊欲重宣此修多羅深義而說偈言：

如夏諸禽獸，迷惑心見波，諸禽獸愛水，彼水無實事。
如是識種子，見諸境界動，諸愚癡衆生，如眼�見物。
思惟可思惟，及離能思惟，見實諦分別，能知得解脫。
是諸法非堅，虛妄分別生；虛妄分別空，依彼空分別。
五陰識等法，如水中樹影，如見幻夢等，識中莫分別。

本無始生物，　諸緣中亦無，　石女兒空華，　若能見有為，
爾時見可見，　見迷法即住。　我不入涅槃，　不滅諸相業；
滅諸分別識，　此是我涅槃，　非滅諸法相，　愚癡妄分別。
如瀑水竭盡，　爾時波不生，　如種種識滅，　滅而不復生。
空及無識相，　如幻本不生，　有無離有無，　此諸法如夢。
我說一實法，　離於諸覺觀，　聖人妙境界，　離二法體相。
如見螢火相，　種種而無實，　世間見四大，　種種亦如是。
如依草木石，　示現諸幻相，　彼幻無是相，　諸法體如是。
無取*者可取，　無解脫無縛，　如幻如陽焰，　如夢眼中瞖。
若如是實見，　離諸分別垢，　即住如實定，　彼見我無疑。
此中無心識，　如虛空陽焰，　如是知諸法，　而不知一法。
離有無諸緣，　故諸法不生，　三界心迷惑，　是故種種見。
夢及世間法，　此二法平等，　可見與資生，　諸觸及於量，

身無常世間，種種色亦爾，世間尊者說，如是所作事。
心三界種子，迷惑見現未，知世間分別，無如是實法；
見世間如是，能離諸生死。生及與不生，愚癡迷惑見；
不生及不滅，修智慧者見。阿迦尼妙境，離諸惡行處，
常無分別行，離諸心數法。得力通自在，到諸三昧處，
彼處成正覺，化佛此中成。諸法不生滅，諸法如是體，
應化無量億，彼體中出世。愚人聞佛法，如響不思議。
遠離初中後，及離有無法，遍不動清淨，無諸相現相。
識性覆法身，一切身中有，迷惑是幻有，幻非迷惑因。
心無迷惑法，亦非不少有，心依二法縛，阿梨耶識起，
但心如是見，我法如瀑水。觀世間如是，爾時轉諸心，
乃是我真子，成就實法行。煖濕及堅動，愚分別諸法，
非實專念有，無能相可相。八種物一身，形相及諸根，

愚分別諸色，迷惑身羅網。諸因緣和合，愚癡分別生，
不知如是法，流轉三界中。諸法及言語，是衆生分別，
而諸法是無，如化如夢等。觀諸法如是，不住世涅槃，
心種種種子，現見心境界。可見分別生，愚癡樂二法；
無智愛及業，是心心法因。依他力法生，故說他力法。
依法分別事，心迷惑境界，故不成分別，迷惑邪分別。
心依因緣縛，是故生諸身；若離諸因緣，我說不見法。
離諸因緣法，離於諸法相；不住諸法中，我說不見境。
如王長者等，以種種禽獸，會集宅野中，以示於諸子。
我如是諸相，種種鏡像法，內身智為子，說於實際法。
如大海波浪，從風因緣生，能起舞現前，而無有斷絕。
阿梨耶識常，依風境界起，種種水波識，能舞生不絕。
能取可取相，衆生見如是，可見無諸相，毛道如是見。

阿梨耶本識，　意及於意識，　離可取能取，　我說如是相。
五陰中無我，　及無人衆生，　生即諸識生，　滅即諸識滅。
如畫中高下，　可見無如是，　如是諸物體，　見無如是相。
如乾闥婆城，　禽獸渴愛水，　如是可見見，　智觀無如是。
離可量及想，　非因亦非果，　離能覺所覺，　離能見可見。
依陰因緣覺，　無人見可見；　若不見可見，　云何修彼法？
因緣因譬喻，　立意及因緣，　夢乾闥婆輪，　陽焰及日月，
光焰幻等喻，　我遮諸法生，　如夢幻迷惑，　空分別衆生。
不依於三界，　內外亦皆無，　見諸有不生，　乃得無生忍。
得如幻三昧，　及於如意身，　諸通及自在，　力心種種法。
諸法本不生，　空無法體相；　彼人迷不覺，　隨因緣生滅。
如愚癡分別，　心見於自心，　見外種種相，　實無可見法。
見骨相佛像，　及諸大離散，　善覺心能知，　住持世間相。

平等無分別，起即是生死，能生種種子，是故說種子。
因緣不生法，因緣不滅法，生法惟因緣，心如是分別。
三界惟假名，實無事法體，妄覺者分別，取假名為實。
觀諸法實體，我不遮迷惑，實體不生法，觀是得解脫。
我不見幻無，說諸法是有，顛倒速如電，是故說如幻。
非本生如生，諸因緣無體，無有處及體，惟有於言語。
不遮緣生滅，不遮緣和合，遮諸愚癡見，分別因緣生。
實無識體法，無事及本識，愚癡生分別，如死尸惡覺。
三界但是心，諸佛子能見，即得種類身，離作有為法。
得力通自在，及共相應法，現諸一切色，心法如是生，
而無心及色，無始心迷惑，爾時修行者，得見於無相，
智慧中觀察，不見諸眾生。相及事假名，意取諸動法；
我諸子過是，無分別修行。乾闥婆城幻，毛輪及陽焰，

如諸火焰等，而出諸光明，種種心可樂，化作於三界。
或有先有化，而化作三有，彼處說諸法，是我自在地。
諸地無時節，國土轉亦然，過諸心地法，是住寂靜果。
實無而謂實，而見於種種，愚人顛倒取，是種種顛倒。
如無分別智，有事不相應；以心非諸色，是故無分別。
諸禪及無量，及無色三昧，諸相畢竟滅，是故心中無。
須陀洹果法，往來及不還，及諸羅漢果，一切心迷惑。
空無常剎那，愚分別有為，河種子譬喻，分別剎那義。
剎那無分別，離諸所作法；一切法不生，我說剎那義。
有無說於生，僧佉等妄說，一切法無說，亦是彼人說。
有四種記法，一往答反問，分別差別答，默答遮外道。
世諦一切有，第一義諦無，而實體無相，是第一義諦。
見於虛妄法，是故說世諦，因於言語生，無如是實體。

無事有言語，世諦中實無，是即顛倒事，可見亦是無。
若事顛倒有，寂靜畢竟無；依於顛倒事，及見諸法生。
畢竟定是無，即是無體相，所見諸種種，熏習煩惱生。
心見外迷惑，現取於前境，分別無分別，是空實相法。
如幻像諸相，如樹葉金色，是可見人見，心無明熏習。
聖人不見迷，中間不見實，迷惑即是實，以實即中間。
遠離諸迷惑，若能生諸相，即是其迷惑，如眼翳不淨。
如翳見毛輪，依迷取諸法，於諸境界中，愚癡取是法。
諸法如毛輪，陽炎水迷惑，三界如夢幻，修行得解脫。
分別可分別，能生於分別，縛可縛及因，六種解脫因。
無地及諸諦，無國土及化，佛辟支聲聞，惟是心分別。
人體及五陰，諸緣及微塵，勝人自在作，惟是心分別。
心遍一切處，一切處皆心，以心不善觀，心性無諸相。

識無分別義，真如是智境，轉彼是寂靜，是諸聖境界。
觀察義思惟，諸凡夫思惟，念真如思惟，諸佛淨思惟。
分別諸法體，一切法不生，依他力因緣，衆生迷分別。
他力若清淨，離分別相應，轉彼即真如，離分別是行。
莫分別分別，分別是無實，分別迷惑法，取可取不盡。
見外分別境，分別是實體，心分別分別，彼法因緣生。
邪見見外義，無義但是心，觀斟量相應，能滅取可取。
無諸外境界，愚癡妄分別，熏習增長心，似生於諸法。
滅二種分別，真如智境界，生於無法相，不思議聖境。
名相及分別，實體二種相，正智及真如，是成就實體。
依父母和合，阿梨耶意合，如蘇瓶等鼠，共赤白增長。
辟尸厚泡瘡，不淨依節晝，業風長四大，如諸果成熟。
五及於五五，及有九種孔，諸毛甲遍覆，如是增長生。

生如糞中蟲，　如人睡中寤，　眼見色起念，　增長生分別。
分別及專念，　斷齒脣和合，　口始說言語，　如鸚鵡弄聲。
諸外道說定，　大乘不決定，　依衆生心定，　邪見不能近。
我乘內證智，　妄覺非境界；　如來滅世後，　誰持為我說？
如來滅度後，　未來當有人，　大慧汝諦聽！　有人持我法。
於南大國中，　有大德比丘，　名龍樹菩薩，　能破有無見。
為人說我法，　大乘無上法，　證得歡喜地，　往生安樂國。
智慧觀察法，　不見實法體，　是故不可說，　及說亦無體。
若因緣生法，　不得言有無，　因緣中有物，　愚分別有無。
邪見二邪法，　我知離我法，　一切法名字，　無量劫常學，
以學復更學，　迭共相分別。　若不說諸名，　諸世間迷惑，
是故作名字，　為除迷惑業。　依三種分別，　愚癡分別法，
依名迷分別，　及因緣能生。　法不滅不生，　自性如虛空，

但法緣和合，依此法生法；離諸和合法，不滅亦不生。
鏡及於水中，眼及器摩尼，而見諸鏡像，諸影像是無。
如獸愛空水，見諸種種色，種種似如有，如夢石女兒。
我乘非大乘，非聲亦非字，非諦非解脫，非寂靜境界。
而我乘大乘，諸三昧自在，身如意種種，自在花莊嚴。
一體及別體，因緣中無法，略說諸法生，廣說諸法滅。
不生空是一，而生空是二；不生空是勝，生滅即是空。
真如空實際，涅槃與法界，身及意種種，我說異名法。
經毘尼毘曇，分別我清淨，依名不依義，彼不知無我。
非外道非佛，非我亦非餘，從緣成有法，云何無諸法？
何人成就有？從因緣說無，說法生邪見，有無妄分別。
若人見不生，亦見法不滅，彼人離有無，見世間寂靜。
衆生分別見，可見如兔角，分別是迷惑，如禽愛陽焰。

緣覺佛菩提，羅漢見諸佛，菩提堅種子，及夢中成就。
何處為何等？云何為何因？所為為何義？惟願為我說。
幻心去寂靜，有無朋黨說；心中迷堅固，說有幻無幻，
生滅相相應，相可相有無。分別惟是意，共於五種識，
鏡像水波等，從心種子生。若心及於意，而諸識不生，
時得如意身，乃至於佛地。諸緣及陰界，是法自體相，
假名及人心，如夢如毛輪。世間如幻夢，見依止得實；
諸相實相應，離諸斟量因。諸聖人內境，常觀諸妙行，
迷覆斟量因，令世間實解，離一切戲論，智不住迷惑。
諸法無體相，空及常無常，心住於愚癡，迷惑故分別，
說是諸法者，非說於無生。一二及於二，忽然自在有，
依時勝微塵，緣分別世間。世種子是識，依止彼因生，
如依壁畫像，知實即是滅。如人見於幻，見生死亦爾，

形及相勝種，見迷惑分別；名字及行處，聖行實清淨。
依分別分別，故有分別相；離分別分別，實體聖境界。
常恒實不變，性事及實體，真如離心法，遠離於分別。
若無清淨法，亦無有於染，以有清淨心，而見有染法。
清淨聖境界，是故無實事；是諸法體相，聖人之境界。
從因生世間，離於諸分別，如幻與夢等，見法得解脫。
煩惱熏種種，共心相應生，眾生見外境，非諸心法體。
心法常清淨，非是迷惑生，迷從煩惱起，是故心不見。
迷惑即真實，餘處不可得；非陰非餘處，觀陰行如實。
離見能見相，若見有為法，見自心世間，彼人能離相。
莫見惟心法，莫分別外義，住於真如觀，過於心境界。
過心境界已，遠離諸寂靜，修行住寂靜，行者寂靜住。
不見摩訶衍，自然云寂靜，依諸願清淨，智無我寂靜。

應觀心境界，亦觀智境界；智慧觀境界，不迷於相中。
心境界苦諦，智境界是集，二諦及佛地，是般若境界。
得果及涅槃，及於八聖道，覺知一切法，得清淨佛智。
眼色及於明，虛空與心意，如是等和合，識從梨耶生。
能取可取受，無名亦無事，無因分別者，若取於覺者。
於義中無名，名中義亦爾，因無因而生，莫分別分別。
一切法無實，言語亦復然，空不空義爾，愚癡見法是。
妄取於實住，邪見說假名，一法成五種，如實能遠離。
五種是魔法，超越過有無，非修行境界，是外道之法。
不求有邪法，亦無相見我，以作自常法，惟從言語生，
實諦不可說，寂滅見諸法，依止阿梨耶，能轉生意識；
依止依心意，能生於轉識。依虛虛妄成，真如是心法，
如是修行者，能知心性體。分別常無常，意相及於事，

心能作諸業，智於中分別，慧能觀寂靜，得大妙法體。
心依境界縛，智依覺觀生，寂靜勝境界，慧能於中行。
心意及意識，於相中分別；得無分別體，二乘非諸子。
寂靜勝人相，諸佛智慧淨，能生於勝義，已離諸行相。
分別法體有，他力法是無，迷惑取分別，不分別他力。
非諸大有色，有色非諸大，夢幻乾闥婆，獸渴愛無水。
我有三種慧，得止依聖名；心無法中生，是故心不見。
身資生住持，衆生依熏見；依彼分別相，而說於諸法。
離二乘相應，慧離現法相；虛妄取法故，聲聞見於法；
能入惟是心，如來智無垢。若實及不實，從因緣生法，
一二是取見，畢竟能取著。種種諸因緣，如幻無有實，
如是相種種，不能成分別。依於煩惱相，諸縛從心生，
不知分別法，他力是分別。所有分別體，即是他力法，

諸衆生見心，可見熏集生。諸大無自體，非能見可見；
若色從大生，諸大生諸大。如是不生大，大中無四大，
若果是四大，因是地水等。實及假名色，幻生作亦爾，
夢及乾闥婆，獸愛水第五。一闡提五種，諸性亦如是，
五乘及非乘，涅槃有六種。陰有二十四，色復有八種，
佛有二十四，佛子有二種。度門有百種，聲聞有三種，
諸佛國土一，而佛亦有一。解脫有三種，心慮有四種，
我無我六種，可知境四種。離於諸因緣，亦離邪見過，
知內身離垢，大乘無上法。生及於不生，有八種九種，
一時證次第，立法惟是一。無色有八種，禪差別六種，
緣覺及佛子，能取有七種。無有三世法，常無常亦爾，
作及於業果，如夢中作事。佛從來不生，聲聞佛子爾；
心離於可見，亦常如幻法。胎生轉法輪，出家及兜率，

住諸國土中，可見而不生。去行及衆生，說法及涅槃，
實諦國土覺，從因緣生法。世間諸樹林，無我外道行，
禪乘阿梨耶，證果不思議。月及星宿性，諸王阿修羅，
夜叉乾闥婆，因業而發生。不可思議變，退依熏習緣；
斷絕諸變易，時煩惱罪滅。一切諸菩薩，如實修行者，
不畜諸財寶，金銀及象馬，牛羊奴婢等，米穀與田宅，
不臥穿孔床，不得泥塗地。金銀赤白銅，鉢盂及諸器，
修行淨行者，一切不得畜。憍奢耶衣服，一切不得著，
欽婆羅袈裟，牛糞草果葉，青赤泥土汁，染壞於白色。
石泥及與鐵，珂及於琉璃，如是鉢聽畜，滿足摩陀量。
為割截衣故，聽畜四寸刀，刃如半月曲，不得學伎術。
如實修行人，不得市販賣，所須倩白衣，及諸優婆塞。
常護於諸根，知於如實義，讀誦修多羅，及學諸毘尼，

莫分別三有，身資生住持，離於有無謗，亦離有無見。
飲食如服藥，身心常正直，一心專恭敬，佛及諸菩薩。
如實修行者，應知諸律相，及諸修多羅，簡擇諸法相。
五法體及心，修行無我相，清淨內法身，諸地及佛地。
如是修行者，住於大蓮花，諸佛大慈悲，如意手摩頂。
去來於六道，諸有生厭心，發起如實行，至尸陀林中。
日月形體相，及於花海相，虛空火種種，修行者見法。
見如是諸相，取於外道法，亦隨聲聞道，及緣覺境界；
遠離如是等，住於寂靜處。時佛妙光明，往於諸國土，
摩彼菩薩頂；此摩頂妙相，隨順真如法，爾時得妙身。
有無因法體，離於斷常法，謗於有無法，是分別中道。
分別無諸因，無因是斷見，見種種外法，是人滅中道。
不捨諸法相，恐有斷絕相，有無是謗法，如是說中道。

如幻三昧法，而身如意生，十地心自在，菩薩轉得彼。
自心分別名，戲論而搖動，依見聞生知，愚癡依相知。
相是他力體，彼依名分別，分別是諸相，依他力法生。
智慧觀諸法，無他力無相；畢竟無成就，智依何分別？
若有成就法，離於有無法；離於有無體，二體云何有？
分別二種體，二種體應有，分別見種種，清淨聖境界。
分別是種種，分別是他力，若異分別者，是墮外道說。
分別是分別，見是因體相，分別說分別，見是因相生，
離於二分別，即是成就法。國土佛化身，一乘及三乘；
無涅槃一切，空離一切生。佛三十差別，別復有十種，
一切國土器，依諸衆生心。如分別法相，現見種種法；
彼法無種種，法佛世間爾。法佛是真佛，餘者依彼化，
衆生自種子，見一切佛相。依迷惑轉心，能生於分別；

真不離分別，及不離於相。實體及受樂，化復作諸化，
佛衆三十六，是諸佛實體。如青赤及鹽，珂乳及石蜜，
新果諸花等，如月諸光明，非一亦非異，如水中洪波。
如是七識種，共於心和合，如大海轉變，是故波種種，
阿梨耶亦爾，名識亦如是。心意及意識，分別外相義；
八無差別相，非能見可見。如大海水波，無有差別相，
諸識於心中，轉變不可得。心能造諸業，意是能分別，
意識能知法，五識虛妄見。青赤白種種，衆生識現見，
水波相對法，牟尼為我說。青赤白種種，水波中無是；
愚癡見諸相，說於心中轉。心中無是體，離心無外見，
若有於可取，應有於能取。身資生住持，說水波相似，
衆生識現見，水波共相似。大海水波起，如舞轉現見，
本識如是轉，何故知不取？愚癡無智慧，本識如海波，

若入心分別，能離諸法相。
愚癡內身入，心見於外入。
有為無為常，分別無如是。
無如是見有，他力法亦爾。
心意及意識，離於自體相；
心意及意識，無我無二體；
就相有三種，依於一熏因，
二種無我心，意及諸識相，
遠離諸心相，識離於意相，
離於諸法體，是諸如來性。
如來性清淨，離於諸修行。
種種意生身，是淨如來性。
八地及佛地，是諸如來性。

依於阿梨耶，能生於諸識；
取星宿毛輪，如夢中見色，
乾闥婆城幻，如禽獸愛水，
我諸根形相，我說三種心，
心意及意識，離於他體相。
五法自體相，是諸佛境界。
如絲色一種，壁上見種種。
五種法體相，我性無如是。
諸法體如是，是我之境界；
身口及意業，彼不作白法，
自在淨諸通，三昧力莊嚴，
內身智離垢，離於諸因相；
遠行善慧地，法雲與佛地，

身資生住持，即阿梨耶現。心意及意識，實體五種法，
二種無我淨，諸佛如來說。虛妄覺非境，及聲聞亦爾，
是內身境界，諸佛如來說。長短等相待，彼此相依生，
有能成於無，無能成於有。及分別微塵，色體不分別，
說但是於心，邪見不能淨。是中分別空，不空亦如是；
有無但分別，可說無如是。功德微塵合，愚癡分別色；
一一微塵無，是故無是義。自心見形相，衆生見外有；
外無可見法，是故無是義。心如毛輪幻，夢乾闥婆城，
火輪禽獸愛，實無而人見。常無常及一，二及於不二，
無始過所縛，愚癡迷分別。我不說三乘，但說於一乘，
為攝取衆生，是故說一乘。解脫有三種，亦說法無我，
平等智煩惱，依解脫分別。亦如水中木，為波之所漂，
如是癡聲聞，為諸相漂蕩。彼無究竟處，亦復不還生，

得寂滅三昧，　無量劫不覺；　是聲聞之定，　非我諸菩薩。
離諸隨煩惱，　依習煩惱縛，　三昧樂境醉，　住彼無漏界。
如世間醉人，　酒消然後寤，　彼人然後得，　我佛法身體。
如衆沒深泥，　身東西動搖，　如是三昧醉，　聲聞沒亦爾。

入楞伽經卷第九

入楞伽經卷第十

元魏天竺三藏菩提留支譯

總品第十八之二

依諸佛住持，　諸願力清淨，　受職及三昧，　功德及十地。
虛空及兎角，　及與石女兒，　分別法如是，　無而說名字。
因熏種世間，　非有非無處，　能見得解脫，　解於法無我。
實體分別名，　他體從因生，　我說是成就，　諸經常說是。
字句名身等，　於名身勝法，　愚癡人分別，　如象沒深泥。
天乘及梵乘，　及於聲聞乘，　如來及緣覺，　我說如是乘。

諸乘不可盡，有心如是生，心轉滅亦無，無乘及乘者。
心分別及識，意及於意識，阿梨耶三有，思惟心異名。
命及於煖識，阿梨耶命根，意及於意識，是分別異名。
心住持於身，意常覺諸法，識自心境界，共於識分別。
我說愛是母，無明以為父，識覺諸境界，是故說名佛。
諸使是怨家，眾和合是陰，無於相續體，斷彼名無間。
二無我煩惱，及二種無我，不可思議變，無生死名佛。
意相應法體，我法是內身，若能如是見，彼不隨妄覺。
實無於諸法，如愚癡分別；依虛妄無法，云何得解脫？
生滅和合縛，見於有為法，增長於二見，不失因緣法。
芭蕉夢幻等，是世間如是，惟是一法實，涅槃離意識。
有貪及與瞋，及有癡無人，從愛生諸陰，陰有亦如夢。
何等夜證法，何等夜入滅，於此二中間，我不說一字。

內身證於法，我依如是說；彼佛及我身，無有說勝法。
實有神我物，五陰離彼相，陰體是實有，彼陰中無我。
各各見分別，隨煩惱及使，得世間自心，離苦得解脫。
諸因及因緣，世間如是生，是四法相應，彼不住我教。
非有無生法，離有無不生，愚云何分別，從因及諸緣？
有無四句離，若能見世間，爾時轉心識，即得無我法。
諸法本不生，是故因緣生，諸緣即是果，果中生於有。
果中生二種，果中應有二，而二中無果，果中不見物。
離於觀可觀，若見有為法，離心惟是心，故我說惟心。
量實體形相，離於緣實體，究竟第一淨，我說如是量。
如假名為我，無實法可見；如是陰陰體，是假名非實。
平等有四種，相因及於生，無我亦平等，四修行者法。
轉諸一切見，分別可分別，不見及不生，故我說惟心。

我於諸衆生，分別種種果，令貪種種說，離有無朋黨。
若本無法體，非因非從因，本不生始生，亦無其身體。
無身亦非生，離因緣無處，生滅諸法體，離因緣處無。
略觀察如是，有無非餘處，從因緣生法，智者莫分別。
說一體二體，外道愚癡說；世間如幻夢，不從因緣生。
依言語境界，大乘無上法，我依了義說，而愚癡不覺。
聲聞及外道，依嫉妬說法，於義不相應，以依妄覺說。
相體及形相，名是四種法，觀於如是法，故生於分別。
分別一二多，彼隨梵天縛，日月及諸天，是見非我子。
聖人見正法，以如實修行，能轉虛妄相，亦離於去來。
此是解脫印，我教諸佛子，離於有無法，亦離去來相。
轉種種色識，若滅一切業，不應常無常，無世間生法。
於轉時若滅，色離於彼處，離於無過失，業住阿梨耶。

色是滅體相，識中有亦爾，色識共和合，而不失諸業。
若共彼和合，衆生失諸業，若滅和合業，無縛無涅槃。
若共於彼滅，生於世間中，色亦共和合，無差別應有。
有別亦無別，但是心分別；諸法無滅體，離有無朋黨。
假名因緣法，迭共無差別，如色中無常，迭共生諸法。
離於彼此相，分別不可知，無有有何成？如色中無常。
若善見分別，即不起他力，是於他力法，亦不起分別。
若滅於分別，是滅於我法，於我法中作，亦謗於有無。
是諸謗法人，於何時中有？是滅我法輪，不得共彼語；
智者不共語，不共比丘法。已滅於分別，妄見離有無，
見如毛輪幻，如夢乾闥婆，亦見如陽焰，時見於有無。
彼人不覺佛，若有人攝彼，彼人墮二邊，亦壞於餘人。
若知寂靜法，是實修行者，離於有無法，應攝取彼人。

如有處可出，金銀諸珍寶，無業作種種，而衆生受用。
衆生真如性，不由於業有，不見故無業，亦非作業生。
諸法無法體，如聖人分別；而有於諸法，如愚癡分別。
若法無如是，如愚癡分別，無有一切法，衆生亦無染。
諸法依心有，煩惱亦如是，生死諸世間，隨於諸根轉，
無明愛和合，而生於諸身。餘人恒無法，如愚癡分別，
若人法不生，行者不見根。若諸法是無，能作世間因，
愚人離於作，自然應解脫。愚聖無差別，有無云何成？
聖人無法體，以修三解脫。五陰及人法，有同有異相，
諸因緣及根，我為聲聞說。無因惟於心，妙事及諸地，
內身真如淨，為諸佛子說。於未來世有，謗於我法輪，
身披於袈裟，說有無諸法。無法因緣有，是聖人境界，
分別無法體，妄覺者分別。未來世有人，噉糠愚癡種，

無因而邪見，破壞世間人。從微塵生世，而微塵無因，
九種物是常，邪見如是說。從物生於物，功德生功德，
此法異於法，分別是體是。若本無始生，世間應有本；
我說於世間，無有於本際。三界諸眾生，是本無始生，
狗駝驢無角，必應生無疑。眼本無始有，色及識亦爾，
席冠白疊等，泥團中應生。於疊中無瓶，蒲中亦無疊，
一於一中實，何故因不生？即命即是身，是本無始生，
此是他說法，我說諸法異。我領因緣法，然後遮他法；
遮彼邪見者，後說於自法。故領外道法，然後說正法，
恐諸弟子迷，立於有無法。從勝人生世，迦毘羅惡意，
為諸弟子說，諸功德轉變。非實非不實，非從緣即緣，
以無諸因緣，無實法不生。離於有無法，離因亦離緣，
離於生滅法，自法離可見。世間如幻夢，離諸因緣法，

若無因生長，兔角亦應生，以無因增長，云何生分別？
如現在無法，如是本亦無，無體體和合，云何心能生？
真如空實際，涅槃及法界，一切諸法生，是第一義法。
凡夫墮有無，分別因及緣，無因本不生，不知於三有。
心見於可見，無始因異見，無始亦無法，云何見異生？
若無物能生，貧人應多財，云何生無物？牟尼為我說。
此一切無心，而不無諸法，乾闥婆夢幻，諸法無因有，
無生無體相，空法為我說。離於和合法，是不見諸法，
爾時空無生，我說無法相。夢及毛輪幻，乾闥婆愛水，
無因而有見，世間法亦爾。如是和合一，離於可見無，
非諸外道見，和合無如是。降伏依無因，成就於無生；
若能成無生，我法輪不滅。說於無因相，外道生怖畏；
云何為何人？何處來諸法？何處生於法？無因而生法。

生於無因中，而無於二因，若能智者見，爾時轉邪見。
說生一切法，無生為無物，為觀諸因緣，爾時轉邪見，
為有法有名，為無法無名，而無法不生，亦非待因緣，
名非依於法，而名非無體。聲聞辟支佛，外道非境界，
住七地菩薩，彼則無生相。轉於因緣法，是故遮因義，
惟說依於心，故我說無生。無因生諸法，離分別分別，
離立於有無，故我說無生。心離於可見，亦離於二體，
轉於依止法，故我說無生。不失外法體，亦不取內心，
離一切邪見，此是無生相。如是空無相，一切應觀察，
非生空空法，本不生是空。諸因緣和合，生及與於滅；
離於和合法，不生亦不滅。若離和合法，更無實法體，
一體及異體，如外道分別。有無不生法，非實生不生，
離於諸因緣，生及與不生。惟是於名字，彼此迭共鎖；

可生體畢無，差別因緣鎖，離可生無生，是離諸外道。
我說惟是鎖，而凡夫不知；而可生法體，離鎖更無別。
彼人無說因，破滅壞諸鎖，如燈了諸物，鎖亦應能了。
若更有別法，離於鉤鎖體，無體亦不生，自性如虛空。
離於鉤鎖法，愚癡異分別，此是異不生，聖人所得法。
彼法生不生，不生是無生；若見諸世間，即是緣鉤鎖。
世誰是鉤鎖，爾時心得定，無明愛業等，是內鉤鎖法。
幢泥團輪等，子四大外法，依於他法體，是從因緣生。
非惟鉤鎖體，不住量阿含，若可生法無，智何法為因？
彼法迭共生，非是諸因緣，煖濕動及堅，愚癡分別法，
此鉤鎖無法，是故無體相。如醫師依病，說治病差別，
而論無差別，依病故差別。我依衆生身，為說煩惱濁，
知諸根及力，我為愚法說。煩惱根差別，我教無差別；

愚人說諸法，從因非智者；實體離於心，聖人心是淨。
僧佉毘世師，裸形婆羅門，及於自在天，無實墮邪見。
無體亦無生，如空幻無垢，諸佛為何說？佛為何人說？
修行清淨人，離邪見覺觀，諸佛如法說，我說亦如是。
若一切惟心，世間何處住？去來依何法？云何見地中？
如鳥虛空中，依止風而去，不住不觀察，於地上而去。
如是諸眾生，依分別風動，自心中去來，如空中飛鳥。
見身資生器，佛說心如是，云何因現見？惟心為我說。
身資生住持，現見依熏生，無修行者生，現見生分別。
分別境界體，心依境界生；知於可見心，不復生分別。
若能見分別，離於覺所覺，名名不相合，是說有為法。
此惟是可覺，名名不相離，離於知可知，是說有為法。
此惟是可覺，名名中不離，若人異覺知，不自覺他覺。

五法實法本，及於八種識，二種無我法，攝取於大乘。
若見知可知，寂靜見世間，名名中分別，爾時不復生。
作名字分別，見彼不復生，不見於自心，是故生分別。
四陰無諸相，彼則無數法，云何色多種，四大異異相？
捨於諸相法，無諸大及大，若有異色相，何故陰不生？
若見如是相，不見諸陰入；依境根及識，故生八種識。
依相有三種，寂滅無如是，阿梨耶意我，我所及於智。
因取於二法，知彼法即滅，離於彼此法，若見不相離。
世間惟心分，世尊為我說，不復分別二，我及於我所。
不增長分別，亦無意識因，離於因及緣，非物亦非生。
分別但是心，世尊為我說，離於諸因緣，離能見可見。
見自心種種，可見妄分別，不知自心見，不覺異心義。
無見邪見成，若於智不見，彼何故不有？彼人心取有。

分別非有無，故不生有心，不知惟心見，是故生分別。
無分別分別，是滅已無因，遮四種朋黨。若諸法有因，
此異名字相，彼人作不成，彼應異自生；不爾應因生。
因緣應和合，以遮因生法，我遮於常過；若諸緣無常，
是不生不滅，愚癡無常見。滅相法無法，不見作於因，
故無常生有，云何人不見？我攝取衆生，依持戒降伏，
智慧滅邪見，依解脫增長。一切諸世俗，外道妄語說，
依因果邪見，自法不能立。但成自立法，離於因緣果，
說諸弟子衆，離於世俗法。惟心可見無，心見於二種，
離可取能取，亦離於斷常。但有心動轉，皆是世俗法；
不復起轉生，見世是自心。來者是事生，去者是事滅，
如實知去來，不復生分別。常無常及作，亦不作彼此，
如是等一切，是皆世俗法。天人阿修羅，畜生鬼夜摩，

衆生去彼處，我說於六道。上中下業因，能生於彼處，
善護諸善法，得勝處解脫。佛說念念生，生死及於退，
為比丘衆說，何意為我說，心不至第二，已滅壞不續？
我為弟子說，念展轉生滅。色色分別有，生及滅即已，
分別即是人，離分別無人。我說於念法，依彼我說竟，
離於取色相，不生亦不滅。因緣從緣生，無明真如等，
依於二法生，真如無是體。因緣從緣生，若爾無異法，
從常生於果，果即是因緣，無異於外道，因果共相雜，
佛及諸佛說，大牟尼無異。此一尋身中，苦諦及集諦，
滅及於道諦，我為諸弟子。取三為實者，取可取邪見，
世間出世法，凡夫人分別。我領於他法，是故說三法；
為遮彼邪見，莫分別實體。說過無定法，亦復無心生，
實亦不二取，真如無二種。無明及愛業，識等從邪生，

無窮過不作，作中不生有。諸法四種滅，無智者所說，
分別二種生，有物無有物。離於四種法，亦離四種見，
二種生分別，見者更不生。諸法本不生，起於智差別，
現生於諸法，平等莫分別。願大牟尼尊，為我及一切，
如法相應說，離二種二見。我離於邪見，及諸餘菩薩，
常不見有無，以不見彼法，離外道和雜，離聲聞緣覺。
佛證法諸聖，為我說不失。顛倒因緣因，無生及一切，
異名諸迷惑，智者所遠離。譬如雲雨樓，宮閣及於虹，
陽焰毛輪幻，有無從心生。諸外道分別，世間自因生，
不生真如法，及與實際空。是諸異法名，莫分別無物，
於色上種種，莫分別無法。如世間手爪，自在能破物，
如是一切法，莫分別無法。離色空不異，亦無生法體；
莫分別無異，分別著邪見。分別可分別，攝取於諸事，

說我及於法，而愚人不知。相違及無因，聲聞諸羅漢，
自成及佛力，是五種聲聞。時攝及於滅，第一離第一，
是四種無常，愚無智分別。愚癡墮二邊，功德及微塵，
不知解脫因，以著有無法。譬如愚癡人，取指即是月，
如是樂名字，不知我實法。諸大各異相，無色體相生，
而諸大和合，無大無依大。火能燒諸色，水能爛諸物，
風能動諸色，云何大相生？色陰及於識，是法二無五，
是諸陰異名，我說如帝釋。心心數差別，現轉諸法生，
四大彼此別，色心非從依。依青等有白，依白有青等，
依因果可生，空有及於無。能作可作作，寒熱見等見，
如是等一切，妄覺不能成。心意及餘六，諸識共和合，
離於一異體，生死虛妄生。僧佉毘世師，裸形自在天，
墮有無朋黨，離於寂靜義。形相貌勝生，四大生非塵，

是外道說生，四大及四塵。餘者無處生，外道分別因，
愚癡而不覺，以依有無黨。生共心相應，死不共相應，
清淨實相法，共智相應住。業及於色相，五陰境界因，
衆生無因體，無色界不住。佛說法無我，無色同外道，
說無我是斷，識亦不應生。心有四種住，無色云何住？
內外諸法相，而識不能行。妄覺者計有，中陰有五陰，
如是無色生，有而是無色。自然應解脫，無衆生及識，
是外道無疑，妄覺不能知。若彼處無色，是故見無色，
彼無非立法，非乘無乘者。識從種子生，共諸根和合，
八種色一分，於念時不取。色不住於時，根不共根住，
是故如來說，諸根念不住。若不見色體，識云何分別？
若智不生者，云何生世間？即生時即滅，佛不如是說。
一時亦不念，虛妄分別取。諸根及境界，愚癡非智者，

是法依衆生，離於邊無邊。
陶冶人能見，衆生於陰爾。
無漏常世尊，是故我歸依。
共五陰相應，說中勝者說。
彼能作諸業，故彼二種染。
彼依煩惱染，如垢依清淨。
有而不可見，我離過亦爾。
陰中我亦爾，愚癡見一異。
陰中我亦爾，實有不可見。
陰中我亦爾，無智不能見。
我於五陰中，無智故不見。
陰中我亦爾，無智不能見。
陰中我亦爾，無智有不見。
如金及與色，石性與真金，
非人亦非陰，佛是無漏智，
心自性清淨，煩惱及意作，
心自性清淨，意等是因緣，
意等客塵法，煩惱我清淨，
如依離於垢，亦如金離垢，
如琴及鼙鼓，種種美妙聲，
地中諸寶藏，及與清淨水，
心及心數法，功德陰和合，
如女人胎藏，雖有而不見，
如香藥重擔，火及於諸薪，
一切諸法中，無常及與空，
諸地及自在，通及於受位，

色界中上天，離欲成菩提。境界非縛因，因境界是縛，
依智斷煩惱，修行者利劍。有我有幻等，法有無云何？
愚不見如是，云何有無我？以有作不作，無因而轉生；
一切法不生，愚癡不覺知。諸因不能生，諸緣亦不作，
彼二不能生，云何分別緣？先後及一時，妄覺者說因，
虛空瓶弟子，一切諸物生。佛非有為作，諸相相莊嚴，
是轉輪功德，非諸佛得名。諸佛是智相，離諸邪見過，
內身是智見，離諸一切過。聾瞎盲及啞，老少懷惡人，
是等一切人，名無梵行者。廣大勝妙體，是轉輪王相，
出家或一二，餘者是放逸。毘耶娑迦那，及於梨沙婆，
迦毘羅釋迦，我入涅槃後，未來世當有，如是等出世。
我滅後百年，毘耶娑圍陀，及於般荼婆，鳩羅婆失羅。
然後復更有，及於毛釐等，次毛釐掘多，次有無道王，

曾有如是事，毘耶娑說是。八臂那羅延，及摩醯首羅，
說如是等言，我化作世間。我母名善才，父名梵天王，
我姓迦旃延，離於諸煩惱，生於瞻波城；我父及祖父，
父名為月護，從於月種生。出家修實行，說於千種句，
授記入涅槃，付慧轉法輪。大慧與法勝，勝與彌佉梨，
彌佉無弟子，於後時法滅。迦葉拘留孫，拘那含及我，
離於諸煩惱，一切名正時。過彼正法後，有佛名如意，
於彼成正覺，為人說五法。無二三災中，過未世亦爾，
諸佛不出世，正時出於世。無人奪有相，衣裳不割裁，
納衣碎破雜，如孔雀畫色。二寸或三寸，間錯而補納，
若不如是者，愚人所貪奪。常滅貪欲火，智水常洗浴，
日夜六時中，如實修行法。如放箭石木，勢極則還下，
放一還下一，善不善亦爾。一中無多種，以相無如是，

如風取一切，如田地被燒。若一能作多，一切無作有，
不爾一切失，是妄覺者法。如燈及種子，云何多相似？
一能生於多，是妄覺者法。如麻不生豆，稻不生䵃麥，
小麥等種子，云何一生多？波尼出聲論，阿叉波太白，
末世有梵藏，說於世俗論。迦旃延作經，夜婆伽亦爾，
浮稠迦天文，是後末世論。婆梨說世福，世人依福德，
能護於諸法，王婆離施地。彌迦摩修羅，阿舒羅等說，
迷惑及王論，末世諸仙現。悉達他釋種，浮單陀五角，
口力及黠慧，我滅後出世。阿示那三掘，彌佉羅渘罐，
我住阿蘭若，梵天施與我。汝當未來世，名大離塵垢，
能說真解脫，是諸牟尼尊。梵天共梵眾，及餘諸天眾，
鹿皮等施我，還沒自在天。諸雜間錯衣，及為乞食鉢，
帝釋四天王，閑處施與我。說無生及因，生及與不生，

欲成於不生，是但說言語。若無明等因，能生於諸心，
未生於色時，中間云何住？即時滅於心，而更生餘心，
色不一念住，觀何法能生？依於何因緣，心是顛倒因？
彼不能成法，云何知生滅？修行者合定，金安闍那性，
光音天宮殿，世間法不壞。住於所證法，是諸一切佛，
如來等智慧，比丘證於法，及餘所證法，彼法常不壞。
云何虛妄見？諸法念不住。乾闥婆幻色，何故念不住？
諸色無四大，諸大何所為？因無明有心，無始世界習，
依生滅和合，妄覺者分別。僧佉有二種，從勝及轉變，
勝中有於果，果復成就果。勝是大體相，說功德差別，
因果二種法，於轉變中無。如水鏡清淨，諸塵土不染，
真如如是淨，依止於衆生。如輿求及葱，女人懷胎藏，
鹽及鹽中味，種子云何有？異體不異體，二體離二法，

有法無因緣，非無於有為。
說有為無為，是法無可說。
不覺說有我，非因不離因。
一中及異中，妄覺者不覺。
遠離於一異，陰中我亦爾。
觀察是三法，離於邪見法。
諸法轉變相，愚人妄分別。
遠離生滅法，亦離有無體。
離諸外道說，離名相形體。
諸天及地獄，觸及於逼惱，
胎卵濕化等，生於中陰中，
離量及阿含，能生煩惱種，
先觀察於我，後觀於因緣，

如馬中無牛，陰中我亦爾，
惡見量阿含，依邪覺垢染，
五陰中無我，取我是過失，
水鏡及眼中，如見鏡中像，
可觀及能觀，禪道見衆生，
即滅於知見，如孔中見空，
涅槃離有無，住如實見處，
離能見可見，觀察轉變法，
依內身邪見，觀察轉變法，
無有中陰法，云何依識生？
衆生身種種，應觀於去來。
諸外道浪言，智慧者莫取。
不知有說有，故石女兒勝。

般若離肉眼，　妙眼見衆生，　離於有為陰，　妙身體衆生。
住好惡色中，　出離縛解脫，　妙體住有為，　能見妙法身。
在於六趣中，　妄覺非境界；　我過於人道，　非餘妄覺者。
而無生我心，　何因如是生？　如河燈種子，　何不如是說？
而識未生時，　未有無明等，　離於闇無識，　云何相續生？
三世及無世，　第五不可說，　是諸佛境界，　妄覺者觀行。
行中不可說，　以離智行中，　取於諸行中，　智離於行法。
依此法生此，　現見是無因；　諸緣不可見，　離於無作者。
依風火能燒，　因風動能生，　風能吹動火，　風還能滅火，
愚者不分別，　云何生衆生？　說有為無為，　離於依所依，
云何成彼法，　風火愚分別？　彼此增長力，　彼此法不及，
云何而生火？　惟言語無義，　衆生是誰作，　而分別如火？
能作陰入軀，　意等因能生，　如常無我義，　共心常轉生。

二法常清淨，離於諸因果，火不能成彼，妄覺者不知。
心衆生涅槃，自性體清淨，無始等過染，如虛空無差。
外道邪見垢，如白象床城，依意意識覆，大等能清淨。
彼人見如實，見已破煩惱，捨譬喻稠林，彼人取聖境。
知能知差別，彼分別異體，朦鈍人不覺，復言不可說。
譬如栴檀鼓，愚人作異說；如栴檀沈水，諸佛智亦爾，
愚人不覺知，以依虛妄見。中後不受食，以鉢依量取，
離口等諸過，噉於清淨食。此是如法行，不能知相應，
依於法能信，莫分別邪行。不著世間物，能取於正義，
彼人取真金，能然於法燈。癡有無因緣，邪見網分別，
一切煩惱垢，離於貪瞋恚。爾時不復生，以無一切染，
諸如來身手，而授於佛位。外道迷因果，餘者迷因緣，
及無因有物，斷見無聖人。受於果轉變，識及於意識，

意從本識生，識從於意生。一切識從本，能生如海波，
一切從熏因，隨因緣而生。念差別鉤鎖，縛自心取境，
似於形體相，意眼等識生。無始來過縛，依熏生取境，
外見心諸法，遮諸外道見。依彼更生餘，及依彼觀生，
是故生邪見，及世間生死。諸法如夢幻，如乾闥婆城，
陽焰水中月，觀察是自心。行差非真如，正智幻三昧，
依首楞嚴定，及餘諸三昧。入於初地得，諸通及三昧，
智及如意身，受位入佛地。爾時心不生，以見世虛妄，
得觀地餘地，及得於佛地。轉於依止身，如諸色摩尼，
亦如水中月，作諸衆生業。離有無朋黨，離二及不二，
出於二乘地，及出第七地。內身見諸法，地地中清淨，
離外道外物，爾時說大乘。轉於分別識，離於變易滅，
如兎角摩尼，得解脫者說。如依結相應，依法亦如是，

依相應相應，莫分別於異。眼識業及受，無明及正見，
眼色及於意，意識染如是。佛說此妙經，聖者大慧士，
菩薩摩訶薩，羅婆那大王，叔迦婆羅那，甕耳等羅叉，
天龍夜叉等，乾闥婆修羅，諸天比丘僧，大歡喜奉行。

入楞伽經卷第十

南無護法韋馱尊天菩薩

全佛文化圖書出版目錄

佛教小百科系列

佛菩薩經典系列

佛法常行經典系列

- [ ] 小品般若波羅密經 220
- [ ] 金光明經・金光明最勝王經 280
- [ ] 楞伽經・入楞伽經 360
- [ ] 楞嚴經 200
- [ ] 解深密經・大乘密嚴經 200
- [ ] 大日經 220
- [ ] 金剛頂經・金剛頂瑜伽念誦經 200

三昧禪法經典系列

- [ ] 念佛三昧經典 260
- [ ] 般舟三昧經典 220
- [ ] 觀佛三昧經典 220
- [ ] 如幻三昧經典 250
- [ ] 月燈三昧經典(三昧王經典) 260
- [ ] 寶如來三昧經典 250
- [ ] 如來智印三昧經典 180
- [ ] 法華三昧經典 260
- [ ] 坐禪三昧經典 250
- [ ] 修行道地經典 250

修行道地經典系列

- [ ] 大方廣佛華嚴經(10冊) 1600
- [ ] 長阿含經(4冊) 600
- [ ] 增一阿含經(7冊) 1050
- [ ] 中阿含經(8冊) 1200
- [ ] 雜阿含經(8冊) 1200

佛經修持法系列

- [ ] 如何修持心經 200
- [ ] 如何修持金剛經 260
- [ ] 如何修持阿彌陀經 200
- [ ] 如何修持藥師經-附CD 280
- [ ] 如何修持大悲心陀羅尼經 220
- [ ] 如何修持阿閦佛國經 200
- [ ] 如何修持華嚴經 290
- [ ] 如何修持圓覺經 220
- [ ] 如何修持法華經 220
- [ ] 如何修持楞嚴經 220

守護佛菩薩系列

- [ ] 釋迦牟尼佛-人間守護主 240
- [ ] 阿彌陀佛-平安吉祥 240
- [ ] 藥師佛-消災延壽(附CD) 260
- [ ] 大日如來-密教之主 250
- [ ] 觀音菩薩-大悲守護主(附CD) 280
- [ ] 文殊菩薩-智慧之主(附CD) 280
- [ ] 普賢菩薩-廣大行願守護主 250
- [ ] 地藏菩薩-大願守護主 250
- [ ] 彌勒菩薩-慈心喜樂守護主 220
- [ ] 大勢至菩薩-大力守護主 220
- [ ] 準提菩薩-滿願守護主(附CD) 260
- [ ] 不動明王-除障守護主 220
- [ ] 虛空藏菩薩-福德大智守護(附CD) 260
- [ ] 毘沙門天王-護世財寶之主(附CD) 280

輕鬆學佛法系列

- [ ] 遇見佛陀-影響百億人的生命導師 200
- [ ] 如何成為佛陀的學生-皈依與受戒 200
- [ ] 佛陀的第一堂課-四聖諦與八正道 200
- [ ] 業力與因果-佛陀教你如何掌握自己的命運 220

洪老師禪座教室系列

- ☐ 靜坐-長春.長樂.長效的人生 200
- ☐ 放鬆(附CD) 250
- ☐ 妙定功-超越身心最佳功法(附CD) 260
- ☐ 妙定功VCD 295
- ☐ 睡夢-輕鬆入眠•夢中自在(附CD) 240
- ☐ 沒有敵者-強化身心免疫力的修鍊法(附CD) 280
- ☐ 夢瑜伽-夢中作主.夢中變身 260
- ☐ 如何培養定力-集中心靈的能量 200

禪生活系列

- ☐ 坐禪的原理與方法-坐禪之道 280
- ☐ 以禪養生-呼吸健康法 200
- ☐ 內觀禪法-生活中的禪道 290
- ☐ 禪宗的傳承與參禪方法-禪的世界 260
- ☐ 禪的開悟境界-禪心與禪機 240
- ☐ 禪宗奇才的千古絕唱-永嘉禪師的頓悟 260
- ☐ 禪師的生死藝術-生死禪 240
- ☐ 禪師的開悟故事-開悟禪 260
- ☐ 女禪師的開悟故事(上)-女人禪 220
- ☐ 女禪師的開悟故事(下)-女人禪 260
- ☐ 以禪療心-十六種禪心療法 260

佛家經論導讀叢書系列

- ☐ 雜阿含經導讀-修訂版 450
- ☐ 異部宗論導讀 240
- ☐ 大乘成業論導讀 240
- ☐ 解深密經導讀 320
- ☐ 阿彌陀經導讀 320
- ☐ 唯識三十頌導讀-修訂版 520
- ☐ 唯識二十論導讀 300
- ☐ 小品般若經論對讀-上 400
- ☐ 小品般若經論對讀-下 420
- ☐ 金剛經導讀 220
- ☐ 心經導讀 160
- ☐ 中論導讀-上 420
- ☐ 中論導讀-下 380
- ☐ 楞伽經導讀 400
- ☐ 法華經導讀-上 220
- ☐ 法華經導讀-下 240
- ☐ 十地經導讀 350
- ☐ 大般涅槃經導讀-上 280
- ☐ 大般涅槃經導讀-下 280
- ☐ 維摩詰經導讀 220
- ☐ 菩提道次第略論導讀 450
- ☐ 密續部總建立廣釋 280
- ☐ 四法寶鬘導讀 200
- ☐ 因明入正理論導讀-上 240
- ☐ 因明入正理論導讀-下 200

談錫永作品系列

- ☐ 閒話密宗 200
- ☐ 西藏密宗占卜法-妙吉祥占卜法(組合) 580
- ☐ 細說輪迴生死書-上 200
- ☐ 細說輪迴生死書-下 200
- ☐ 西藏密宗百問-修訂版 210
- ☐ 觀世音與大悲咒-修訂版 190
- ☐ 佛家名相 220
- ☐ 密宗名相 220
- ☐ 佛家宗派 220
- ☐ 佛家經論-見修法鬘 180
- ☐ 生與死的禪法 260
- ☐ 細說如來藏 280
- ☐ 如來藏三談 300

大中觀系列

□ 四重緣起深般若-增訂版	420	□ 如來藏二諦見	360
□ 心經內義與究竟義-印度四大論師釋《心經》	350	□ 《聖妙吉祥真實名經》梵本校譯	390
□ 聖入無分別總持經對堪及研究	390	□ 《聖妙吉祥真實名經》釋論三種	390
□ 《入楞伽經》梵本新譯	320	□ 《辨中邊論釋》校疏	400
□ 《寶性論》梵本新譯	320		
□ 如來藏論集	330		

甯瑪派叢書-見部系列

□ 九乘次第論集-佛家各部見修差別	380	□ 無修佛道-現證自性大圓滿本來面目教授	360
□ 甯瑪派四部宗義釋	480	□ 幻化網秘密藏續釋-光明藏	560
□ 辨法法性論及釋論兩種	480	□ 善説顯現喜宴-甯瑪派大圓滿教法	650
□ 決定寶燈	480		

甯瑪派叢書-修部系列

□ 大圓滿心性休息導引	395	□ 幻化網秘密藏續	480
□ 大圓滿前行及讚頌	380	□ 六中有自解脱導引	520

離言叢書系列

□ 解深密經密意	390	□ 無邊莊嚴會密意	190
□ 如來藏經密意	300	□ 勝鬘師子吼經密意	340
□ 文殊師利二經密意	420		

蓮花生大士全傳系列

□ 蓮花王	320	□ 廣大圓滿	320
□ 師子吼聲	320	□ 無死虹身	320
□ 桑耶大師	320	□ 蓮花生大士祈請文集	280

密乘寶海系列

□ 現觀中脈實相成就-開啟中脈實修秘法	290	□ 密宗修行要旨-總攝密法的根本要義	430
□ 智慧成就拙火瑜伽	330	□ 密宗成佛心要-今生即身成佛的必備書	240
□ 蓮師大圓滿教授講記-藏密寧瑪派最高解脱法門	220	□ 無死-超越生與死的無死瑜伽	200

- □ 密宗的源流-密法內在傳承的密意 240
- □ 恒河大手印-傾瓶之灌的帝洛巴恒河大手印 240
- □ 岡波巴大手印-大手印導引顯明本體四瑜伽 390
- □ 大白傘蓋佛母-息災護佑行法(附CD) 295
- □ 孔雀明王行法-摧伏毒害煩惱 260
- □ 月輪觀•阿字觀-密教觀想法的重要基礎 350
- □ 穢積金剛-滅除一切不淨障礙 290
- □ 五輪塔觀-密教建立佛身的根本大法 290
- □ 密法總持-密意成就金法總集 650

光明導引系列

- □ 阿彌陀經臨終光明導引-臨終救度法 350
- □ 送行者之歌(附國台語雙CD) 480

高階禪觀心要系列

- □ 念佛三昧-迅速匯集諸佛功德的法門 290
- □ 首楞嚴三昧-降伏諸魔的大悲勇健三昧 380

高階禪觀系列

- □ 通明禪禪觀-迅速開啟六種神通的禪法 200
- □ 十種遍一切處禪觀-調練心念出生廣大威力的禪法 280
- □ 四諦十六行禪觀-佛陀初轉法輪的殊勝法門 350
- □ 三三昧禪觀-證入空、無相、無願三解脫門的禪法 260
- □ 大悲如幻三昧禪觀-修行一切菩薩三昧的根本 380
- □ 圓覺經二十五輪三昧禪觀-二十五種如來圓覺境界的禪法 400

全套購書85折、單冊購書9折
(郵購請加掛號郵資60元)

全佛文化事業有限公司
新北市新店區民權路95號4樓之1
Buddhall Cultural Enterprise Co.,Ltd.
TEL:886-2-2913-2199
FAX:886-2-2913-3693
匯款帳號：3199717004240
合作金庫銀行大坪林分行
戶名：全佛文化事業有限公司

禪觀寶海系列

- □ 禪觀秘要 1200

其他系列

- □ 入佛之門-佛法在現代的應用智慧 350
- □ 如觀自在-千手觀音與大悲咒的實修心要 650
- □ 神通-佛教神通學大觀 590
- □ 仁波切我有問題-一本關於空的見地、禪修與問答集 240
- □ 認識日本佛教 360
- □ 普賢法身之旅-2004美東弘法紀行 450

佛法常行經典系列6

《楞伽經・入楞伽經》

主編　全佛編輯部
出版　全佛文化事業有限公司
永久信箱：台北郵政26-341號信箱
訂購專線：（02）2913-2199
傳真專線：（02）2913-3693
發行專線：（02）2219-0898
匯款帳號：3199717004240 合作金庫銀行大坪林分行
戶名：全佛文化事業有限公司
E-mail：buddhall@ms7.hinet.net
http://www.buddhall.com
門市　新北市新店區民權路95號4樓之1（江陵金融大樓）
門市專線：（02）2219-8189
行銷代理　紅螞蟻圖書有限公司
台北市內湖區舊宗路二段121巷19號（紅螞蟻資訊大樓）
電話：（02）2795-3656
傳真：（02）2795-4100
一九九六年十月　初版
二〇一四年三月　初版四刷
定價新台幣　三六〇元
ISBN 978-957-9462-46-4（平裝）

Published by BuddhAll Cultural Enterprise Co.,Ltd.

Buddhall

國家圖書館出版品預行編目資料

楞伽阿跋多羅寶經 • 入楞伽經 /
全佛編輯部主編- - 初版.
--臺北縣 :全佛文化, 1996[民85]
面；　公分. - (佛法常行經典系列；6)
ISBN 978-957-9462-46-4(平裝)

1.經集部
221.75　　　　85011370